INHALTSVERZEICHNIS

Das 19. Jahrhundert – Nationsbildung und Modernisierung

Das Kyffhäuser-Denkmal: Mit der Figur des erwachenden Barbarossa und einem Reiterstandbild Kaiser Wilhelms I. symbolisiert das von den deutschen Kriegervereinen 1888 errichtete Kyffhäuser-Denkmal die Reichsgründung von 1871 als Erfüllung des nationalen Traums von der Wiederherstellung des mittelalterlichen Reiches der Staufer.

Herausforderungen des 19. Jahrhunderts

Politisch getrennt in viele Einzelstaaten mussten die Deutschen zu Beginn des 19. Jahrhunderts zwei schmerzliche Erfahrungen machen: Die napoleonische Fremdherrschaft im Gefolge der französischen Revolution, die erobernd nach Deutschland kam, und die wirtschaftliche Rückständigkeit und Unterlegenheit gegenüber England infolge seiner industriellen Revolution. Die Deutschen sahen sich vor zwei, wenn nicht gar drei Aufgaben gleichzeitig gestellt: die bürgerlich nationale, konstitutionell liberale Revolution der Franzosen und die wirtschaftlich industrielle Revolution der Engländer aufzuholen. Nationale Einheit, politische Freiheit nach innen und außen, Rechtsstaat, Menschenrechte, Industrie, Marktwirtschaft und soziale Gerechtigkeit wurden zu den leitenden Ideen und Tendenzen der Zeit. Es waren die Bewegungskräfte der Geschichte des 19. Jahrhunderts überhaupt – weit über Deutschland hinaus.

Industrielle Revolution

Merkmale der Modernisierung

Auf der ökonomischen Ebene löste die im 18. Jahrhundert von England ausgehende industrielle Revolution einen tiefgreifenden sozialen Wandel aus, der das Leben der Menschen radikal veränderte. Die Modernisierung zeigt sich für den Soziologen Max Weber *ökonomisch* im Entstehen des hochentwickelten Industriekapitalismus, *soziologisch* in der Ausbildung großer, politisch handlungsfähiger sozialer Klassen, *politisch* in der Errichtung eines bürokratischen Regeln folgenden Staatsapparats, mit der die auf personalen Beziehungen basierende traditionelle Herrschaftsweise überwunden wurde und *kulturell* im Siegeszug der empirischen Wissenschaften. Dieser Modernisierungsschub des ausgehenden 18. Jahrhunderts ist kein abgeschlossener epochaler Umbruch. Die ihn anstoßenden Revolutionen markieren vielmehr nur den Beginn eines zu Teil noch heute andauernden Prozesses ständiger Veränderung.

Wahrnehmung der Zeitgenossen

Der beschleunigte Wandel erschütterte viele Menschen in ihrer Identität und verunsicherte sie. Er brachte überkommene Weltbilder und bisher selbstverständliche Wertemuster ins Wanken. Anti-Modernitätsaffekte waren die eine Folge, radikales Abstoßen des Bisherigen und Suche nach neuen Sinnstiftungen die andere. Diskrepanzen zeigten sich auch im Verhältnis von Staat und Gesellschaft. Trotz des rapiden sozialen Wandels hielten die politisch weiterhin tonangebenden alten Eliten zäh am überkommenen Obrigkeitsstaat fest und provozierten dadurch erhebliche Spannungen und Verwerfungen.

Nationswerdung

Deutschland

Eine politisch zentrale Bewegungskraft des 19. Jahrhunderts war die Idee der Nationswerdung, die häufig, aber nicht immer, mit der Vorstellung einer bürgerlich-liberalen Verfassung des Nationalstaates verknüpft war. Das politische Bewusstsein der Deutschen kreiste im 19. Jahrhundert um die Idee einer Sprach- oder Kulturnation. Die Nation galt als historisch vorgegeben, als eine bis ins Mittelalter datierbare Abstammungs- und Erlebnisgemeinschaft der Deutschen, die sich an eine vorgebliche Kaiser- und Reichsherrlichkeit rückerinnerten und sie romantisch verklärten. In der Zeit des Niedergangs des Heiligen Römische Reiches Deutscher Nation bildete sich die Sage vom alten Kaiser Friedrich I. Barbarossa aus, der niemals gestorben sei und verborgen im Kyffhäuser auf seine und des Reiches glanzvolle Rückkehr warte, um die politische Ohnmacht der Deutschen und ihre Zwietracht zu beenden. Die Reichsgründung von 1871 wurde als die große Stunde der „Kyffhäuserdeutschen" ausgelegt und 1888 wurde für den verstorbenen Kaiser Wilhelm I. als dem Einiger „von oben" ein Kyffhäuserdenkmal errichtet (→ S. 5). In Denkmälern, Feiern und Erinnerungen wurde die „ererbte" deutsche Nationalität beschworen und der „aufgeklärten" staatsbürgerlichen, revolutionär errungenen Nationalität der Franzosen gegenübergestellt.

Formen der Nationswerdung

Im Prozess der Nationswerdung und Nationsbildung lassen sich in den einzelnen Staaten aber tief greifende Unterschiede feststellen. Typologisch sind drei Ausprägungen zu beobachten: Moderne Nationen und Nationalstaaten haben sich gebildet

- Durch eine innerstaatliche und gesellschaftliche Revolution, so in Großbritannien bis 1688, in Amerika seit 1776 und in Frankreich nach 1789. Es entstanden bürgerlich geprägte Staatsbürgernationen mit freiheitlichen Verfassungen;
- durch nationale Einigungsbewegungen. Ihre meist bildungsbürgerlichen Wortführer wollten politisch getrennte oder fremdbeherrschte, historisch aber vorgeformte Sprach- und Kulturnationen staatlich vereinigen und sie so nach innen und außen handlungsfähig, unabhängig und souverän machen. Beispielhaft für diesen Prozess sind die italienische und die deutsche Einigungsbewegung, aber auch die amerikanische Nationswerdung. Gemessen an Frankreich und Großbritannien erscheint gerade Deutschland als eine verspätete Nation, die sich nicht durch eine Revolution „von unten" bildete und das bereits bestehende europäische Mächtesystem nachhaltig störte;
- durch Lostrennung von Großreichen und Vielvölkerstaaten wie dem Habsburger-, dem Osmanischen oder dem Zarenreich. Aus ihrem Zerfall gingen nach dem Ersten Weltkrieg in Ost- und Mitteleuropa viele kleine und mittlere Nationalstaaten hervor. Einige von ihnen waren wenig stabil, hatten ihrerseits nationale Minderheiten in ihrem Staatsgebiet. Nach dem Zerfall des Sowjetunion und der Volksrepublik Jugoslawien erlebten diese Nationen ihre Wiedergeburt unter zum Teil schlimmen Geburtswehen, als kehrten für überwunden gehaltene nationale Konflikte aus dem 19. Jahrhundert wieder.

„Zwei Motive begeistern mich,
Ihnen meine Hilfe anzubieten,
und zwar meine Zuneigung zu
nen und zu einem lukrativen,
vollen Projekt. … Um den
ßtmöglichen Gewinn zu
zielen, dachte ich, eine
der Nähe der meinen
inem Kanal,
Herstellung
vendigen
len würde
die ganze
en aller
nnten. Ich
d, nur für
schaften zu
produzieren, wohl aber, die
ganze Welt zu beliefern.

Industrialisierung und soziale Frage

1. Das westliche Wohlstandsmodell – ein zukunftsfähiges globales Leitbild?

Stadien des Wirtschaftswachstums

Der Historiker Walt W. Rostow deutet die europäisch-nordamerikanische Wirtschaftsgeschichte der letzten zweihundert Jahre als eine Abfolge von fünf Phasen des Wirtschaftswachstums. Er unterscheidet:

- Die *vorindustrielle Gesellschaft*, die durch wirtschaftliche Stagnation gekennzeichnet sei. Infolge geringer wissenschaftlich-technischer Kenntnisse seien die Chancen gering gewesen, die Pro-Kopf-Produktion auszuweiten und den Lebensstandard zu erhöhen.
- Die *Anlaufperiode*, in der mit der Aneignung technisch-naturwissenschaftlicher Kenntnisse, der Herausbildung eines neuen Unternehmertyps und dem Aufbau eines effizienten Staatsapparates die Voraussetzungen für den wirtschaftlichen Aufschwung geschaffen worden seien.
- Die *Take-off-Phase*, in der wie bei einem Flugzeugstart gewaltige Antriebskräfte die wirtschaftliche Entwicklung plötzlich so beschleunigt hätten, dass ein dynamisches Wachstum entstanden sei. Rostow begreift diese Aufstiegsphase als eine kurze Zeitspanne von zwanzig bis dreißig Jahren, die im letzten Drittel des 18. Jahrhunderts in England eingesetzt und dann im 19. Jahrhundert von West nach Ost fortschreitend die meisten Länder Europas und vor allem auch Nordamerika erfasst habe. Diese Phase sei durch eine sprunghafte Steigerung der Investitionstätigkeit gekennzeichnet, welche sich auf einen oder wenige Industriezweige, die Schrittmacherindustrien, konzentriert und dort die Herstellungsmethoden radikal verändert habe. Nach Rostow ist der „take-off" die eigentliche Phase der industriellen Revolution.
- Das *Reifestadium*, in der der Wachstumsprozess auf weitere Teile der Wirtschaft übergegriffen und so eine breite Basis für ein sich selbst tragendes Wirtschaftswachstum geschaffen habe.
- Das *Zeitalter des Massenkonsums*, das erstmals in der Menschheitsgeschichte weiten Teilen der Bevölkerung einen Lebensstandard über dem Existenzminimum beschert habe.

Europas Wohlstandsmodell – globales Leitbild …

Rostow fragte, ob sich diese Abfolge der Wachstumsphasen auch in den heutigen Entwicklungsländern wiederhole, ob also der europäisch-nordamerikanische Industrialisierungsprozess ein globales Leitbild sei. Diese Frage wurde bis in die siebziger Jahre des 20. Jahrhunderts hinein allgemein bejaht. Unterentwicklung wurde als Rückstand gesellschaftlicher, ökonomischer und politischer Modernität aufgefasst, Entwicklung mit Übernahme der in Europa und Nordamerika gültigen technischen, wirtschaftlichen und zivilisatorischen Standards gleichgesetzt. Entwicklungspolitik sollte sich daher vom Ziel des Aufholens westlicher Industrieländer leiten lassen.

… oder Sackgasse?

Seit den siebziger Jahren erheben sich jedoch auch zunehmend Gegenstimmen. Es wird bezweifelt, dass die Konsum- und Lebensgewohnheiten der Bewohner der Industrieländer auf die gesamte Weltbevölkerung ausgedehnt werden können. Ja es wird gefragt, ob das westliche Wohlstandsmodell auf Dauer überlebensfähig ist. Solche Einwürfe sind begreiflicherweise nicht populär. Die Armen dieser Erde wollen ein besseres Leben führen und fordern einen größeren Anteil an den Gütern dieser Welt.

Die Reichen indes wollen ihren Wohlstand erhalten und möglichst mehren. Inzwischen hat man sich international auf das Ziel einer *nachhaltigen Entwicklung* verständigt, einer Entwicklung, die den Bedürfnissen der Lebenden entspricht, ohne die Möglichkeiten zukünftiger Generationen zu gefährden. Ist das die Zauberformel für eine zukunftsfähige Perspektive?

MATERIAL 1

Die industrielle Revolution in der Weltgeschichte

Zwischen 1780 und 1850 wandelte eine weitreichende Revolution das Gesicht Englands. Von da an war die Welt nicht mehr die gleiche. Die Historiker haben das Wort Revolution oft gebraucht und missbraucht, um eine radikale Veränderung zum Ausdruck zu bringen, aber keine Revolution war je so dramatisch revolutionär wie die „industrielle Revolution" – ausgenommen vielleicht die Neolithische.

Die Neolithische Revolution formte die Menschheit von einem zersplitterten Haufen wilder Jägertrupps, „garstig, viehisch und gedrungen" (Hobbes), in mehr oder weniger gegenseitig voneinander abhängige landwirtschaftliche Gesellschaften um. Die industrielle Revolution verwandelte die Menschen von Bauern und Schafhirten in Betätiger von Maschinen, welche mit lebloser Energie angetrieben wurden. [...]

Die Neolithische Revolution entwickelte sich im Laufe Tausender von Jahren. Der Mensch hatte Zeit, sich nach und nach anzupassen. Die industrielle Revolution hingegen hat die Welt überfallen, unsere ganze Existenz umgekrempelt, die Strukturen aller bestehenden menschlichen Gesellschaften über den Haufen geworfen – und das innerhalb von nur acht Generationen. Und heute beginnt sie mit größter Eile, neue Probleme von solcher Ungeheuerlichkeit aufzuzwingen, dass der menschliche Geist in seinem gegenwärtigen Zustand sie kaum zu erfassen vermag: den unkontrollierten Bevölkerungszuwachs; die Wasserstoffbombe; die Verpestung der Luft und der natürlichen Umgebung durch Industriemüll; die Notwendigkeit der Massenerziehung; die stetige Zunahme von alten Menschen, die zwar am Leben erhalten, aber von der restlichen Gesellschaft zurückgewiesen werden; das Ende des traditionellen Staates; die wissenschaftliche Organisation unkontrollierbarer Machtzentren; die unbegrenzten Möglichkeiten, die Genetiker und Biologen besitzen, um die Natur und das Verhalten der Menschen zu beeinflussen.

Unter dem Gewicht dieser Probleme brechen die alten Strukturen zusammen. Die Konservativen beklagen sich, sie verstünden nicht mehr, was vor sich geht, und täuschen sich selbst, indem sie eine Vergangenheit am Leben zu erhalten suchen, die längst tot ist. Diejenigen, die verstehen, was vor sich geht, aber nicht wissen und sich nicht vorstellen können, wie derart ungeheuerliche Probleme zu lösen sind, leiden. Die jungen Leute protestieren, wenn sie merken, wie überholt die alten Institutionen sind, aber auch sie haben keine besseren Heilmittel und machen ihrer Enttäuschung in Wogen leidenschaftlicher Anarchie und wütenden Hasses gegen ihr Erbe Luft. Alle sind überrumpelt worden. Es ist die Geschichte des „Zauberlehrlings", über die man lachen könnte, wenn sie nicht so tragisch wäre.

Aus: C. M. Cipolla/K. Borchardt (Hrsg.), Europäische Wirtschaftsgeschichte, Bd. 3, Stuttgart/New York 1976, S. 1–10.

1. „Keine Revolution war je so dramatisch revolutionär wie die industrielle Revolution." Womit begründet Cipolla diese Aussage?
2. Cipolla nennt „neue Probleme" als Folge der industriellen Revolution. Erläutern Sie.
3. Cipolla beschreibt verschiedene Reaktionsweisen auf den Wandel. Setzen Sie sich mit dieser Beschreibung auseinander.

MATERIAL

2 Stadien wirtschaftlichen Wachstums nach Rostow

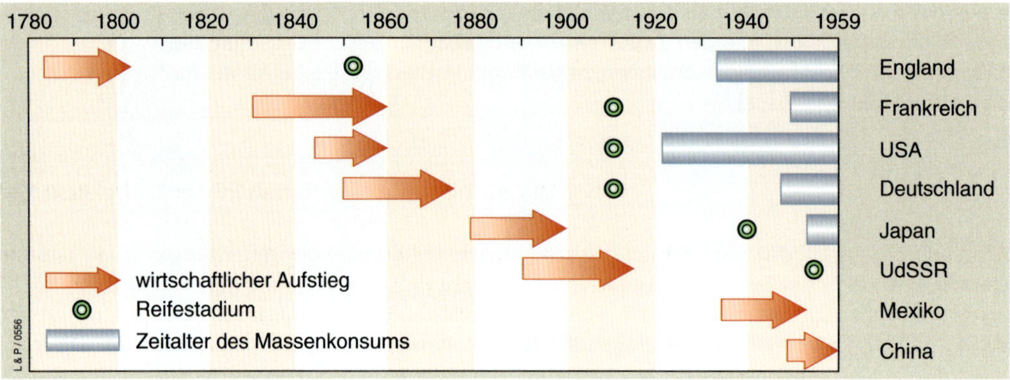

MATERIAL

3 Die Industrieländer kopieren? – Eine entwicklungspolitische Kontroverse

Knut Borchardt:
Hunger war auch in der Geschichte Europas bittere Wirklichkeit. Wir wissen von riesigen Bevölkerungskatastrophen. In wichtigen Aspekten sind die vorindustriellen Verhältnisse Europas den Zuständen heutiger Entwicklungsländer vergleichbar. Wir kennen das Bild einer „gesunden" Entwicklung, das heißt das System wachsender Wirtschaften. Was „gesund" ist, zeigt uns nicht zuletzt die europäische Geschichte als Modell. Es ist sicher, dass die Entwicklungsländer, wollen sie den Zustand der Stagnation überwinden, *dieses* Modell kopieren müssen.

Ernst-Ulrich von Weizsäcker:
Natürlich ist das europäisch-amerikanische Entwicklungsmodell für jeden Bewohner eines Entwicklungslandes bestechend. Aber die unveränderte Übernahme dieses Entwicklungsmodells durch heute sechs und eines Tages acht bis zehn Milliarden Menschen wäre rein quantitativ-ökologisch vollkommen illusorisch bzw. zerstörerisch. Für die Entwicklungsländer ist die Abkehr von der Verschwendungskultur des Nordens nötig! In erster Linie sollte der Norden selbst sein Wohlstandsmodell ändern. Dann – und nur dann – haben wir das Recht, Gleiches vom Süden zu verlangen.

Aus: K. Borchardt, Europas Wirtschaftsgeschichte – ein Modell für Entwicklungsländer? in: R. Braun u. a. Gesellschaft in der industriellen Revolution, Köln 1973, S. 343–366, und E.-U. von Weizsäcker, Erdpolitik, Darmstadt 1992, S. 121 f., gek.

1. Recherchieren Sie (z. B. mithilfe der Internetadressen http://www.worldbank.org und www.undp.org) Daten zur wirtschaftlichen Entwicklung der Länder der Dritten Welt.
2. Erörtern Sie, ob aufgrund Ihrer Recherchen die 1959 durch Rostow vorgenommene Einordnung Mexikos und Chinas (Schaubild M 2) inzwischen revidiert werden muss.
3. Ergänzen Sie dieses Schaubild von Rostow für weitere Entwicklungsländer (aktueller Stand).
4. Prüfen Sie, welche Entwicklungsländer auch heute noch nicht im Schaubild von Rostow verzeichnet sein würden, weil sie noch nicht die Phase „wirtschaftlicher Aufstieg" erreicht haben. Stellen Sie diese Länder in einer eigenen Liste zusammen und erweitern Sie für diese Ihre Recherchen (z. B. Bevölkerungsdaten, Bildung, Ernährung).
5. Europas Wohlstandsmodell – ein Vorbild für die Entwicklungsländer? Setzen Sie sich mit den Positionen der beiden Autoren (M 3) auseinander.

2. „Workshop of the world" – warum England?

MATERIAL 1

Wirtschaft und Gesellschaft Englands im 17. Jahrhundert

Es ist eine Wirtschaft mit einfachen Produktionstechniken in kleinen Betriebsstätten; kleine Kaufleute und Wucherer werden ebenso gehasst, wie sie notwendig sind. Der Fortschritt in der Landwirtschaft wird durch eine veraltete Agrarverfassung ernstlich behindert. Die chronische Unterbeschäftigung der Arbeitskräfte ist eines der Hauptprobleme, und trotz moralischer Einwirkung wird in den Massen kaum gespart. [...]
Die Wirtschaft hängt in erheblichem Umfang vom Ausland ab, von wo bessere gewerbliche und landwirtschaftliche Techniken und auch etwas Kapital eingeführt werden. Ausländischen Arbeitskräften und Unternehmern wird aber mit Feindschaft begegnet.
Ehrgeizige junge Männer ziehen oft Karrieren in den freien Intelligenzberufen und in der Verwaltung der privaten Wirtschaft vor und einmal erworbenes Unternehmervermögen wird allzu gern in Landbesitz angelegt. Die monetäre Stabilität ist periodisch bedroht und manchmal ist die Währung schon durch törichte Regierungsmaßnahmen gänzlich ruiniert worden. [...]
Fortschrittliche Menschen setzen ihre Hoffnung zunehmend auf die Industrialisierung und Maßnahmen wirtschaftlichen Nationalismus, um die Probleme der wachsenden Bevölkerung aufzufangen; aber die Industrialisierung geht zu langsam voran und die Segnungen des wirtschaftlichen Nationalismus (der Abschließung vom Weltmarkt und der Wirtschaftslenkung) erweisen sich als umstritten.

Aus: F. J. Fisher, The Sixteenth and Seventeeth Centuries: The Dark Ages in English Economic History? Economia XXIV (1957), S. 17 f., in: K. Borchardt, Europas Wirtschaftsgeschichte – ein Modell für Entwicklungsländer?, → S. 56, M 3, S. 343 ff.

MATERIAL 2

Die Wirtschaftshistorikerin Phyllis Deane zur Situation Englands im 18. Jahrhundert

It is fair to say that before the second half oft the eighteenth century people had no reason to *expect* growth. [...] Population, prices and productivity could fluctuate upwards as readily as downwards and there was no reason to expect them to go in one direction rather than the other.
So far as we can judge they were broadly right in their assumptions.
Population, for example, fluctuated between about 5.8 and 6.0 millions in the first four or five decades of the eighteenth century and was only about 5.9 million in 1741. Recent attempts to measure the rate of growth in output per head suggest that there was some improvement in the first half of the century but it was so slow that it would have taken about a century and a half to double the standard of living. The ordinary man saw little evidence of economic growth within his own lifetime and no improvement that could not be eliminated within a single year by the incidence of a bad harvest or a war or an epidemic.

Aus: Ph. Deane, The First Industrial Revolution, Cambridge 1965, S. 11.

1. **Erarbeiten Sie aus den Texten Merkmale von Wirtschaft und Gesellschaft in England am Vorabend der industriellen Revolution.**

2.1 Bevölkerungsexplosion, Agrar- und Verkehrsrevolution – Triebkräfte für wirtschaftliches Wachstum?

„Ein Mensch, der in einem bereits überbevölkerten Land geboren wird, ist überflüssig in der Gesellschaft. Es gibt für ihn kein Gedeck an dem großen Gastmahl der Natur."

Bevölkerungsprognosen

In seinem berühmten *Essay on the Principle of Population* von 1798 hatte der englische Geistliche und Sozialforscher Th. R. Malthus, der den oben zitierten Satz äußerte, prophezeit, die Bevölkerung werde sich alle 25 Jahre verdoppeln, wenn die Menschen sich ungebremst vermehrten. Mit einem solchen Zuwachs könne die landwirtschaftliche Produktion nicht mithalten. Hungersnöte, Seuchen und Kriege seien die notwendigen Ventile gegen Überbevölkerung. Malthus hatte einigen Anlass für seinen Pessimismus. Etwa ab Mitte des 18. Jahrhunderts kam es in England zu einem starken Bevölkerungswachstum. Zwischen 1750 und 1830 stieg die Zahl der Menschen fast um das Dreifache an. In der Vergangenheit hatte es immer wieder Hungerkatastrophen gegeben – im langjährigen Durchschnitt jedes zweite Jahr irgendwo in Europa. Sie nahmen zum Teil riesige Ausmaße an. Noch um 1700 starb in einigen Gebieten Frankreichs bis zu einem Drittel der Bevölkerung bei Missernten infolge von Hunger und Seuchen. Deshalb wurde das schnelle Bevölkerungswachstum, das im 19. Jahrhundert auch den Kontinent erfasste, als Bedrohung empfunden.

Ernährungslage

Auswanderung als Ventil

Zum Glück für England irrte sich Malthus. Trotz zunächst unvermindert hoher Geburtenraten blieb die prognostizierte Katastrophe aus. Die Auswanderung nach Übersee wurde zum Ventil für den Bevölkerungsdruck. Außerdem konnte die landwirtschaftliche Produktion eindrucksvoll erhöht werden. Die Erfolge in der Nahrungsmittelversorgung sind vor allem auf die Einführung neuer Anbaumethoden und eine Reform der Agrarverfassung zurückzuführen. Diese Modernisierungsmaßnahmen werden als Agrarrevolution bezeichnet, obwohl sie nicht schlagartig erfolgten und auch nicht flächendeckend durchgesetzt wurden.

Agrarrevolution

Neue Anbaumethoden

Der Fortschritt in den Anbaumethoden beruhte vor allem in der Ablösung der alten Dreifelderwirtschaft durch die Fruchtwechselwirtschaft nach niederländischem Vorbild. Das Gelingen dieser Umstellung ist wesentlich dem 1793 gegründeten Board of Agriculture zu verdanken, der in zahlreichen Publikationen dafür warb. Während bei der Dreifelderwirtschaft jeweils ein Drittel der Ackerfläche zur Regenerierung des Bodens brachliegen musste, konnten durch den wechselnden Anbau von Getreide, Futterpflanzen (vor allem Klee) und Hackfrüchten (vor allem Kartoffeln und Rüben) Brachezeiten vermieden werden, da der Bedarf an und die Wiederzufuhr von Nährstoffen bei diesen Pflanzenarten unterschiedlich ist. Die Kultivierung von Futterpflanzen ermöglichte es zudem, die Viehzucht auszuweiten.

Enclosure Movement

Die steigende Nachfrage nach Agrarprodukten verhieß gute Gewinne. Auf Initiative des Landadels und wohlhabender Stadtbürger verabschiedete daher das Parlament Gesetze, die zur Privatisierung von dörflichem Gemeindeland und von Ödland führten. Das privatisierte Land wurde durch Heckenzäune „eingehegt", um den individuellen Nutzungsanspruch zu unterstreichen und zu verhindern, dass Bauern unberechtigt ihr Vieh dort weiden ließen. Solche Einhegungen (enclosures) hatte es schon

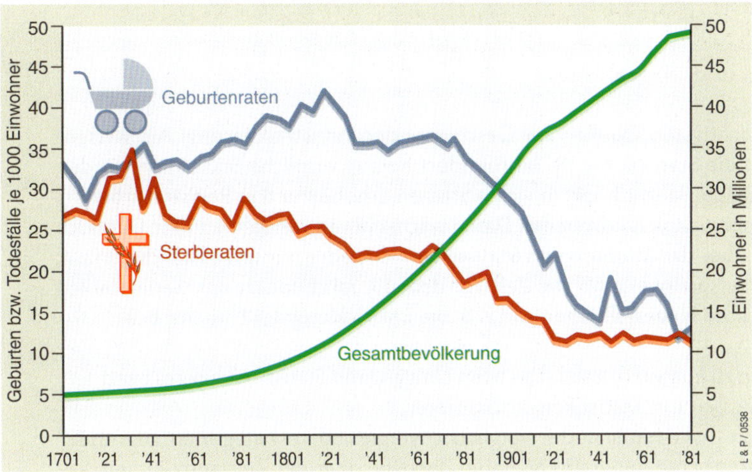

Bevölkerungsentwicklung in England und Wales 1701–1981.

in früheren Jahrhunderten gegeben, doch erreichten sie zwischen 1760 und 1850 mit ca. 700 000 Hektar einen Rekord. Ergänzt wurden die Einhegungen durch Flurbereinigungen, um das in viele Kleinparzellen zersplitterte Ackerland zu größeren und damit wirtschaftlicher nutzbaren Betriebseinheiten zusammenzufassen.

Ökonomische und soziale Folgen der Enclosure Acts

Die enclosures haben ein ökonomische und eine soziale Seite. Ökonomisch waren sie ein wichtiger Schritt hin zur Entwicklung einer gewinnorientierten Landwirtschaft. Dass in diesem größten Wirtschaftszweig die Voraussetzungen für die Bildung von Kapital geschaffen wurden, war für die weitere Entwicklung von erheblicher Bedeutung. Sozial führte das enclosure movement zu massiven Veränderungen in der Besitzstruktur. Mit der Umwandlung bisherigen Gemeinbesitzes in individuell genutzten Besitz verloren viele Kleinbauern ihre alten Nutzungsrechte am Gemeindeland. Trotz steigender Agrarpreise sanken ihre Einkommen oft bis unter das Existenzminimum. Sie sahen sich daher vielfach gezwungen, ihr Land zu verkaufen und als Land- bzw. als Industriearbeiter auf den neu entstandenen Gütern bzw. in den Fabriken ihr Auskommen zu suchen. So hat der Übergang zum Agrarkapitalismus soziologisch betrachtet das Entstehen einer neuen Klasse von Lohnabhängigen gefördert.

Verkehrsrevolution

Viele der wohlhabenden großen Grundbesitzer investierten einen Teil ihrer Gewinne in Maßnahmen zur Bodenverbesserung (z. B. durch Trockenlegung von Sumpfgelände), in die Errichtung von Gebäuden oder, besonders wichtig, in den Aufbau eines funktionstüchtigen Wegenetzes. So legten sie ganzjährig nutzbare Verkehrswege an, um eine ständige Verbindung zu den städtischen Märkten zu gewährleisten. Da der Transport zu Lande mit Pferdefuhrwerken sehr beschwerlich und teuer war, wurden auch Wasserwege ausgebaut, was sich aufgrund der verkehrsgeografischen Gegebenheiten geradezu anbot. Die Schiffbarmachung von Flüssen und der Bau von Kanälen waren Privatangelegenheit und wurden auch von der gewerblichen Wirtschaft vorangetrieben. Einer der Pioniere war der Herzog von Bridgewater. Der Ausbau der Infrastruktur war direkt und indirekt ein wichtiger Impuls für das Wirtschaftswachstum – direkt wegen der hohen Investitionssummen und indirekt, weil er das Entstehen eines nationalen Binnenmarktes förderte.

Arbeiten mit Statistiken und Diagrammen

Statistiken sind eine der wichtigsten Quellen zur Geschichte der Industrialisierung. Als Wissenschaftsdisziplin bildete sich die Statistik im 18. Jahrhundert heraus, amtliche Statistiken wurden seit der Wende vom 18. zum 19. Jahrhundert in vielen Staaten erhoben und in Registraturbehörden festgehalten; die Zahl der weltweit erhobenen Daten wächst heute von Jahr zu Jahr. Dennoch gibt es Entwicklungen, die über das Studium von Statistiken nicht oder nur unvollständig erfasst werden können: So liegen beispielsweise für die Zeit vor dem 19. Jahrhundert nur wenig Zahlen vor, dasselbe gilt für bestimmte Fragestellungen wie z. B. die Entwicklung der Frauenarbeit.

Um zu tragfähigen Aussagen zu kommen, muss man beim Umgang mit Statistiken einiges beachten:
- Eine Leitfrage sollte die Arbeit mit Statistiken strukturieren.
- Liegen bei Statistiken, die man miteinander vergleicht, vergleichbare Kategorien zugrunde? Ist beispielsweise der untersuchte geografische Raum derselbe oder der Zeitraum, in dem gemessen wurde, gleich lang? Ist die Erhebungsmethode vergleichbar?
- Wer hat die Statistik erhoben?
- Gibt es Indizien zu ihrer Zuverlässigkeit?
- Reichen die Angaben der Statistik zu Beantwortung der Leitfrage aus oder müssen noch andere Materialien herangezogen werden?

MATERIAL

3 Daten zur landwirtschaftlichen Produktion in England und Wales 1700–1850

a) Landwirtschaftliche Produktion

Jahr	1700	1750	1800	1850
Getreide (in Mio. bushel)	65	88	131	181
Fleisch (in Mio. lb.)	370	665	888	1356
Wolle (in Mio. lb.)	40	60	90	120

Produktionsvolumen in Preisen von 1815 in Mio. £

Getreide und Kartoffeln	19	25	37	56
Tierische Produkte	21	34	51	79
Gesamt	40	59	88	135

b) Entwicklung der Hektarerträge, 1700–1850 (in bushel je acre)

Jahr	1700	1750	1800	1850
Weizen	16,0	18,0	21,5	28,0
Roggen	17,0	18,0	26,0	28,0
Hafer	24,0	28,0	35,0	40,0
Bohnen und Erbsen	20,0	28,0	28,0	30,0

c) Nutzung des Ackerlandes in Mio. acres

Jahr	1700	1750	1800	1850
Weizen	1,4	1,8	2,5	3,6
Roggen	0,9	0,5	0,3	0,1
Gerste	1,9	1,4	1,3	1,5
Hafer	1,2	2,0	2,0	2,0
Bohnen u. Erbsen	1,3	1,0	1,2	1,0
Steckrüben	0,4	1,0	1,3	2,0
Kartoffeln	0,1	0,2	0,3	0,4
Klee	0,5	1,0	1,2	2,2
Brache	3,3	2,5	1,5	1,8
Gesamt	11,0	11,4	11,6	14,6

Netto-Erträge, d. h. ohne Saatgut und den an Ackerpferde verfütterten Hafer.
1 bushel (engl. Scheffel) = 33,35 Liter
1 lb (engl. Pfund) = 453,592 g
1 acre = 1 engl. Morgen = 0,40467 Hektar = 4046,7 qm
£ = Pfund Sterling (engl. Währungseinheit)

Aus: The Economic History of Britain since 1700, vol. 1 1700–1860, Cambridge 1994, S. 102, 112.

MATERIAL
4 Weizenpreise 1700–1850

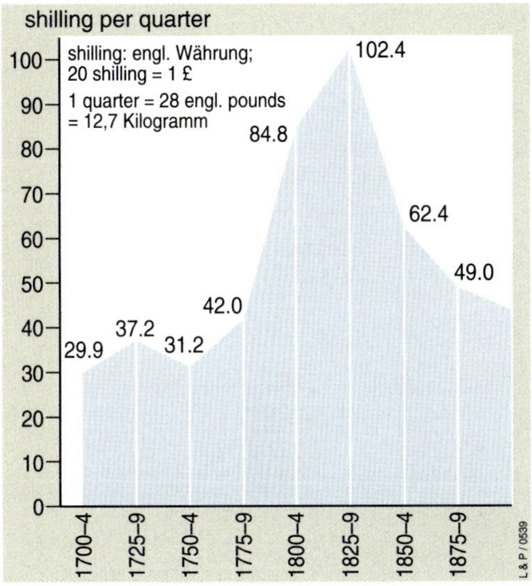

Aus: C. Cook/J. Stevenson, Longman Atlas fo Modern British History, London 1978, S. 21.

MATERIAL
Einhegungen 1727–1845 5

Die Einhegungen (enclosures) mussten, da sie in der Regel auch in Eigentumsverhältnisse der Gesamtgemeinde (z. B. Allmende) eingriffen, durch Gesetze des Parlaments geregelt werden. Daher sind wir über sie gut informiert. Die folgende Tabelle gibt Aufschluss über die Häufigkeit der Gesetze.

Zeitraum	Gesetze	Eingehegte Fläche in Acres
1727–1760	56	74,518
1761–1792	339	478,259
1793–1801	182	273,891
1802–1815	564	739,743
1816–1845	244	199,300

1 acre = 1 engl. Morgen = 0,40467 Hektar = 4046,7 qm

Aus: G. Seater, The English Peasantry and the Enclosure of Common Fields, London 1907, S. 267.

1. Bevölkerungswissenschaftler gehen davon aus, dass die Entwicklung des Bevölkerungswachstums in vier Phasen verläuft. Diese sind durch das unterschiedliche Verhältnis von Geburten- und Sterberaten zueinander gekennzeichnet. Grenzen sie die vier Phasen für England und Wales zeitlich voneinander ab und charakterisieren Sie diese (Abb. S. 13).
2. Mehr Menschen bedeuten mehr und billigere Arbeitskraft. Es ist häufig behauptet worden, dies reize das Wirtschaftswachstum automatisch an. Ist also die im 18. Jahrhundert einsetzende Bevölkerungsexplosion der Treibsatz für die industrielle Revolution?
3. Beschreiben und erläutern Sie die Entwicklung der Agrarproduktion (M 3). Vergleichen Sie die Entwicklungen. Hält die Agrarproduktion mit der Bevölkerungsentwicklung Schritt, hinkt sie nach oder eilt sie ihr voraus?
4. 1720 beobachte ein Zeitgenosse, dass „viele Londoner Kaufleute und Händler beträchtliche landwirtschaftliche Grundstücke erwerben". Erläutern Sie mögliche Gründe und erörtern Sie, was es bedeuten könnte, wenn sich Kaufleute der Landwirtschaft annehmen. Berücksichtigen Sie die Abb. S. 13 und die Materialien 3 bis 5.
5. 1770 bezeichnete Arthur Young, Sekretär einer Gesellschaft, die sich die Modernisierung der Landwirtschaft zum Ziel gesetzt hatte, viele Bauern als „schlechte Landwirte". Er verband diese Kritik mit der Forderung: „Erhöht ihre Abgaben." Seine Motive dafür machte er auch deutlich: „Wenn man eine erfolgreiche und fortschrittliche Landwirtschaft haben will, werfe man 15 oder 20 Höfe zusammen, sobald ihre jetzigen Inhaber aufgeben." Setzen Sie sich mit dieser Äußerung von Arthur Young auseinander.
6. Erörtern Sie mögliche Zusammenhänge zwischen der Modernisierung des Agrarsektors und der industriellen Revolution.

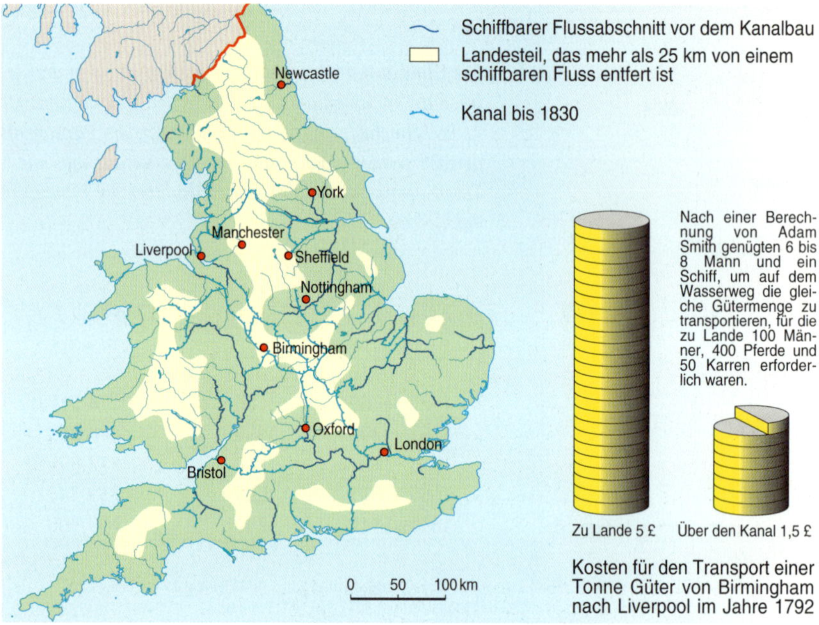

Der Ausbau des britischen Kanalsystems bis 1830.

MATERIAL

6 Francis Egerton, Herzog von Bridgewater, Pionier des Kanalbaus (1761)

Das Bild zeigt den Herzog von Bridgewater vor einem der in seinem Auftrag erbauten Kanäle. Der Kanal im Hintergrund ist zehn Kilometer lang und verband das Kohlebergwerk des Herzogs in Worsley mit Manchester. Der Kanalbau war wegen des Flusses Irwell technisch sehr aufwändig und kostete etwa 250 000 Pfund. Der Kanal wurde 1776 bis Liverpool fortgeführt.

1. Beschreiben Sie die Abbildung. Zeigen Sie, wie die technischen Probleme des Kanalbaus bewältigt wurden. Woran ist zu erkennen, dass die Abbildung in der Frühphase der industriellen Revolution entstanden ist?
2. Das Kanalnetz wurde zwischen 1730 und 1830 von 165 km auf mehr als 3000 km erweitert. Erläutern Sie die volkswirtschaftliche Bedeutung der Kanalbautätigkeit.

Kohlenzeche, um 1790. Einsatz einer frühen Dampfmaschine zum Antrieb von Pumpen in einem englischen Kohlebergwerk, Gemälde. Liverpool, Walker Art Gallery.

2.2 Erfindergeist und unternehmerischer Wagemut – entfesseln sie die industrielle Revolution?

„Zwei Motive begeistern mich, Ihnen meine Hilfe anzubieten, und zwar meine Zuneigung zu Ihnen und zu einem lukrativen, sinnvollen Projekt. ... Um den größtmöglichen Gewinn zu erzielen, dachte ich, eine Fabrik in der Nähe der meinen zu errichten, an meinem Kanal, wo ich alle für die Herstellung von Maschinen notwendigen Einrichtungen erstellen würde und von wo aus wir die ganze Welt mit Maschinen aller Größen versorgen könnten. Ich finde es nicht lohnend, nur für drei Grafschaften zu produzieren, wohl aber, die ganze Welt zu beliefern."

Erfinder und Unternehmer

Als der Eisenfabrikant Matthew Boulton 1769 diese Zeilen an den Feinmechaniker James Watt schrieb, hatte dieser gerade sein erstes Patent auf eine Dampfmaschine erhalten. Mit seinem Brief erwies sich Matthew Boulton als ein weitsichtiger Unternehmer, der den wirtschaftlichen Nutzen einer bahnbrechenden Erfindung klar erkannt hatte. Aus seinem Vorstoß entwickelte sich eine Geschäftsverbindung mit James Watt, der nach eigenem Bekunden selbst über kein kaufmännisches Gespür und keinen unternehmerischen Wagemut verfügte. Fünf Jahre danach kam es in Birmingham zur Gründung der Firma Boulton & Watt; 1782 finanzierte Boulton Watts Konstruktionsarbeiten für eine verbesserte Dampfmaschine.

Industrieproduktion

Entscheidend für den Übergang von der Manufakturfertigung zur industriellen Massenproduktion war die Kombination der Dampfmaschine als Antriebsmaschine mit Arbeitsmaschinen, wie z. B. mit der 1767 durch James Hargreaves erfundenen Spinnmaschine oder dem 1785 durch Edmund Cartwright gebauten mechanischen Webstuhl. Die mit Steinkohle betriebene Dampfmaschine bot ungeahnte Möglichkeiten der Kraftgewinnung; sie machte vom Antrieb der Wasserkraft unabhängig und ermöglichte Betriebsansiedlungen in der Nähe von Märkten und Häfen.

Die Dampfmaschine auf Rädern: die Eröffnung der Eisenbahnstrecke von Stockton nach Darlington (Mittelengland) am 27.9.1825. London, Naturwissenschaftliches Museum.

Selbstverstärkung des industriellen Wachstums

Die kostengünstigere industrielle Fertigung bewirkte, dass die Textilindustrie sich bald zur größten englischen Einzelindustrie entwickelte. Ihr großer Bedarf an Antriebs- und Arbeitsmaschinen regte zugleich den Bergbau wie die Eisen erzeugende und verarbeitende Industrie an. Aber auch diese Wirtschaftszweige trieben sich gegenseitig zu immer höherer Produktion an: Durch den Einsatz von Dampfmaschinen, z. B. zur Entwässerung in Kohlengruben konnte die Steinkohleförderung gesteigert werden, was wiederum eine Ausweitung der Eisenerzeugung ermöglichte. Von großem Vorteil war, dass England reichlich über Steinkohle und Eisenerz verfügte und beide Rohstoffvorkommen räumlich benachbart lagerten.

Revolution des Verkehrswesens durch Eisenbahn und Dampfschiff

Einen neuen Schub in der industriellen Entwicklung brachte die Erfindung der Lokomotive Anfang des 19. Jahrhunderts, der bald die des Dampfschiffs folgte. Mit beiden Innovationen standen Anfang der vierziger Jahre des 19. Jahrhunderts zwei leistungsfähige Verkehrsmittel zur Verfügung. Die von Pferden gezogenen Kähne sollten deshalb bald von den Kanälen verschwinden. Mit dem Aufbau eines Eisenbahnnetzes kam der Kanalbau schlagartig zum Erliegen. Eisenbahn und Dampfschiff waren zwei wichtige Meilensteine auf dem Weg zu einer globalen Wirtschaft, wie sie Matthew Boulton in seinem Brief an James Watt visionär beschrieben hatte.

Kapitalbildung durch Kolonialhandel

Englands Insellage und sein direkter Zugang zu den Weltmeeren hatte schon früh die Entwicklung des Landes zu einer global agierenden Handelsnation begünstigt. Im 17. und 18. Jahrhundert dominierte der Handel mit Kolonialwaren. Er erfolgte ausschließlich auf englischen Schiffen; zudem lief der gesamte Güterverkehr zwischen Kolonien und Drittländern aus Zollgründen über englische Häfen. Daher war der Überseehandel für England sehr gewinnbringend und begünstigte die Kapitalbildung.

England als Welthandelsmacht

In der 2. Hälfte des 18. Jahrhunderts änderte sich die Struktur des englischen Außenhandels. Zunehmend wurden heimische Produkte, insbesondere Textilwaren, für den Export wichtig. Zugleich vergrößerte sich das Außenhandelsvolumen. Aufgrund seiner Kolonialpolitik kam England billig an den Rohstoff Baumwolle; in England fabrizierte Baumwollwaren wurden nach Kontinentaleuropa und in die überseeischen Kolonien geliefert. Auf den überseeischen Märkten verschaffte sich die Kolonialmacht England bald eine Monopolstellung, so z. B. in Indien, dessen hoch entwickelte Textilmanufaktur systematisch durch Zoll- und Steuergesetze ruiniert wurde (→ S. 160 ff.).

MATERIAL 7

Geschichte der Familie von Sir Robert Peel (1750–1830)

Der größte der ersten Baumwollfabrikanten war Sir Robert Peel (1750–1830), ein Mann, der bei seinem Tod fast anderthalb Millionen Pfund (für die damalige Zeit eine ungeheure Summe) hinterließ – sowie einen Sohn, der sich gerade anschickte, Premierminister von Großbritannien zu werden. Die Peels waren eine mittelständische Freibauernfamilie, die, wie andere, in den Hügeln von Lancashire die Landwirtschaft mit häuslicher Textilherstellung verbanden, jedenfalls seit der Mitte des 17. Jahrhunderts. Sir Roberts Vater (1723–1795) ging noch mit seinen Waren über Land hausieren und zog erst 1750 in die Stadt Blackburn. Selbst zu dieser Zeit hatte er die Landwirtschaft noch nicht ganz aufgegeben. Er besaß ein wenig – nichttechnische – Bildung, ein wenig Begabung für einfache Erfindungen (oder zumindest Sinn für Erfindungen, wie die James Hargreaves, seines Mitbürgers, der Weber, Zimmermann und Erfinder der „Jennymaschine" war) sowie Land im Wert von vielleicht 2000 bis 4000 Pfund, auf das er zu Beginn der 1760er Jahre eine Hypothek aufnahm. Damit gründete er eine Baumwolldruckereifirma, zusammen mit seinem Schwager Haworth und einem gewissen Yates, der die gesamten Ersparnisse seiner Familie aus der Gastwirtschaft im „Schwarzen Stier" ins Geschäft einbrachte.

Die Familie Peel besaß einige Erfahrung in Geschäften: Mehrere ihrer Mitglieder arbeiteten in der Textilbranche, und die Aussichten für eine Baumwolldruckerei, bis dahin hauptsächlich eine Londoner Besonderheit, schienen ausgezeichnet. Sie waren es auch. Drei Jahre später – Mitte der sechziger Jahre – war der Bedarf der Firma an unbedruckter Baumwolle so gestiegen, dass sie auch mit der Herstellung von Stoffen begann, ein Umstand, der, wie ein Lokalhistoriker später feststellte, „den Beweis erbringt, für die Leichtigkeit, mit der damals Geld zu machen war".

Das Geschäft gedieh und wurde geteilt: Peel blieb in Blackburn, während seine beiden Teilhaber nach Bury gingen, wo sich ihnen 1772 der künftige Sir Robert als Teilhaber anschloss, zu Beginn mit beträchtlicher, später mit nur noch geringfügiger finanzieller Unterstützung seines Vaters. Die wurde auch kaum gebraucht. Der junge Peel, ein Unternehmer von außerordentlicher Energie, hatte es nicht schwer, zusätzliches Kapital zu beschaffen, indem er Ortsansässige zu Teilhabern machte, die ihr Geld in der größer werdenden Industrie investieren wollten oder die deshalb von Nutzen waren, weil sie die Firma in neuen Städten und anderen Zweigen der Baumwollindustrie etablieren halfen. Da der Druckereibetrieb der Firma allein regelmäßige Gewinne von 70000 Pfund pro Jahr über längere Zeit erbrachte, gab es keinen Kapitalmangel.

Um die Mitte der 1780er Jahre war es bereits ein äußerst ansehnliches Geschäft, das sich die Anschaffung aller neuen, nützlichen und arbeitssparenden Geräte wie beispielsweise Dampfmaschinen leisten konnte. 1790 war Robert Peel bereits zum Baronet ernannt, Parlamentsmitglied und anerkannter Vertreter der neuen Klasse der Industriellen. Von anderen nüchternen Vertretern seiner Art in Lancashire, einige seiner Geschäftspartner eingeschlossen, unterschied er sich dadurch, dass er sich nicht mit Reichtum und Bequemlichkeit begnügte und zur Ruhe setzte – was er spätestens 1785 leicht hätte tun können –, sondern dass er mit seinen Möglichkeiten und Talenten wucherte. Mit einigem Geschäftsverstand und etwas Energie musste jedermann aus der ländlichen Mittelklasse in Lancashire, wenn er zur gleichen Zeit wie Peel ins Baumwollgeschäft einstieg, zwangsläufig in kurzer Zeit zu sehr viel Geld kommen.

Vielleicht illustriert es die vergleichsweise hohen Geschäftschancen, dass die Firma, viele Jahre nachdem sie mit dem Bedrucken von Baumwollstoffen begonnen hatte, noch keine Zeichenwerkstatt besaß, d. h., dass sie nur die primitivsten Vorkehrungen zum Entwerfen jener Muster traf, auf die sich ihr Reichtum gründete. Tatsächlich verkaufte sich in diesem Stadium praktisch alles, vor allem an den gewöhnlichen Kunden im In- und Ausland.

Aus: E. Hobsbawm, Industrie und Empire 1, Britische Wirtschaftsgeschichte seit 1750, Frankfurt/Main 1969, S. 61 ff.

MATERIAL
8 Bericht einer Parlamentskommission von 1806 über das Wirtschaftswachstum

Das schnelle erstaunliche Wachstum in der Fabrikation und im englischen Handel der letzten Jahre ist allgemein bekannt, ebenso auch die Wirkungen dieses Wachstums auf die Staatseinnahmen und auf die Stärke als Nation.
Wenn man nach den unmittelbaren Gründen für dieses Wachstum fragt, so scheint es, dass dieses vor allem dem englischen Unternehmungsgeist und Gewerbefleiß in einem freien und aufgeklärten Volk zuzuschreiben ist, das seine Fähigkeiten beim Einsatz großer Kapitalien ungehindert ausüben kann. Ferner ist das Prinzip der Arbeitsteilung bis zur äußersten Möglichkeit durchgeführt. Wissenschaftliche Forschung und technischer Erfindergeist werden, soweit es nur geht, zu Rate gezogen. Schließlich haben die Engländer sich alle Vorteile verschafft, die aus dem Besuch fremder Länder hergeleitet werden können, nicht nur bei der Anknüpfung neuer und der verstärkten Pflege alter Handelsbeziehungen, sondern auch durch den Erwerb persönlicher Kenntnis der Wünsche, des Geschmacks, der Gewohnheiten, der Entdeckungen und Verbesserungen und der Herstellungsverfahren anderer zivilisierter Völker. Auf diese Weise wurden uns Tatsachen bekannt und Anregungen gegeben, unsere schon vorhandenen Fabrikationsanlagen wurden vervollkommnet, und neue Produktionsanlagen wurden dem eigenen Bestand eingefügt. Zu gleicher Zeit wurden neue Märkte für die Produktion unserer Fabriken und für unseren Handel eröffnet, und wir waren in der Lage, auch diese Märkte zu bedienen.

Allein durch diese Mittel und vor allem durch einen wirkungsvollen Einsatz von Maschinen für die Verbesserung der Qualität und Verbilligung der Herstellung unserer verschiedenen Exportartikel geschah es, dass trotz stetig steigender Steuerlast und allmählich steigender Preise für die Güter des täglichen Bedarfs und für die Luxusgüter, deren Wirkung auf die Löhne notwendigerweise beträchtlich war, unser Handel und unsere Fabrikation in solchem Grade gewachsen sind, dass sie die optimistischsten Schätzungen der fähigsten Nationalökonomen übertrafen, die über Verbesserungen in einem zukünftigen Zeitalter nachgedacht haben.

MATERIAL
9 Entwicklung des Außenhandels

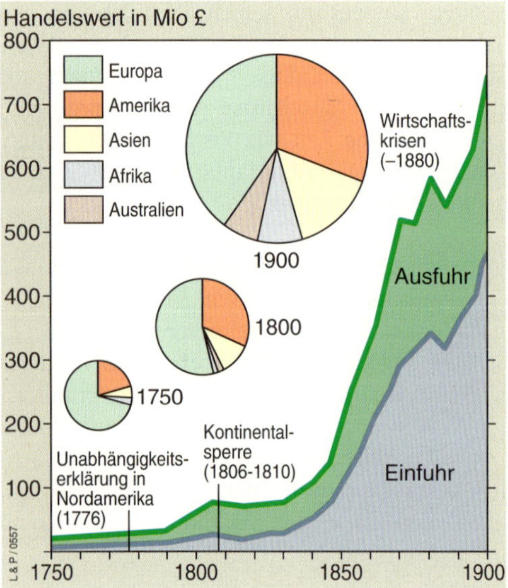

1. Welche Bedingungen und Ursachen für den ab 1750 einsetzenden Aufschwung in der Volkswirtschaft lassen sich aus der Familiengeschichte der Peels (M 7) erkennen?
2. Welche zusätzlichen Informationen liefert der Parlamentsbericht von (M 8)?
3. Welche Einwände könnte man gegen den Parlamentsbericht vorbringen? (Lücken, Tendenz der Darstellung)
4. Beschreiben sie die aus der Grafik (M 9) ersichtlichen Veränderungen und versuchen Sie, Ihre Feststellungen zu erklären.
5. Messen Sie den Anspruch von Matthew Boulton, die gesamte Welt zu beliefern, an den Außenhandelsdaten.

2.3 „Weniger Staat, mehr privat" – Zauberformel für eine dynamische Wirtschaft?

Adam Smith (1723–1790)

Im Jahre 1776 veröffentlichte der schottische Moralphilosoph und Nationalökonom Adam Smith (1723–1790) sein Werk „An Inquiry into the Nature and Causes of the Wealth of Nations"; auf Deutsch ist es meist unter dem Titel „Der Reichtum der Nationen" erschienen. Smith entwickelte darin die Prinzipien des Wirtschaftsliberalismus, gab eine theoretische Begründung der Marktwirtschaft und setzte sich mit dem Merkantilismus, der dirigistischen Wirtschaftspolitik des Absolutismus, auseinander. Nach der Lehre von Adam Smith wird der Reichtum eines Landes durch produktive Arbeit geschaffen. Arbeitsteilung, national wie international, begünstige die Produktivität. Eingriffe des Staates in das Wirtschaftsgeschehen seien generell abzulehnen. Jeder sollte das Recht haben, seine Wirtschaftsinteressen frei zu verfolgen. Indem jeder sich nur für seine eigenen Interessen und seinen eigenen Gewinn interessiere, verfolge er – wie von einer unsichtbaren Hand gesteuert – das Gemeinwohl auf das Wirksamste. Das gelte auch für die Wirtschaftsbeziehungen zwischen den Staaten. Auch hier gleiche das freie Spiel der Marktkräfte die Vielzahl der unterschiedlichen Interessen aus und führe zu einem optimalen Ergebnis für alle. Deshalb solle der internationale Handel als Freihandel organisiert werden.

Adam Smith: Egoismus und Gemeinwohl

Diese wirtschaftsliberalen Prinzipien sind nicht von ungefähr in England formuliert worden. Hier war seit der Glorious Revolution von 1688, in der sich das Parlament gegenüber den absolutistischen Bestrebungen der Krone durchgesetzt hatte, eine neue Klasse politisch tonangebend – eine Grund und Kapital besitzende Schicht, die aus der Verbindung des kleinen Landadels mit dem aufstrebenden städtischen Handelsbürgertum entstanden war. Unter deren Einfluss hielt sich die Regierung weitgehend aus dem Wirtschaftsgeschehen heraus. Die Privatinitiative konnte sich frei entfalten, eine Unternehmerschicht entstand. Privates Kapital konnte, unterstützt durch ein schon gut entwickeltes Bank- und Kreditwesen, ungehindert in Gewinn versprechende Unternehmungen, z. B. die Textilindustrie, investiert werden. Darin unterschied sich England grundlegend von Frankreich und anderen absolutistischen Staaten des Kontinents, wo die dirigistische Wirtschaftspolitik des Staates das Kapital vor allem in Manufakturen lenkte, die dem Luxusbedarf des Hofes dienten. Begünstigt wurde die private Kapitalbildung in England auch dadurch, dass kein stehendes Heer unterhalten werden musste und die finanziellen Ansprüche der Krone durch das Parlament unter Kontrolle gehalten werden konnten.

Günstige Rahmenbedingungen für Unternehmer

Die Herausbildung eines gewinnorientierten privaten Unternehmertums wurde in England durch zwei weitere Faktoren gefördert. Erstens waren die Zünfte hier weniger bedeutend als auf dem Kontinent, wo sie sich als Fesseln für die freie Entfaltung der Einzelinitiative erwiesen. Zweitens war den Puritanern in England der Zugang zum Staats- und Militärdienst zunächst ganz verwehrt, später erschwert. Sie waren

Puritaner als Unternehmer

damit auf das Geschäftsleben verwiesen. Da sie zudem keinen Zugang zu den Universitäten und den dort dominierenden, theologischen, philosophischen und juristischen Disziplinen hatten, gründeten sie im 18. Jahrhundert eigene Akademien. Diese legten besonderen Wert auf praktische Fächer wie Fremdsprachen, Mathematik, Buchführung und Naturwissenschaften und begünstigten dadurch die Entfaltung unternehmerischer Talente unter ihren Absolventen. Fast die Hälfte der bekannten Erfinder, Kaufleute und Unternehmer im 18. Jahrhundert waren Puritaner, obwohl diese nur eine Minderheit in der britischen Bevölkerung darstellten.

Kapitalistische Wirtschaftsgesinnung

Im Glauben dieser Minderheit hatten Tugenden wie Fleiß und Sparsamkeit einen hohen Stellenwert. Der Soziologe Max Weber hat für diese Einstellung den Ausdruck „innerweltliche Askese" geprägt. Folgt man der freilich nicht unumstrittenen These Max Webers über die Zusammenhänge von protestantischer Ethik und kapitalistischem Geist, dann war der Einfluss calvinistischer Lehren im Glauben der Puritaner von großer Bedeutung für das Entstehen einer neuen Wirtschaftsgesinnung. Nach Calvins Prädestinationslehre ist das ewige Heil des Einzelnen von Gott unabänderlich vorherbestimmt. Gottes unerforschlicher Ratschluss offenbare sich jedoch im wirtschaftlichen Erfolg. Der calvinistische Gläubige sah sich so herausgefordert, „mit seinen Talenten zu wuchern", jedoch nicht, um später auf den Früchten des Erfolges auszuruhen und sie zu genießen, sondern um sie weiter zu mehren. In diesen Einstellungen sind Elemente enthalten, die auch Kennzeichen der modernen Industriegesellschaft sind, etwa das Leistungsprinzip, die Kapitalbildung oder die Gewinnorientierung wirtschaftlicher Tätigkeit.

MATERIAL

10 Adam Smith über Prinzipien der Wirtschaft

Da nun aber der Zweck jeder Kapitalanlage Gewinnerzielung ist, so wenden sich die Kapitalien den rentabelsten Anlagen zu, d. h. denjenigen, in denen die höchsten Gewinne erzielt werden. Indirekt aber wird auf diese Weise auch die Produktivität der Volkswirtschaft am besten gefördert. Jeder glaubt nur sein eigenes Interesse im Auge zu haben, tatsächlich aber erfährt so indirekt auch das Gesamtwohl der Volkswirtschaft die beste Förderung. […] Verfolgt er nämlich sein eigenes Interesse, so fördert er damit indirekt das Gesamtwohl viel nachhaltiger, als wenn die Verfolgung des Gesamtinteresses unmittelbar sein Ziel gewesen wäre. Ich habe nie viel Gutes von denen gesehen, die angeblich für das allgemeine Beste tätig waren.

Welche Kapitalanlage wirklich die vorteilhafteste ist, das kann jeder Einzelne besser beurteilen als etwa der Staat oder eine sonstwie übergeordnete Instanz. Jeder kluge Familienvater befolgt den Grundsatz, niemals etwas zu Hause anzufertigen, was er billiger kaufen kann. Dem Schneider fällt es nicht ein, sich Schuhe selbst zu machen, sondern er kauft sie vom Schuhmacher, dem Schuhmacher andererseits fällt es nicht ein, sich die Kleider selbst herzustellen, sondern er gibt sie beim Schneider in Auftrag, und dem Landwirt kommt es nicht in den Sinn, sich dies oder jenes selbst zu machen, sondern auch er setzt die einzelnen Handwerker in Nahrung. Alle sehen den Vorteil darin, ihre Arbeitskraft ganz in der Weise zu betätigen, in der sie etwas von ihrem Nachbarn voraus haben und sich mit einem Teil des Ertrages oder, was dasselbe ist, mit dem Preis dafür das zu kaufen, was sie darüber hinaus brauchen. Was aber in der Wirtschaftsführung eines Familienhaushaltes klug ist, das kann auch im Ganzen einer großen Volkswirtschaft kaum Torheit sein.

Wenn uns nämlich ein anderes Land mit einer Ware billiger versorgen kann, als wir sie selbst herzustellen imstande sind, so ist es vorteilhafter, dass wir dem betreffenden Lande diese Ware gegen Produkte unseres eigenen Gewerbefleißes, in denen wir vor dem Auslande etwas voraus haben, abkaufen. Die natürlichen Produktionsvorteile, die ein Land hinsichtlich bestimmter Waren vor einem anderen Land voraus hat, sind mitunter so groß, dass es, wie alle Welt weiß, vergeblich sein würde, dagegen ankämpfen zu wollen. [...] Der Jahresertrag einer Volkswirtschaft ist höher, wenn sie sich auf die Erzeugung derjenigen Waren beschränkt, in denen sie vor anderen Ländern Kostenvorteile voraus hat, und sie ihrerseits von anderen Ländern diejenigen Waren kauft, die dort billiger sind.

Die Regelung dieser Austauschverhältnisse aber muss dem freien Spiel der wirtschaftlichen Kräfte überlassen bleiben. Es ist zwar möglich, dass durch wirtschaftspolitische Maßnahmen, vor allem durch Einfuhrverbote und hohe Zölle auf fremdländische Waren, sich im Lande selbst eine Industrie entwickelt oder schneller entwickelt, als es ohne solche staatlichen Maßnahmen der Fall gewesen wäre; es ist sogar möglich, dass die die betreffende Ware nach gewisser Zeit im Inland ebenso billig hergestellt werden kann, aber daraus folgt keineswegs, dass die Gesamtsumme der gewerblichen Produktion oder des Volkseinkommens des betreffenden Landes durch solche Eingriffe vermehrt werden kann.

Die Industrie eines Landes kann sich nur in dem Maße vermehren, als das Kapital zunimmt, und das Kapital nimmt nur in dem Maße zu, als nach und nach aus dem Einkommen gespart wird. Kapitalbildung und Industrieentfaltung müssen in einem Lande dem natürlichen Gang der Entwicklung überlassen bleiben. Jede künstliche wirtschaftspolitische Maßnahme lenkt die produktiven Kräfte der Arbeit und auch die Kapitalien in eine falsche Richtung. [...]

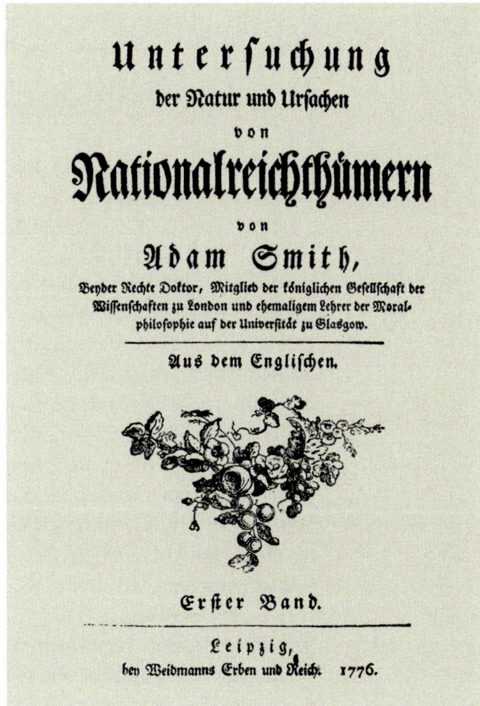
Untersuchung
der Natur und Ursachen
von
Nationalreichthümern
von
Adam Smith,
Beyder Rechte Doktor, Mitglied der königlichen Gesellschaft der Wissenschaften zu London und ehemaligem Lehrer der Moralphilosophie auf der Universität zu Glasgow.
Aus dem Englischen.
Erster Band.
Leipzig,
bey Weidmanns Erben und Reich. 1776.

Deutsche Ausgabe des Buches von Adam Smith, 1776.

Das natürliche Bestreben jedes Menschen, seine Lage zu verbessern, ist, wenn es sich mit Freiheit und Sicherheit geltend machen darf, ein so mächtiges Prinzip, dass es nicht nur allein und ohne alle Hilfe die Gesellschaft zu Wohlstand und Reichtum führt, sondern auch hundert unverschämte Hindernisse überwindet, mit denen die Torheit menschlicher Gesetze es nur allzu oft zu hemmen suchte.

Aus: Adam Smith, Der Reichtum der Nationen, in: W. Treue u.a., Quellen zur Geschichte der industriellen Revolution, Göttingen 1966, S. 163 ff.

1. Stellen Sie die Aussagen von Adam Smith zu folgenden Begriffen zusammen: Arbeitsteilung, Freihandel, Kapitalbildung, Markt, Verhältnis von Staat und Wirtschaft sowie von Eigeninteressen und Gemeinwohl.
2. Lesen Sie noch einmal die Beschreibung der Wirtschaft Englands im 17. und 18. Jahrhundert (S. 11, M 1 und 2). Zeigen Sie, welche Veränderungen im 18. Jahrhundert die Modernisierung Englands begünstigten.

3. Die Industrialisierung in den USA – Triumph der freien Marktwirtschaft

Marktrevolution

„In der Neuen Welt fand die Idee der Entfaltung der Persönlichkeit ihren Platz auf dem Markt. Der Held der amerikanischen Individualität war nicht der Künstler, sondern der Erfinder, der Pionier, besonders der Unternehmer. Für Amerikaner ist der Markt der Ort der Freiheit. Hier finden wir unsere Helden, ja selbst unsere Heiligen." So kennzeichnet im Jahr 2001 ein amerikanischer Politikwissenschaftler die Mentalität, die im 19. Jahrhundert in den USA einen rasanten Aufschwung der Wirtschaft begünstigte: Der Binnenmarkt wuchs stetig durch die Verschiebung der Grenze nach Westen, die Bevölkerung stieg rasch an, die Landwirtschaft wurde modernisiert und kommerzialisiert, und die Industrialisierung der USA setzte ein. In allen Sektoren der Wirtschaft entwickelten sich marktwirtschaftliche Strukturen. Die moderne amerikanische Geschichtswissenschaft hat dafür den Begriff „Marktrevolution" (market revolution) geprägt.

Welche Faktoren bestimmten die amerikanische Industrialisierung? Welche Rolle spielte der Staat dabei? Wie wirkte sich die Industrialisierung auf die Wirtschaftsordnung und Gesellschaft aus?

Schlüsselindustrien

Wie in Europa spielte die Textilindustrie eine bahnbrechende Rolle. Die besonders in den Neuenglandstaaten errichteten Baumwollfabriken holten bis 1830 den technischen Vorsprung Englands schnell auf. Die Verbindung von Textilindustrie und Maschinenbau ließ im Nordosten die erste amerikanische Industrieregion entstehen. Der zweite Industrialisierungsschub setzte etwa um 1830 mit dem Ausbau des Verkehrswesens ein. Das Sozialprodukt stieg in der Folgezeit oft um mehr als 10% pro Jahr. Nach dem Bürgerkrieg entfaltete sich der Industrialisierungsprozess mit erstaunlicher Dynamik und machte die USA bis 1890 zum führenden Industriestaat der Erde.

Faktoren der Industrialisierung

Verschiedene Faktoren wirkten dabei zusammen:

- Rohstoffe wie Kohle, Eisenerz, Holz und Öl waren ausreichend vorhanden und leicht verfügbar; dasselbe galt für die Wasserkraft als Energieträger.
- Vor allem in den alten Handelsplätzen an der Ostküste gab es kapitalkräftige Anleger, hinzu kam Auslandskapital aus England, Deutschland und Holland.
- Es standen viele gelernte und ungelernte Arbeitskräfte zur Verfügung, ein Angebot, das durch die Einwanderung und die Freisetzung von Arbeitskräften in der zunehmend mechanisierten Landwirtschaft schnell anstieg.
- Eisenbahn und neue Schifffahrtswege verbesserten die Verkehrsstruktur.
- Technische Neuerungen, u.a. bei der Stahlherstellung in den 60er Jahren oder die Erfindung des Telefons durch Alexander Bell 1876 und der Glühlampe durch Thomas A. Edison 1879, gaben der Industrie Impulse.
- Der Beginn der Massengüterproduktion für den schnell wachsenden Markt zwang die Industrie zur Rationalisierung.
- Die puritanische Tradition mit ihrem Leistungsbewusstsein förderte die Herausbil-

Arbeiter beim Bau eines Ölbohrturms in Texas, 1891. John D. Rockefeller war 1865 in das Ölgeschäft eingestiegen, allerdings nicht in die Förderung, die ihm zunächst zu riskant erschien, sondern in den Transport des Öls. Bald beherrschte seine Standard Oil Company das gesamte amerikanische Ölgeschäft.

dung eines liberal-individualistischen, kapitalistischen Denkens in Wirtschaft und Gesellschaft.

- Es fehlte eine staatliche Sozialpolitik, gleichzeitig wurden die entstehenden Großunternehmen durch hohe Schutzzölle und billige Kredite gefördert.

Bevölkerungsentwicklung

Die Bevölkerung der USA wuchs zwischen 1860 und 1900 von 31 auf 76 Millionen an. Dieser enorme Zuwachs bedeutete nicht nur ein großes Arbeitskräftereservoir für die Wirtschaft, sondern schuf den größten Binnenmarkt im 19. Jahrhundert. Die Bevölkerungszunahme ist nicht zuletzt ein Resultat des unaufhörlichen Zustroms von Einwanderern. Im 19. Jahrhundert kamen die meisten Einwanderer aus Mittel-, West- und Nordeuropa, bis 1921 aus Süd- und Osteuropa.

Landwirtschaft

Die fortschreitende Besiedlung des Westens nach dem Bürgerkrieg führte zur Erschließung der Great Plains durch Viehzüchter und Farmer; gleichzeitig wurde die Landwirtschaft mechanisiert. Zwischen Minnesota und Kansas entstand der Getreidegürtel (Corn Belt). Bundesweit erhöhte sich von 1860 bis 1900 die Zahl der Farmen von zwei auf sechs Millionen. Diese Expansion führte zu einer lang anhaltenden Überproduktionskrise bei Getreide, dessen Preis verfiel. Viele Farmer gerieten dadurch in wirtschaftliche Not, die Entwicklung begünstigte aber die Industrialisierung, indem sie niedrige Löhne ermöglichte. Viele der verschuldeten Farmer sammelten sich in der genossenschaftlichen Granger-Bewegung und kämpften gegen den Einfluss von Industrie und Finanzkapital in der Politik.

Industrielles Wachstum

Das industrielle Wachstum nahm insgesamt einen schnellen Aufschwung, Bis zum Jahr 1900 bildete sich auch das industrielle Kerngebiet heraus. Es umfasst knapp $1/8$ der Gesamtfläche, seine wichtigsten Zentren sind New York, Philadelphia, Baltimore, Pittsburgh, Cleveland und Detroit. An der Wende vom 19. zum 20. Jahrhundert wurde die Industrie zum wichtigsten Wirtschaftssektor; die Schlüsselrolle spielte jetzt die Eisen- und Stahlindustrie. Aktiengesellschaften entstanden; die Wall Street, der New Yorker Finanzmarkt, entwickelte sich um 1895 zum Geldgeber der expandierenden Großunternehmen. Bereits vor dem Ersten Weltkrieg nahm auch die Autoindustrie einen starken Aufschwung; 1909 wurden 100 000, 1914 schon eine halbe Million Autos gebaut. Henry Ford gründete 1903 die Ford Company. Diese begann 1908 mit dem Bau des T-Modells, von dem bis 1927 15 Millionen gebaut wurden. Durch die Einführung des Fließbandes 1913 war Ford eine kostensenkende Rationalisierung und spürbare Preissenkung gelungen.

Im letzten Viertel des 19. Jahrhunderts wurde der Aufschwung jedoch durch drei schwere Wirtschaftskrisen unterbrochen. Ein Preisverfall führte zum Ansteigen der Bankrotte und zu erhöhter Arbeitslosigkeit. 1877 kam es zum ersten nationalen Eisenbahnerstreik, der durch Militär niedergeschlagen wurde und 55 Todesopfer forderte. Die Ungleichheit der Einkommensverteilung nahm in dieser Zeit zu.

Konzentration

Der Einfluss der Großindustrie stieg überdies durch die zunehmende ökonomische Konzentration. Es entstanden horizontale Konzerne aus Firmen gleicher Produktion (z. B. Stahl) und vertikale Zusammenschlüsse zwischen Zulieferern und Abnehmern (z. B. Kohle und Stahl), die den Markt unter wenigen Konkurrenten aufteilten. Bereits in den 80er Jahren entstanden die Wirtschaftsimperien der Rockefeller, Carnegie, Morgan und anderer. Diese oft rücksichtslosen Unternehmergestalten beherrschten die Wirtschaft immer mehr, man nannte sie die „Robber Barons". Allein 1899 wurden über 1 200 Zusammenschlüsse von Unternehmen durchgeführt. Den größten Zusammenschluss in der Stahlindustrie vollzog der Bankier John P. Morgan 1901 mit der Errichtung der U. S. Steel Corporation. Diese Holdinggesellschaft kontrollierte etwa 60 % der amerikanischen Stahlproduktion. John D. Rockefeller gründete bereits 1869 die Standard Oil Company of Ohio, die als erstes Industrieunternehmen eine horizontal und vertikal gegliederte Struktur aufwies. Schon 1875 kontrollierte er 90 % der Raffineriekapazität in den USA und 1900 75 % des ganzen Weltrohölmarktes. Der Staat griff in diese zunehmende Oligopolisierung oder gar Monopolisierung der Märkte auf der Basis des radikalen Laissez-faire-Kapitalismus praktisch nicht ein.

Karikatur des Großindustriellen William Tweed, der stets eine diamantene Krawattennadel trug. Thomas Nast, 1875.

Die Periode der ökonomischen Konzentration war nicht zufällig auch der Anfang einer imperialistischen Außenpolitik. Die Wirtschaftskrise in den 90er Jahren und deren soziale Spannungen machten die Gewinnung neuer Absatz- und Rohstoffmärkte zum Gebot der Stunde. Das Zeitalter des Big Business wurde auch die Ära des Dollarimperialismus (→ S. 165 ff.).

MATERIAL 1

Die größten Industriezweige in den USA 1860 und 1910

	Wertschöpfung in Mio. $ 1860	1910	*Beschäftigung (in Tsd.)* 1860	1910	*Haupt-standorte*
Baumwollerzeugnisse	55 (1)	260 (7)	115 (2)	380 (3)	Neuengland
Holz	54 (2)	650 (2)	76 (4)	700 (1)	verstreut
Stiefel und Schuhe	49 (3)	180 (10)	123 (1)	200 (8)	Neuengland
Getreideprodukte	40 (4)	–	28 (9)	–	verstreut
Herrenbekleidung	37 (5)	270 (6)	115 (2)	240 (6)	Nordosten
Eisen und Stahl	36 (6)	330 (4)	50 (6)	240 (6)	Pennsylvania
Maschinenbau	33 (7)	690 (1)	41 (7)	530 (2)	Nordosten

Die Zahlen in den Klammern bezeichnen die Rangfolge.

MATERIAL 2

Der amerikanische Außenhandel 1800 bis 1900

	1800	1820	1840	1860	1880	1900
1. a) Gesamtausfuhr der USA	32	52	112	316	824	1371
b) Baumwollexporte	4	22	64	192	212	242
2. Anteil des Außenhandels am BSP (in %)	14	9	8	7	6	6

M 1 und M 2 aus: W. P. Adams (Hrsg.), Die Vereinigten Staaten von Amerika, Frankfurt 1977, S. 135 und 140.

1. Untersuchen Sie Steigerungsraten und Veränderungen der Wertschöpfung der wichtigsten Industriezweige. Zeigen Sie die Folgen für den Arbeitsmarkt auf.
2. Beschreiben Sie die Entwicklung des Außenhandels. Welche Rückschlüsse lässt diese auf die gesamtwirtschaftliche Entwicklung zu?

1885 erfand Georg Eastman den biegsamen Rollfilm, der mithilfe der ebenfalls von seiner Firma entwickelten Handkamera „Kodak" belichtet werden konnte. So wurde es erstmals möglich mehrere Bilder hintereinander zu schießen. Innovativ war auch, dass er die Filmentwicklung vom Labor des Kunden in die Firma verlagerte; fotografieren war nun auch ein Hobby für die breite Masse.

Massenkonsum: Neue Produkte müssen vermarktet werden, Anzeige 1890.

MATERIAL
3 Einwanderung in die USA 1820–1960

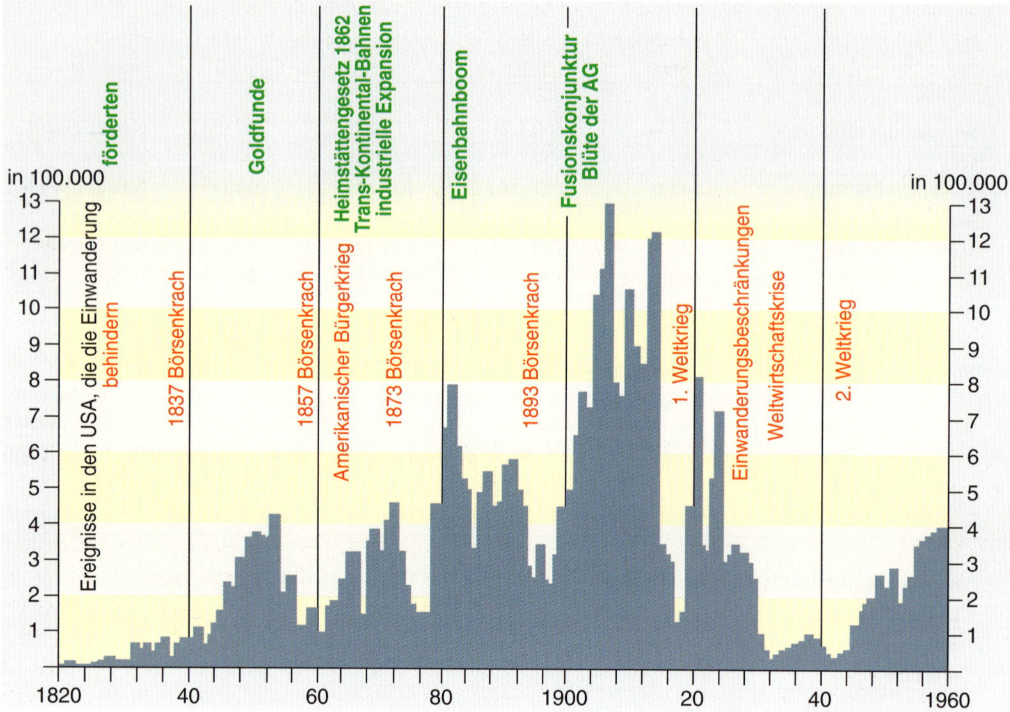

Aus: Historical Statistics of the United States, Washington 1993, S. 67ff.

MATERIAL
4 Bevölkerung der USA 1790–2000

Jahr	Gesamt Tausend (gerundet)	Weiße Tausend	Afro-amerikaner Tausend	Sonstige Tausend	Bevölkerungs-dichte pro km²	Anteil der Stadtbevöl-kerung in %
1790	3929	3172	k. A.	757	1,7	5,1
1810	7240	5862	k. A.	1378	1,7	7,3
1830	12866	10537	k. A.	2329	2,9	8,8
1850	23192	19553	k. A.	3639	3,1	15,3
1870	39818	34337	5392	89	5,2	25,7
1890	62948	55101	7489	358	8,2	35,1
1910	91972	81732	9829	411	12,0	45,7
1930	122775	110287	11891	597	15,9	56,2
1950	150697	134943	15043	711	19,6	64,0
1970	203302	177749	22580	2973	22,2	73,5
1990	248710	209000	30000	9310	27,0	78,0
2000	281422	205848	35589	39989	28,0	77,0

Aus: H. Ott/H. Schäfer (Hrsg.), Wirtschafts-Ploetz, Freiburg 1984, S. 447; Fischer Weltalmanach 1992, Sp. 586; 2002, Sp. 843.

1. Untersuchen Sie den Zusammenhang zwischen Einwanderung, Bevölkerungs- und Wirtschaftsentwicklung.
2. In welchem Zusammenhang stehen Urbanisierung und Industrialisierung.

MATERIAL 5

Die Welt nach 1865 – eine Welt der Millionäre?

Der amerikanische Kontinent enthielt mehr Bodenschätze als jedes andere Land, mit Ausnahme Russlands. Sie auszubeuten trug dem tüchtigen und energischen Unternehmer Gewinne ein, wie man sie sich kaum vorstellen konnte. Carnegies jährliche Einkünfte überstiegen 12 $^1/_2$ Millionen Dollar. Sein Gesamtvermögen belief sich zuletzt auf eine Milliarde Dollar. Der Scheck, den er für seinen Anteil an „United States Steel" erhielt, lautete auf eine Summe, die noch größer war als der Gesamtwert der Vereinigten Staaten zu Washingtons Zeit. Rockefeller raffte etwas mehr als 1500 Millionen zusammen. Die Guggenheims holten aus den Kupfergruben Montanas zwei Milliarden heraus. Vanderbilt II erbte 100 Millionen Dollar und fügte im Laufe von sechs Jahren 90 weitere Millionen hinzu. Morgan war ebenso reich wie Carnegie. [...] 1890 berechnete ein Nationalökonom, dass etwa 125 000 Personen gemeinsam mindestens die Hälfte des Volksvermögens beherrschten.

Die bedeutsamste und folgenschwerste Entwicklung innerhalb der amerikanischen Wirtschaft Ende des 19. Jahrhunderts und der wichtigste Faktor bei der Anhäufung riesiger Privatvermögen war die Entstehung des Monopols. Im scharfen Konkurrenzkampf hatten die Unternehmer bald gemerkt, die beste Art, einen gefährlichen Rivalen loszuwerden, sei, sich mit ihm zusammenzutun.

Dadurch, dass man die Zusammenarbeit an die Stelle der Konkurrenz setzte, konnte man die Herstellungskosten senken, die Preise kontrollieren, die Gewinne festsetzen und den Markt monopolisieren. „Zu behaupten, der Wettbewerb sei der Lebensnerv der Wirtschaft", bemerkte ein Geschäftsmann im Jahre 1880, „heißt einen muffigen alten Spruch herleiern." Also entstanden durch Gentleman's Agreements Unternehmerverbände, lose Syndikate, welche die Produktionsquoten verteilten und die Preise festsetzten.

Aus: R. B. Nye/J. E. Morpurgo, Geschichte der USA, München 1964, S. 556 f.

MATERIAL 6

Andrew Carnegie, Rezept für den geschäftlichen Erfolg, 1885

Dies ist die erste Voraussetzung für den Erfolg, den großen Erfolg: Konzentriere Deine Kraft, Deine Gedanken und Dein Kapital ausschließlich auf das Geschäft, in dem Du tätig bist. Hast Du in einer Branche angefangen, sei auch entschlossen, sich in ihr durchzusetzen und dort Erster zu werden; nutze jede technische Neuerung, verwende die besten Maschinen und sorge, dass Du Dich mit ihnen besser auskennst als andere.

Erfolglos sind diejenigen Konzerne, die ihr Kapital zu sehr gestreut haben; denn das bedeutet, dass sie ihren Verstand auch verzettelt haben. Sie haben investiert in dieses und jenes und noch was anderes, hier und dort und anderswo. Die Devise „Lege alle Deine Eier in einen Korb" ist ganz falsch. Ich sage Dir: Lege alle Deine Eier in einen Korb und kümmere Dich nur um diesen." Sieh Dich um und stelle fest: Menschen, die so handeln, verfehlen selten ihr Ziel. Es ist einfach, nur einen Korb zu behüten und zu tragen. Man ist immer versucht, viele Körbe zugleich zu benutzen, aber dabei gehen in diesem Lande die meisten Eier kaputt. Ein Mensch, der drei Körbe auf einmal tragen will, muss einen auf seinen Kopf setzen, und dieser kann leicht ins Wanken kommen und den Träger zum Straucheln bringen. Eine Schwäche der amerikanischen Unternehmer ist ihre Unfähigkeit, sich auf eine Sache zu konzentrieren.

Ich fasse das Gesagte zusammen: Strebe nach dem Höchsten; gehe nie in eine Bar; rühre keinen Alkohol an, es sei denn bei Mahlzeiten; spekuliere nie; investiere nie mehr als das, was Dir an überschüssigem Geld zur Verfügung steht; identifiziere Dich mit den Interessen Deiner Firma; missachte Anordnungen immer dann, wenn dadurch Unternehmer gerettet werden; konzentriere dich auf eine Sache; lege alle Eier in einen Korb und hüte diesen allein; halte Deine Ausgaben immer im Rahmen Deiner Einkünfte; und schließlich: sei geduldig, denn keiner kann Dich um den letzten Erfolg bringen als Du selbst.

Aus: G. Moltmann (Hrsg.), Die Vereinigten Staaten von Amerika von der Kolonialzeit bis 1917, Paderborn 1980, S. 67.

MATERIAL

7 Karikatur von Joseph Keppler „Bosses of the Senate", 1890

1. Die Welt nach 1865 – wirklich eine Welt der Millionäre? Welche Entwicklung wird im Text (M 5) dargestellt und wie ist diese zu bewerten?
2. Informieren Sie sich anhand eines Lexikons oder im Internet über die im Text genannten Millionäre. Zeigen Sie Gemeinsamkeiten auf.
3. Erläutern Sie Carnegies Denken (M 6) und erörtern Sie seine wirtschaftspolitischen Folgerungen.
   Vergleichen Sie die Grundsätze Andrew Carnegies mit M 5.
4. Beschreiben und erläutern Sie die Karikatur M 7.

4. Spät – schnell – gründlich: Die Industrialisierung in Deutschland

4.1 Deutschland am Vorabend der Industriellen Revolution

Pauperismus

Unvorstellbare Armut, Hunger und Scharen von Bettlern gehörten vor über 200 Jahren in den deutschen Staaten zum Alltagsbild. Kaum vorstellbar, wenn wir uns den heutigen Wohlstand in Deutschland vor Augen führen. Und doch waren diese typischen Merkmale eines heutigen Entwicklungslandes um 1800 in der Mitte Europas weit verbreitet. Ganz besonders dramatisch spitzte sich die soziale und wirtschaftliche Lage ab etwa 1830 zu. Armut wurde im unterentwickelten, noch kaum industrialisierten Deutschland zu einem Massenphänomen, von dem bis zur Jahrhundertmitte etwa 50 Prozent der Gesamtbevölkerung erfasst wurden. Pauperismus nannten die Zeitgenossen diese Massenarmut. Wir fragen: Welches sind die Ursachen für die Rückständigkeit Deutschlands in der ersten Hälfte des 19. Jahrhunderts?

Bauernbefreiung und Bevölkerungswachstum

Eine der Ursachen für dieses kollektive Schicksal war die zu geringe Zahl von gewerblichen und industriellen Arbeitsplätzen angesichts der ständig steigenden Zahl der Arbeitsuchenden. Die Bevölkerung hatte sich nämlich seit den preußischen Reformen im ersten Drittel des Jahrhunderts erheblich vermehrt. Die „Bauernbefreiung" setzte eine große Zahl von Leibeigenen frei, lieferte sie dem ungewissen Schicksal eines saisonabhängigen Erntehelfers und Landarbeiters aus oder drängte sie in die Städte, wo lohnende Arbeit zunächst kaum zu finden war. Die Aufhebung von gutsherrlichen Einschränkungen der Eheschließung bei den Dorfbewohnern führte in Preußen zudem zu einem Anstieg der frühen Heiraten. In Folge dessen nahm auch die Geburtenrate deutlich zu. Gleichzeitig sank die Sterberate, weil sich die Ernährung durch den Anbau von Kartoffeln verbesserte und Seuchen wie Typhus, Paratyphus und Blattern bekämpft wurden. Außerdem begünstigte eine relativ lange Friedenszeit das Bevölkerungswachstum.

Konkurrenz aus England

Darüber hinaus ließ die Konkurrenz billiger englischer Industriewaren, die den Markt überschwemmten, die Löhne in der unproduktiven Heimarbeit weiter sinken. Besonders trostlos war die Lage der Spinner und Weber in Westfalen, Sachsen und Schlesien, deren Erlöse aus der Heimarbeit häufig unter dem Existenzminimum lagen. Durch Verlängerung der Arbeitszeit und vermehrten Einsatz von Familienmitgliedern – meist Frauen und Kindern – suchten die bedrohten Heimarbeiter der industriellen Übermacht zu widerstehen, verstärkten dadurch aber nur den existenzvernichtenden Preisdruck.

Missernten

Die existenzielle Not vieler Menschen verschlimmerte sich bei Missernten, die zu extremer Nahrungsmittelknappheit und enormen Preissteigerungen führten. So traten in den vierziger Jahren in ganz Europa Missernten im Kartoffel- und Getreideanbau auf. Höhepunkt war die Kartoffelfäule der Jahre 1845 bis 1847. Da auch die Getreidepreise stiegen, brachen in vielen deutschen Städten Hungerrevolten aus.

Mechanisierung in der Landwirtschaft: Eine Dampfmaschine treibt eine Dreschmaschine an.

Als geeignete Antworten auf den Pauperismus betrachtete man Auswanderung in die USA, Produktivitätsfortschritte in der Landwirtschaft – z. B. durch chemische Düngung oder durch den Einsatz von Maschinen – und Verkehrserschließungen durch den Bau von Eisenbahnlinien. Vor allem das liberale Bürgertum erhoffte sich von zunehmender Industrialisierung die Überwindung des Pauperismus. Dazu mussten jedoch zuerst eine ganze Reihe von politischen, wirtschaftlichen, sozialen und mentalitätsbedingten Hemmnissen überwunden werden, die die wirtschaftliche Entwicklung in Deutschland besonders stark behinderten:

Hemmnisse der Industrialisierung

- Deutschland war wirtschaftlich und politisch zersplittert. Im Deutschen Bund mit seinen 39 souveränen Staaten behinderten zahlreiche Binnenzölle und unterschiedliche Währungen die Entstehung eines großen nationalen Marktes.
- Es fehlten die für einen Güteraustausch notwendigen Verkehrswege, im Winter und bei Nässe benutzbare Steinchausseen und Kanäle.
- Deutschland war keine See- und Handelsmacht; ihm fehlten Kolonien als Außenmärkte und billige Rohstoffquellen.
- Das spätabsolutistische und nur zögernd durch Verfassungen ansatzweise reformierte Herrschaftssystem der deutschen Staatenwelt beruhte immer noch weitgehend auf einer vorindustriellen Sozialstruktur, die eine Mobilität zwischen den Ständen kaum erlaubte.
- Ein ertragsorientiertes, risikofreudiges Bürgertum konnte sich nur schwer gegen die traditionellen Einstellungen von Adel, Bauerntum und Handwerkerschaft durchsetzen.
- Hohe Feudallasten und Steuern minderten die ohnehin niedrige Kaufkraft der Bevölkerung und hatten den verhängnisvollen Kreislauf von „Armut – fehlende Nachfrage – fehlende Industrie“ zur Folge.

Phasen der deutschen Industrialisierung

Deutschland war im Vergleich zu England, dem Mutterland der Industrie, und auch im Vergleich zum Osten der USA oder zu Frankreich ein „Entwicklungsland“. Erst über ein halbes Jahrhundert später als in England setzte in Deutschland die Industrialisierung ein. Nach der Lehre von Walt Rostow (→ S. 8 – 10) können dabei drei Phasen im deutschen Industrialisierungsprozess während des 19. Jahrhunderts ausgemacht werden:

- die Anlaufperiode bis etwa 1850,
- die Take-off-Phase bis etwa 1873,
- das Reifestadium, in dem Deutschland die führenden Industrieländer England und die USA einholte, ja in wichtigen Produktionsbereichen England sogar überholte.

Themen der folgenden Kapitel

Welche Modernisierungsimpulse leiteten die Industrialisierung ein? Mit welchen Methoden wurde die industrielle Aufholjagd durchgeführt? Welche Auswirkungen in Politik, Wirtschaft und Gesellschaft wurden spürbar?

MATERIAL

Ein Blick in das Deutschland des 18. Jahrhunderts 1

Würden wir einen Stab von Entwicklungshelfern in das Deutsche Reich des 18. Jahrhunderts entsenden können, er würde sich wie heute ein Reisender nach Indien über die großen Bettlerscharen wundern. Er würde bemerken, daß die meisten unserer Voreltern nicht regelmäßig arbeiteten, ja dass sie – an heutigen Maßstäben gemessen – wohl auch faul waren und jede Gelegenheit zum Festefeiern und beschaulichen Leben genützt, im übrigen aber dem Glück und der Magie mehr vertraut haben als der Ratio.
Höhere Löhne haben sie kaum dazu anregen können, in Manufakturen zu arbeiten und sich mehr als zuvor anzustrengen. Unsere Entwicklungshelfer würden berichten müssen, dass es an unternehmerischem Geist fehlte, da die Reichen sich weigerten, ihre Gelder in Manufakturen, Bergwerken und anderen gewerblichen Großprojekten anzulegen, wenn diese nicht erheblich subventioniert wurden. Lieber haben sie, wie heute orientalische Kaufleute, in Grundstücken spekuliert, Warenhandel betrieben und Geld zu hohem Zins an Fürsten ausgeliehen. Mit diesem Geld, so würden wir erfahren, finanzierten die Fürsten dann kostspielige politische Abenteuer und einen bemerkenswerten Luxus. [...]

Unser Stab von Entwicklungsländern hätte uns zu allem Überfluss von den Schwierigkeiten zu erzählen, der Staatsautorität gegenüber den partikularen Interessen traditioneller Kräfte Geltung zu verschaffen, und er müsste von unglaublichen Korruptionsfällen Meldung erstatten.
Am erschreckendsten fände er aber vielleicht die schreiende Ungerechtigkeit der Einkommensverteilung mit einer ganz schmalen, sehr hohen Spitze der Pyramide und einer breiten Basis der Massenarmut.

Aus: K. Borchardt, Europas Wirtschaftsgeschichte – ein Modell für die Entwicklungsländer? in: → S. 10, M 3, S. 343 ff.

MATERIAL

Hungerrevolte in Stettin (1847) 2

MATERIAL
3 Schusterwerkstatt am Sonntagmorgen (1845)

MATERIAL
4 Kaufkraftschwankungen der Zimmergesellenlöhne in Leipzig

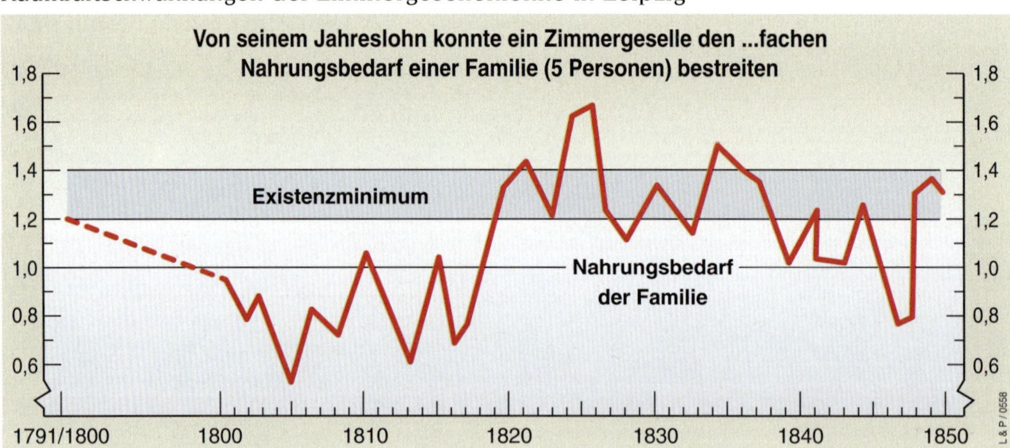

Aus: H. Aubin/W. Zorn, Handbuch der deutschen Wirtschafts- und Sozialgeschichte, Stuttgart 1976, Bd. 2, S. 349.

1. Zeigen Sie Erscheinungsformen und mögliche Ursachen der vorindustriellen Massenarmut mithilfe der Materialien 1–4 auf.
2. Worauf führen Sie die unzureichende Kaufkraft, worauf die Kaufkraftschwankungen zurück?

4.2 Die Eisenbahn – Schrittmacher für die Industrialisierung Deutschlands?

Unter den Kapitalgebern für den Bau einer Eisenbahnlinie nach Hamm in Westfalen befand sich nur ein einziger Adeliger. Der dortige Adel vertrat nämlich die Meinung, es könnte mit der Eisenbahn künftig jeder Bauer so schnell fahren wie die Adeligen. Und das wollten sie nicht. Der deutsche Industrielle F. W. Harkort (1793–1880) bemerkte hierzu: „Die Junker haben von ihrem Standpunkt aus Recht; sie fühlen instinktiv, dass die Lokomotive der Leichenwagen ist, auf welchem Absolutismus und Feudalismus zum Kirchhofe gefahren werden." Zwar schlug ihr Totenglöcklein endgültig erst 1918/19 mit der Gründung der Weimarer Republik. Doch Harkort hatte Recht, wenn er den Eisenbahnbau als wichtigen Bestandteil des sozialen Wandels und der Mobilitätszunahme hervorhebt, die ihrerseits eine Voraussetzung der Industrialisierung bildeten.

Motor der Industrialisierung

Was in England nämlich der Textilindustrie zukam, sollte bei der deutschen Industrialisierung der Eisenbahnbau übernehmen: die Schrittmacherfunktion. Die Erbauer der ersten deutschen Eisenbahnstrecke von Nürnberg nach Fürth (1835) waren noch auf englische Unterstützung angewiesen; Lokomotive und Bedienungspersonal waren englischer Herkunft. Auch war die Akzeptanz in der Bevölkerung für dieses neue Verkehrsmittel anfangs noch vergleichsweise gering: Das Bayerische Obermedizinalkollegium warnte in einem Gutachten vor der rasenden Geschwindigkeit der Eisenbahn, die „unfehlbar eine Gehirnkrankheit, eine besondere Art des delirium furiosum, erzeuge". Dennoch wurde der Ausbau des deutschen Streckennetzes zügig und aus eigener Kraft fortgeführt. Schon um die Jahrhundertmitte waren aus den sechs Kilometern des Jahres 1835 an die 6 000 Kilometer geworden. Allein die erst 1835 gegründete Berliner Maschinenfabrik Borsig stellte zwischen 1850 und 1860 mehr als 1 600 Lokomotiven her.

Transport-revolution

Neue Verhüttungstechniken befriedigten den stark steigenden Bedarf an Roheisen. Die Eisen- und Stahlindustrie suchte die räumliche Nähe zur Kohle im Ruhrgebiet, im Saarland und in Oberschlesien. Die Eisenbahn ermöglichte den schnellen Transport schwerlastiger Massengüter wie Erze und Eisen zu niedrigen Preisen; sie begünstigte so die regionale Arbeitsteilung, erleichterte die regionale wie die überregionale Mobilität der Arbeiterschaft und förderte die Entwicklung großräumiger Märkte. Eine „Transportrevolution" ging – überspitzt formuliert – der industriellen Revolution voraus.

Eisenbahnen veränderten aber nicht nur den Alltag der Menschen und die wirtschaftlichen Möglichkeiten, sie waren auch politisch bedeutsam. Aus der Sicht der Ökonomen und Techniker nämlich bildeten die deutschen Klein- und Mittelstaaten mit ihren Grenzen, ihren unterschiedlichen Münz-, Maß- und Zollsystemen, die sie als Symbole ihrer staatlichen Souveränität eifersüchtig verteidigten, nichts anderes als Hindernisse vor einer rationellen Nutzung von Raum und Zeit. Das Streben nach nationaler Einigung, das 1848 noch vorwiegend eine ideelle Kraft war, sollte mit wachsenden Transportkapazitäten und zunehmender Industrialisierung aus wirtschaftlichen Vernunftgründen neue Nahrung erhalten.

Friedrich List

Einer der publizistischen Wegbereiter eines gemeinsamen deutschen Marktes war der Reutlinger Nationalökonom Friedrich List, der schon 1819 die Aufhebung der Binnenzölle im Deutschen Bund gefordert hatte. Er setzte sich zudem für Demokratie sowie nationale Einheit ein und wandte sich gegen den monarchischen Obrigkeitsstaat. Er verlor daraufhin seine Tübinger Professur sowie sein Mandat für die Stadt Reutlingen im württembergischen Landtag und musste, um einer langen Haftstrafe zu entgehen, in die USA auswandern. In Amerika beteiligte er sich so erfolgreich am Bau von Eisenbahnlinien, dass er die Bekanntschaft des amerikanischen Präsidenten Andrew Jackson machte, der ihn 1832 als amerikanischen Konsul nach Leipzig entsandte. Hier nahm Friedrich List in zahlreichen Veröffentlichungen seinen Kampf um die Schaffung eines deutschen Zollvereins und Eisenbahnnetzes, die er „siamesische Zwillinge" nannte, wieder auf. Sein Einsatz war schließlich erfolgreich: Auf preußische Initiative kam es zu Handelsverträgen mit den süd- und mitteldeutschen Staaten. Am 1. Januar 1834 wurde der Deutsche Zollverein gegründet, in dem sich 18 Staaten zu einem einheitlichen Zollgebiet zusammenschlossen. Bis 1854 traten auch die übrigen deutschen Staaten mit Ausnahme Österreichs, Mecklenburgs sowie der drei Hansestädte Hamburg, Bremen und Lübeck bei.

Deutscher Zollverein

Staatliche Maßnahmen

Die Schaffung eines einheitlichen Zollgebietes war eine wesentliche Voraussetzung der Industrialisierung. Um den Rückstand gegenüber England oder Frankreich aufzuholen, griffen die deutschen Staaten neben der Gründung des Zollvereins noch zu zahlreichen weiteren Maßnahmen, die direkt oder indirekt den Prozess der Industrialisierung ankurbeln sollten. So veränderten z. B. die Stein-Hardenberg'schen Reformen schon im ersten Viertel des 19. Jahrhunderts durch die Einführung der Gewerbefreiheit und durch die Bauernbefreiung die wirtschaftlichen und sozialen Rahmenbedingungen in Preußen entscheidend. Deutsche Staaten gründeten in den 20er Jahren gewerbliche und technische Fachschulen. Staatliche Banken vergaben Kredite an Handelsgesellschaften und kapitalschwache Gewerbebetriebe; sie gaben Zinsgarantien beim Bau privater Eisenbahnlinien. Die Staaten ließen Flüsse begradigen und schiffbar machen, Kanäle anlegen und Straßen aus Steinen (Chausseen) bauen. Die großherzoglich badische Regierung beispielsweise beauftragte 1817 den Bauingenieur Tulla mit der Regulierung des Rheins. Um 1800 gab es in Deutschland knapp 1 300 km schiffbare Wasserstraßen, in der Mitte des 19. Jahrhunderts waren es im Gebiet des späteren Deutschen Reiches schon mehr als 35 000 km.

Banken

Woher stammte das Kapital für die Industrialisierung in Deutschland? Da trotz großer Risiken in Deutschland hohe Gewinne erzielt wurden, floss auch ausländisches Kapital in Form von Krediten nach Deutschland. Als mit fortschreitender Industrialisierung der Kapitalbedarf erheblich zunahm, war der einzelne Unternehmer oder Privatbankier mit der Finanzierung jedoch überfordert. Einen Ausweg bot der Zugriff auf kleine und mittlere Vermögen mithilfe der Aktie. Durch die Ausgabe von Anteilscheinen an Unternehmungen konnte das bis dahin in Sparstrümpfen brachliegende Geld zusammengefasst und in Gebäude und Maschinen, also in renditeträchtiges Sachkapital, umgewandelt werden. Aktien spielten bei der Finanzierung von Eisenbahnen erstmals eine wichtige Rolle. Die Banken, die sich bis dahin vor allem mit Staatsanleihen sowie Geldwechsel betätigt hatten, übernahmen die Funktion einer Kapitalsammelstelle auch für relativ kleine Geldanleger. Eine Folge dieser Entwicklung war auch, dass das Kredit- und Aktiengeschäft es ihnen erlaubte, zunehmend selbst Einfluss auf industrielle Vorhaben zu nehmen.

MATERIAL

Aus der Debatte im badischen Landtag über den Bau der Rheintal-Bahn (1838) 5

Abg. Merk: Die Anwendung der Dampfkraft auf die Rotation der Fuhrwerke und deren Bewegung auf einer Eisenschienenfläche ist eine Erfindung des menschlichen Geistes, [...] welche große Folgen auf den Entwicklungsgang der Civilisation haben wird, [...] und sie wird selbst jener der Buchdruckerkunst nicht weit nachstehen. [...]

Allein, indem alles leicht und mit geringem Aufwand mitgeteilt und gesehen wird, folglich Welt- und Menschenkenntnis in einem hohen Grade sich verbreitet, so muss natürlich alles Vorurteil, alle Einseitigkeit schwinden, und das Engherzige, Kleinliche nach und nach aus dem Leben sich verlieren. [...] In dem Ideenaustausch liegt ein großes Gegengewicht gegen die Censur. [...] Ich sehe darin eine große Garantie für die bürgerliche Freiheit und eine mächtige Stütze des allgemeinen Friedenszustandes in Europa; denn indem dadurch eine Verbindung der Interessen aller benachbarten Völker entsteht [...] und eine wechselseitige Befreundung hergestellt wird, so kann dies keine andere Folge haben, als dass jedem an der Erhaltung des Friedens gelegen ist. [...]

Abg. Sander: Ich bin kein Feind der Eisenbahnen, obschon ich [...] die Meinung hege, dass auf Deutschland, ja ganz Europa, hinsichtlich der geistigen Interessen die Freiheit der Presse mehr wirken werde, als alle Eisenbahnen welche ganz Europa durchschneiden. [...]

Wenn ich bedenke, dass die Dampfschifffahrt diesen Sommer bis nach Basel sich ausdehnt und dass im Elsass noch eine zweite Wasserstraße, der Canal von der Rhone in den Rhein, besteht, wenn ich sehe, dass jenseits im Rheintal drei Landstraßen der Länge nach ziehen [...] und dass wir im Rheintal zwei große Landstraßen, die Berg- und Rheinstraße, besitzen, wenn ich bedenke, dass also in einem Tale von höchstens fünfzehn Stunden Breite mit den zwei Eisenbahnen neun Straßen nebeneinander herziehen, so muss ich glauben, dass das Erträgnis der Eisenbahn nicht groß sein wird. [...]

Die Ackerbau treibende Classe [...] ist die Masse der Bevölkerung, und nun frage ich, glauben Sie, dass dem Landmanne auch wirklich die Eisenbahn zugute komme? Nein, er führt ein sesshaftes, nicht dem Handel und Erwerb auf den Straßen nachjagendes Leben. [...] Die paar Butterweiber, die auf den Markt, und die paar Processkrämer, die zum Hofgericht fahren, machen aber nicht viel aus. Die Eisenbahn kommt niemanden zugut, als den alsdann schnell durchfahrenden Reisenden, niemanden als den verhältnismäßig unbedeutenden Handel Treibenden, [...] den Vergnügungssüchtigen, die schnell in einen Ball oder ins Theater dahier zu fahren wünschen. [...] Sind nun dieses die Classen der Bevölkerung, welche verlangen können, dass eine so ungeheure Summe auf Staatskosten aufgewendet werde, als die Eisenbahn kosten wird? Nimmermehr!

Aus: Verhandlungen der II. Kammer am außerordentlichen Landtag 1838.

Der Heidelberger Bahnhof um 1845. Lithographie.

1. Stellen Sie die Argumente des Gegners und des Befürworters der Rheintalbahn gegenüber. Nehmen Sie Stellung dazu.
2. Welche politischen und gesellschaftlichen Gruppierungen könnten ein Interesse am Bau der Bahnlinie gehabt haben, welche nicht?

„Sie sehen, Herr Gränzwächter, daß ich nix zu verzolle hab', denn was hinte auf'm Wagen ist, hat die Lippische Gränz noch nit überschritten, in der Mitt' ist nix, und was vorn drauf is', ist schon wieder über der Lippischen Gränze drüben."

MATERIAL

6 Wie Industrie entsteht – und was sie bewirkt: eine Fallstudie aus der Zeit der württembergischen Frühindustrialisierung

Als auf dem Landtag von 1842/43 der Eisenbahnbau auf die Tagesordnung gesetzt wurde, hatte Bayern bereits 65 km und Baden 19 km Bahn gebaut. Württemberg und seine Industrie drohten in Isolation zu geraten, da der Transitverkehr über das Rheintal immer mehr am Königreich vorbeilief und die hohen Transportkosten auf Straßen und Flüssen die württembergische Wirtschaft übermäßig belasteten. [...]

Es waren vor allem die Vertreter des industriellen und Handel treibenden Bürgertums, die schon früh (1835/36) energisch auf den Bau eines zeitgemäßen und konkurrenzfähigen Verkehrsnetzes drängten. Wegen des niedrigen Entwicklungsstandes privater Kapitalakkumulation in Württemberg und der Unmöglichkeit, derart aufwändige infra-strukturelle Grundlageninvestitionen privat zu organisieren, sollte der Staat finanziell in die Bresche springen. Denn eines der größten Probleme bei fast jedem württembergischen Industrieprojekt war die Frage der Kapital- und Kreditbeschaffung. Die höchste Sachwertkonzentration fand sich immer noch in den Händen der feudalen Oberschicht, zum überwiegenden Teil in Form von Grundbesitz und Nutzungsrechten. Flüssige Geldmittel wurden in der Regel in das landwirtschaftliche Hypothekar- und Kreditwesen oder in risikolose Staatspapieranlagen investiert. Der bürgerliche Kapitalbesitz lag dekonzentriert in den Händen vieler Kleinunternehmer und Gewerbetreibender, veraltete Anlageformen wurden bevorzugt, und Kredit- und Kapitalbeschaffung über den Rahmen der eigenen Familie hinaus eher als Zeichen von Unsolidität denn als unternehmerische Initiative gewertet. Ein kreditvermittelndes und Anlagekapital organisierendes Banksystem fehlte ebenso wie die Regelung allgemein verbindlicher Kreditbedingungen und ein Sicherheit bietendes Pfandrecht. [...]

Hinzu kamen andere Startnachteile. Es fehlten einmal die Rohstoffe – vor allem die Kohle –, die eine Schwerindustrie hätten entstehen lassen können; die Wasserkraft der Flüsse war anfangs noch für viele Jahrzehnte die einzige oder hauptsächliche Energiequelle – dies wiederum brachte eklatante Standortnachteile. Zum anderen stellte sich das Problem der Qualifikation der Arbeitskraft und ihrer Mobilität.

Für die Städte des dicht besiedelten Neckarraumes, deren Industrialisierungsgrad vergleichsweise fortgeschritten war, wurde die Eisenbahnfrage angesichts dieser Verhältnisse zunehmend zur Lebensfrage. Heilbronn und Esslingen zum Beispiel gehörten zu den Städten mit der größten Gewerbedichte und mit den höchsten betrieblichen Gewerbesteuersätzen in Württemberg. Anfang der dreißiger Jahre verfügte Heilbronn über 20 Fabriken mit rund 500 Arbeitern und Esslingen über 8 Fabriken mit insgesamt 676 Arbeitern. Ähnlich große Fabrikanlagen fanden sich damals in Württemberg nur noch in Stuttgart, Ulm und Heidenheim. [...]

Am 18. April 1843 wurde in Württemberg das erste grundlegende Eisenbahngesetz erlassen, nach dem „auf Staatskosten Eisenbahnen erbaut" werden sollten, „welche den Mittelpunkt des Landes, Stuttgart und Cannstatt, auf der einen Seite durch das Filsthal mit Ulm, Biberach, Ravensburg und Friedrichshafen, auf der anderen Seite mit der westlichen Landesgrenze sowie in nördlicher Richtung mit Heilbronn verbinden". Am 3. Oktober 1845 fand zwischen Cannstatt und Untertürkheim die erste Probefahrt unter Anwesenheit des Königs statt. [...] Der Anschluss an das badische und bayerische Eisenbahnnetz beendete 1853/54 die wichtigste Etappe der ersten Eisenbahnbauperiode. [...] Der Güterverkehr nahm rasch zu. [...]

In England hatte die Industrie die Eisenbahn hervorgerufen, in Württemberg sollte die Eisenbahn Geburtshelfer der industriellen Entwicklung sein. Sie machte auf breiter Grundlage mit moderner Technik vertraut, begünstigte die Entstehung industrieller Mentalität und war selbst ein realer Wirtschaftsfaktor, ein Investitionsobjekt bisher nie dagewesener Größe, das den Kapitalmarkt in Württemberg grundlegend veränderte. Zum ersten Mal wurden größere Kapitalmengen, angelockt durch staatlich abgesicherte Rendite, aus dem bevorzugten Anlagesektor Landwirtschaft abgezogen und in ein industrielles Projekt investiert. [...]

Ein Produkt dieser Klimaveränderung und gleichzeitig eine nationalökonomisch logische Ergänzung des Eisenbahnkonzeptes war dann 1846 die Gründung der Maschinenfabrik Esslingen. Aufgabe der Fabrik war die Herstellung der von der Staatsbahn benötigten „Lokomotiven, Eisenbahnwagen und anderer Requisiten". Die Maschinenfabrik Esslingen brachte von der Art und Weise ihres Entstehens (als Objekt gezielter Investitionspolitik) als auch im Umfang ihres Kapitals und dem erreichten technologischen Standard her neue Dimensionen in die württembergische Wirtschaft. [...] Staatliche Zuschüsse und langfristige staatliche Absatzgarantien auf 15 Jahre sowie das Monopol für den Eisenbahnmaschinenbau in Württemberg schufen erst die Voraussetzungen für private Kapitalakkumulation in diesem Sektor. [...]

Der Beginn industriellen Wachstums ist aber nicht alleiniges Ergebnis der Veränderungen der materiellen Infrastruktur. Eine direkte Kausalbeziehung lässt sich am ehesten herstellen zu den Veränderungen auf dem Sektor der Energieversorgung, wo die neuen Transportmöglichkeiten den Einsatz des effektiveren Energieträgers Steinkohle für die industrielle Nutzung der Dampfkraft auch in Württemberg rentabler machten. Steinkohle begann deshalb seit den 40er Jahren zu den wichtigsten Einfuhrgütern der württembergischen Industrie zu zählen, in der bis dahin aus Kostengründen die Wasserkraft fast alleinige Energiebasis der Maschinisierung war.

W. Kaschuba, C. Lipp u. M. Scharfe in: Der Bürger im Staat, Heft 1/1977, S. 45–49.

1. Untersuchen Sie die Fallstudie zur Industrialisierung Württembergs unter folgenden Gesichtspunkten: entwicklungsfördernde und -hemmende Faktoren; Kapitalbildung; Schrittmacherindustrie; Rolle des Staates. Berücksichtigen Sie dabei auch die Karikatur Seite 38.

4.3 Vom „Gründerboom" zur Hochindustrialisierung – ein geradliniger Weg?

„Spät, schnell, gründlich"

Ab etwa 1850 begann in Deutschland – ausgelöst durch den Eisenbahnboom – ein rasches Wirtschaftswachstum. Die eigentliche Hochindustrialisierung, das Reifestadium der Industrialisierung, entwickelte sich jedoch erst im letzten Drittel des Jahrhunderts. „Spät, schnell und gründlich" erfolgte die deutsche Industrialisierung im Vergleich zu England nach einer griffigen Formel des Soziologen Dahrendorf, und er fragt, ob nicht gar „zu spät, zu schnell und zu gründlich".

Während die Industrialisierung in England zeitlich gestreckter war, wurde der Prozess in Deutschland auf einen vergleichsweise kurzen Zeitraum zusammengedrängt. Zugleich erfasste er alle Bereiche der Gesellschaft. Als industrieller Nachzügler konnte sich Deutschland den Luxus einer allmählichen kapitalistischen Entwicklung nicht leisten. Weil es spät industrialisierte, musste es schnell und gründlich industrialisieren. Dennoch verlief das Wirtschaftswachstum – wie z. B. auch in den USA in diesem Zeitraum – nicht gradlinig und stetig; Phasen des wirtschaftlichen Aufstiegs wurden von Phasen der Stagnation und der Krisen unterbrochen.

Gründerboom und Gründerkrach

Ein markanter Entwicklungsschritt in der Folge des deutsch-französischen Krieges (1870–1871) und der anschließenden Reichsgründung war der Gründerboom in Deutschland. Rüstungsaufträge und die von Frankreich bar zu leistende Kriegsentschädigung von fünf Milliarden Francs blähten die Wirtschaft gewaltig auf. Doch zu schnell wie sich herausstellte: Denn Börsenmanipulationen, fragwürdige Finanzierungsmethoden, Fehlinvestitionen und übereilte Firmengründungen ließen das Wirtschaftswunder bald wie ein Kartenhaus zusammenfallen: 1873 kam es zum „Gründerkrach". Damit wurde eine Periode der Verlangsamung des wirtschaftlichen Wachstums eingeleitet, die – zumindestens zeitweise – von Produktionsrückgang und Preisverfall gekennzeichnet war. Wirtschaftswissenschaftler nannten diese bis Mitte der 90er Jahre des 19. Jahrhunderts Jahre dauernde Periode „Große Depression". Angesichts der mittlerweile internationalen Verflechtung der Wirtschaft begann ein gnadenloser Existenzkampf um in- und ausländische Märkte. In manchen Branchen ging man sogar dazu über, die Konkurrenz mit Dumpingpreisen, d. h. dem Verkauf unter dem Selbstkostenpreis, auszustechen.

Unternehmenskonzentration

Lohnsenkungen und Massenentlassungen führten zu einem Kaufkraftschwund, sodass sich trotz sinkender Preise die Absatzmöglichkeiten in engen Grenzen hielten. Zudem wurden neue und oft kostspielige Produktionsverfahren und -techniken eingeführt, z. B. in der chemischen und elektrischen Industrie, die Rationalisierungen ermöglichten. Sie ebneten gleichzeitig aber auch den Weg zu Unternehmenskonzentrationen: Je mehr Kapital nämlich die Investitionen erforderten, desto größer (und damit kapitalkräftiger) musste das Unternehmen sein. Und je größer das Unternehmen war, umso eher waren Banken bereit, Kredite zu gewähren. Auf diese Weise kam es häufig zu einer engen Zusammenarbeit zwischen Banken und Großbetrieben, wobei die Banken über Kreditvergabe, Aktienkauf und -verkauf Einfluss auf die Geschäftspolitik der Konzerne und Betriebe nehmen konnten.

Kartelle

Charakteristisch für die kapitalistische Wirtschaft in der Hochindustrialisierung war auch die Zunahme von Kartellen. „Kinder der Not" wurden sie damals genannt, denn viele Politiker und Wirtschaftstheoretiker waren der Ansicht, dass ohne Absprachen über Preise, Produktionsmengen, Absatzgebiete die brisante Mischung aus Überproduktion und Preisverfall möglicherweise zu noch bedrohlicheren Wirtschaftskrisen geführt hätte, die hauptsächlich auf dem Rücken der Arbeiterschaft ausgetragenen worden wären.

Landwirtschaft

Ungefähr zur gleichen Zeit geriet die Landwirtschaft in eine viel tiefer greifende Strukturkrise. Sie erfasste vor allem die Großagrarier östlich der Elbe, die sich nicht wie die Masse der Kleinbauern auf Veredelungsprodukte wie Obst, Gemüse, Tabak oder Wein umstellen konnten, sondern – auf relativ schlechten Böden zu hohen Zentnerkosten – Getreide anbauen und über den Markt absetzen mussten. Doch dieser war immer härter umkämpft. Nach dem Ende des amerikanischen Sezessionskrieges (1861–1865) wurde das Eisenbahnnetz in den Mittleren Westen der USA zügig ausgebaut. Dort erzielten die Farmer im feuchtheißen Sommerklima bei niedrigem Kapitaleinsatz hohe Erträge im Getreideanbau. Da zugleich die Zahl der Schiffe, die den Atlantik überquerten, anstieg und die Weltschifffahrtslinien die Frachtraten ihrer Dampfer und Klipper erheblich reduzierten, konnte billiges amerikanisches Getreide den europäischen Markt überschwemmen. Die deutsche Landwirtschaft war auf dem Weltmarkt nicht mehr konkurrenzfähig und auf den deutschen Markt angewiesen. Dieser stand aber infolge der liberalen Wirtschaftspolitik ebenfalls den amerikanischen Getreideexporten offen.

Schutzzollpolitik

Den Großagrariern gelang es, ihre seit 1875/76 spürbar schlechtere Ertragslage als Sorge der gesamten Landwirtschaft, ja als nationales Überlebensproblem darzustellen. Organisiert in kampfstarken Interessenverbänden forderten sie die Abkehr von der bis dahin auch von ihnen hochgehaltenen – weil ihren Getreideexporten förderlichen – Freihandelspolitik und die Hinwendung zur Schutzzollpolitik. Unterstützung in ihrem plötzlichen Bekenntnis zum Protektionismus fand die Landwirtschaft bei der traditionellerweise auf außenwirtschaftliche Absicherung bedachten Textil- und Schwerindustrie. Der Druck von „Roggen und Eisen" auf die Reichsregierung wuchs, und trotz des Widerstands der Nationalliberalen, der Außenhandelswirtschaft und vieler anderer Befürworter des Freihandelsprinzips setzte Reichskanzler Bismarck 1878/79 eine Schutzzollpolitik durch. Er war wohl davon überzeugt, mit Schutzzöllen den Absatz deutscher Produkte innerhalb des Reiches sichern und zugleich die geringen Steuereinnahmen des Deutschen Reiches aufbessern zu können. Landwirtschaft und Schwerindustrie konnten nun – durch entsprechend angehobene Außenzölle geschützt – dazu übergehen, die Inlandspreise herauf- und die Exportpreise herunterzusetzen. Auf diese Weise blieben sie auf dem Weltmarkt wettbewerbsfähig und sicherten sich ihren Gewinn auf dem Inlandsmarkt.

Die Schutzzollpolitik im Agrarbereich, in dem noch immer mehr als 40 Prozent aller Beschäftigten arbeiteten, war auch eine Art praktischer Sozialpolitik und federte den einsetzenden Strukturwandel in der Landwirtschaft ab. In abgeschwächter Form galt das auch für die immer wieder von Krisen geschüttelte gewerbliche Industrie, die Schutz im Schatten des Protektionismus fand und sich erst gegen Ende des Jahrhunderts wirklich stabilisierte und zugleich die Landwirtschaft aus ihrer führenden Stellung verdrängte.

MATERIAL

7 Die Debatte über Schutzzoll- oder Freihandelspolitik im Reichstag vom 2. bis 9. Mai 1879

Reichskanzler Fürst von Bismarck:

Einen mäßigen Schutz der einheimischen Arbeit verlangen wir. Wir sind weit entfernt von irgendeinem System der Prohibition, wie es in den meisten Nachbarländern stattfindet, wie es in unserem früheren Hauptabnehmer Amerika stattfindet, Zölle von 60–80 Prozent im Durchschnitt. Alles das, was wir Ihnen geben als Schutzzoll, bleibt innerhalb der Grenzen der finanziellen Besteuerung, mit Ausnahme derjenigen, wo das Unterlassen eines höheren Schutzes erhebliche augenblickliche Nachteile für zahlreiche Klassen unserer Mitbürger nach sich ziehen würde. [...] Wir sind bisher durch die weit geöffneten Tore unserer Einfuhr die Ablagerungsstätte aller Überproduktion des Auslandes geworden; und das ist es, was unsere Preise und den Entwicklungsgang unserer Industrie [...] am allermeisten drückt. Schließen wir unsere Türen einmal, errichten wir die etwas höhere Barriere und sehen wir zu, dass wir mindestens den deutschen Markt, wo die deutsche Gutmütigkeit jetzt ausgebeutet wird, der *deutschen* Industrie erhalten. [...] Wenn die Gefahr des Schutzzolles so groß wäre, müsste Frankreich seit Colbert ein ruiniertes Land sein.

Abgeordneter Eugen Richter (*Hagen*):

Wir sind ein Land, das auf einer ganz anderen und höheren Stufe steht als diejenigen Länder, die man zum Vergleich anruft. [...] Was würde denn sein, wenn der geschlossene Handelsstaat sich verwirklichte, wenn die 300 Millionen Fabrikate, die jetzt eingeführt werden, dann allerdings vielleicht teilweise im Land gemacht werden könnten – aber nicht mehr im Land hergestellt werden könnten jene 800 bis 900 Millionen Mark Fabrikate, die wir ausführen? Dann würden wir für 500 bis 600 Millionen Mark Fabrikate im Land weniger herstellen können. [...] Wessen Interesse steht aber auch mehr gegen diese Zollpolitik [...] als das Interesse des deutschen Handwerkers? Was bringen Sie Ihnen durch diesen Zolltarif? Verteuerung aller ihrer Stoffe, Werkzeuge und Materialien. [...] Auch muss die Verteuerung auf die Konsumtion einschränkend wirken; je mehr man für etwas ausgeben muss, umso weniger hat man übrig für etwas anderes, je weniger dadurch Nachfrage nach anderen Artikeln entsteht, desto weniger ist Gelegenheit für diese anderen Zweige, Arbeiter zu beschäftigen. Also auch in dieser Beziehung muss diese Politik zur Entlassung führen, und diese entlassenen Arbeiter werden dann wieder auch auf den Lohn in den Zweigen drücken, die durch die Zollpolitik angeblich geschützt sind.

Und dann noch eins: Wenn wirklich die Löhne steigen, hat da nicht der Arbeitgeber die Möglichkeit, von auswärts Arbeiter hinzuzuziehen und durch die freie Konkurrenz der Arbeiter unter sich die Löhne wieder niederzudrücken? Wenn einmal Schutzzoll, dann auch Schutzzoll gegen ausländische Arbeiter. [...] Wer hat denn (außer der Großindustrie) Nutzen von diesem Zollsystem? Man spricht von den Landwirten: Sind es etwa die kleinen Landwirte, wie wir sie namentlich auch im Westen kennen? [...] Ihr Gemüse, ihre Milch, ihre Kartoffeln können Sie ihnen durch keinen Zolltarif schützen. Der Schwerpunkt liegt in dem Kornzoll, wie Sie sagen. [...] So viel wissen wir doch, daß die Zahl der Besitzer unter 30 Morgen in Preußen 80 Prozent beträgt und dass die Zahl in der Rheinprovinz sogar 96 beträgt, dass also dort nur 4 Prozent der Besitzer in der Lage sind, über 30 Morgen zu bewirtschaften – eine Ziffer, die bisher als diejenige bezeichnet worden ist, wo es erst möglich ist, mehr Korn zu produzieren, als die Haushaltung gebraucht, wo also erst der Nutzen anfängt.

Aus: W. Steitz, Quellen zur deutschen Wirtschafts- und Sozialgeschichte von der Reichsgründung bis zum Ersten Weltkrieg, Darmstadt 1985, S. 94–115.

1. Stellen Sie die Argumente gegenüber und kommen Sie zu einem eigenen Urteil.

MATERIAL 8

Wachstumsraten des Nettoinlandsprodukts in Preisen von 1913

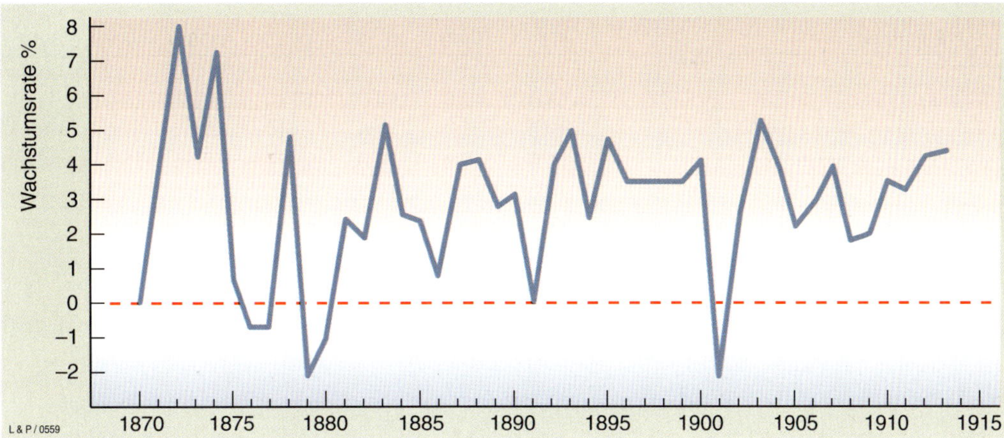

Aus: G. Hohorst u. a., Sozialgeschichtliches Arbeitsbuch II, München 1978, S. 92.

MATERIAL 9

„Die neuen schutzzöllnerischen ‚Freunde' in Friedrichsruh"

Karikatur aus der Zeitschrift „Schalk", 19. Januar 1879

„Lotharchen, halten Sie mir diese Leute vom Halse! Ich soll alle diese Freunde schützen, aber wer schützt mich vor diesen Freunden?" Friedrichsruhe = Gut Bismarcks; Lotharchen = Lothar Bucher (1817–1892), Publizist und Diplomat, 1864–1886 enger Mitarbeiter Bismarcks im Auswärtigen Amt.

MATERIAL
10 Anteile der Wirtschaftssektoren an der Beschäftigung

Beschäftigte im	1780	1800	1825	1850	1875	1900	1914
primären Sektor (in %)	65,0	62,0	59,0	55,0	49,0	38,0	34,0
sekundären Sektor (in %)	19,0	21,0	22,0	24,0	30,0	37,0	38,0
tertiären Sektor (in %)	16,0	17,0	19,0	21,0	21,0	25,0	28,0
Gesamtzahl der Beschäftigten in Mio.	10,0	10,5	12,6	15,8	18,6	25,5	31,3

Aus: F. W. Henning, Die Industrialisierung in Deutschland 1800–1914, Paderborn 1978, S. 30.

MATERIAL
11 Bevölkerungswachstum und wirtschaftliche Entwicklung Deutschlands

	Bevölkerung in 1 000				*Zuwachs in %*		*Pro-Kopf-Einkommen 1913*	
	1816	1855	1871	1910	1816 *bis* 1855	1871 *bis* 1910	*Mark*	*in % des Reichsdurchschnitts*
Dtl. insgesamt	23 522	34 561	41 014	64 929	46,9	58,2	748,0	100,0
Preußen	13 679	21 316	24 655	40 165	56,6	62,9	747,0	99,9
Ostpreußen	1 457	2 637	1 823	2 064	81,0	13,2	486,0	65,0
Westpreußen			1 315	1 703		29,5	480,0	64,2
Berlin	198	461	826	2 071	132,8	150,8	1 254,0	167,7
Brandenburg	1 086	1 793	2 037	4 093	65,1	103,6	962,0	128,6
Rheinprovinz	1 965	3 070	3 645	7 192	56,2	97,3	832,0	111,2
Bayern	3 607	4 508	4 852	6 887	25,0	41,8	629,0	84,1
Kgr. Sachsen	1 194	2 039	2 556	4 807	70,8	88,2	897,0	119,9
Württemberg	1 411	1 670	1 819	2 438	18,4	34,6	672,0	89,9
Baden	1 006	1 320	1 462	2 143	31,2	46,6	710,0	94,9
Hamburg	154	244	339	1 015	58,4	199,3	1 313,0	175,5

Aus: Telekolleg II, Geschichte, Frankfurt, Bd. 1, S. 83; spezifiziert für einige preußische Provinzen.

1. Welche Aussagen zur sozialen Lage der Bevölkerung lassen sich aus der wirtschaftlichen Entwicklung (M 8) ableiten? Untersuchen sie mögliche Zusammenhänge zwischen Wachstumsraten und Schutzzollpolitik.
2. Erläutern Sie die Aussage der Karikatur zu Bismarcks Zollpolitik (M 9).
3. Beschreiben Sie die Veränderungen zwischen den drei Wirtschaftssektoren (M 10).
4. Erörtern Sie mögliche Auswirkungen dieser Umschichtungen auf Familie, Verhaltensweisen, Wertorientierungen, soziale Beziehungen.
5. Untersuchen Sie die Tabelle (M 11) auf Zusammenhänge zwischen Bevölkerungsentwicklung und Pro-Kopf-Einkommen. Erklären Sie die regionalen Unterschiede.

MATERIAL

Daten zur wirtschaftlichen Entwicklung der Industriestaaten 12

a) Die industrielle Produktion (in Mio. britischen Pfund Sterling)

	GB	*Frankreich*	*Belgien*	*Deutschland*	*Russland*	USA	*Welt*
1800	230	190	k. A.	60	15	25	650
1820	290	220	k. A.	85	20	55	865
1840	387	264	60	150	40	96	1314
1860	577	380	90	310	155	392	2404
1888	820	485	102	583	363	1443	4618
1896	876	596	118	690	380	1980	5710

Aus: M. G. Mulhall, The Dictionary of Statistics, London 1899, S. 365

b) Beschäftigte in verschiedenen Wirtschaftsbereichen um 1850/1910 (Prozentanteile)

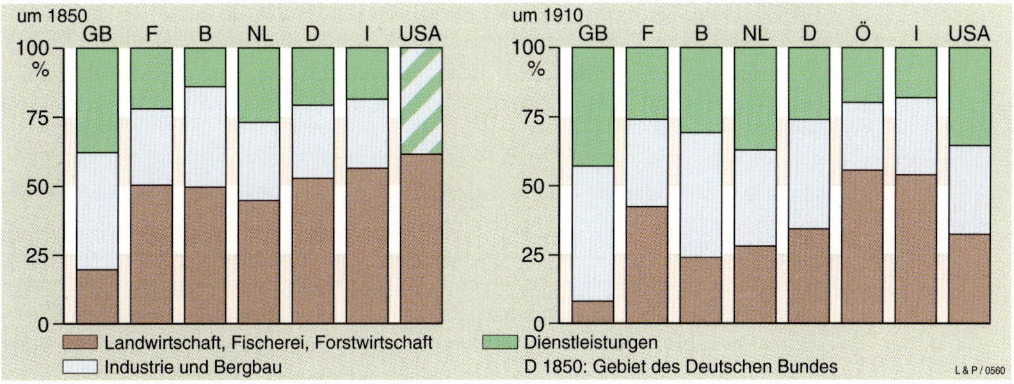

c) Der Export 1870–1910 (in Mrd. Mark)

	1870	1880	1890	1900	1910
Großbritannien	9,2	12,0	14,0	16,6	20,5
Brit. Kolonien	4,8	7,2	6,5	10,7	15,2
Frankreich	4,5	7,4	6,6	7,1	10,7
Deutschland	4,2	6,0	7,5	10,4	16,4
USA	3,4	6,2	7,0	8,6	13,7

Aus: R. Buchner, Deutsche Geschichte im europäischen Rahmen, Darmstadt 1975, S. 380.

1. Vergleichen Sie die Entwicklung der industriellen Produktion. Übertragen Sie dazu die Tabellen in Kurvendiagramme. Stellen Sie Zeiträume beschleunigter oder verlangsamter Entwicklung fest und erklären Sie mögliche Ursachen.
2. Erörtern Sie, welcher Staat als Industriestaat bezeichnet werden könnte.

5. Die soziale Frage und Ansätze zu ihrer Lösung

5.1 Die soziale Frage – eine Arbeiterfrage?

„Wie schön muss einst die Zukunft werden, wenn die Enkel dieser lumpenumhüllten Arbeiter für das Elend der Gegenwart entschädigt werden!"

Arbeitsbedingungen

Dieser um 1850 vom rheinischen Industriellen Gustav Mevissen geäußerte Satz bot den Arbeitern in Deutschland, England, Frankreich oder in den USA wenig Trost. Sie alle hatten nicht nur Anlass zur Klage über niedrige und unsichere Löhne. Miserable Arbeitsbedingungen, einseitig von Fabrikanten festgelegte, bis zu 14, 16, ja 17 Stunden Arbeitszeit am Tag, staubige und stickige Fabrikhallen und mangelhafte Schutzvorrichtungen gegen Unfälle an Maschinen kennzeichneten ihre Arbeitswelt. Besonders in England und in den Vereinigten Staaten war darüber hinaus Kinderarbeit weit verbreitet.

Lebensbedingungen

Mit der Industrialisierung nahm die Verstädterung zu, und auf dem Land übliche Traditionen, wie familiäre Fürsorgepflicht oder nachbarliche Hilfe, verloren an Bedeutung. Die fehlende Vorsorge für Krankheit, Invalidität oder Alter wirkte sich nun immer verheerender aus. Das häusliche Leben der großstädtischen Arbeiter spielte sich in hässlichen, lichtlosen und ungesunden Mietskasernen und Hinterhöfen ab, die in der Umgebung der Fabriken angesiedelt waren. Oft wohnten sogar zwei mehrköpfige Familien in einem winzigen Raum, nur durch einen Kreidestrich getrennt.

Soziale Frage

Die Neuartigkeit des Arbeiterelends, die unmenschlichen Lebens- und Arbeitsbedingungen machten viele Zeitgenossen zumal in Europa sensibel für die soziale Ungerechtigkeit. Bereits in den 40er Jahren war in Deutschland der Begriff „soziale Frage" aufgekommen, als Übervölkerung und fehlende Arbeitsmöglichkeiten zum Pauperismus geführt hatten. Man sprach nun auch nicht mehr abfällig vom „Pöbel", sondern vom „Proletariat". Mit dem Scheitern der Revolution von 1848 trat die Suche nach den Ursachen der Massenarmut und nach Abhilfemöglichkeiten allerdings zunächst zurück. Erst die beginnende Industrialisierung in den deutschen Staaten, vor allem aber die Auswanderung nach Amerika linderten die schlimmsten Auswirkungen des Massenelends.

Arbeiterfrage

In der Zeit der Frühindustrialisierung verdichtete sich in den neuen Industriegesellschaften die soziale Frage zur „Arbeiterfrage". Die weitgehende Rechtlosigkeit der Arbeiter gegenüber den Unternehmern, ihre menschenunwürdigen Arbeits- und Wohnverhältnisse, die überlangen Arbeitszeiten sowie die niedrigen Löhne wurden als zentrale Probleme benannt. Die Vorschläge zur Lösung dieser und anderer sozialer Probleme, wie z. B. der Alters- und Krankenversorgung, fielen von Staat zu Staat und je nach wirtschaftlicher Interessenlage und gesellschaftspolitischer Vorstellung unterschiedlich aus.

MATERIAL

Erinnerungen des Arbeiters Hermann Enters 1

Der 36-jährige Hermann Enters wanderte 1882 nach Amerika aus, um dem armseligen Leben eines Arbeiters in Deutschland zu entfliehen. In hohem Alter blickt er in einem langen Brief an seine Geschwister in Deutschland auf die Lage der Arbeiterklasse in Wuppertal um die Mitte des 19. Jahrhunderts zurück und schildert seine Jugendzeit bis zu seiner Lehrzeit beim Schlosser Vogel:

Blick in die Küche einer Berliner Arbeiterwohnung.

Unsere Mutter hatte einen schweren Stand, da sie nebst dem Haushalt für die zwei Webstühle spulen musste. Auf einem Webstuhl arbeitete sein Bruder (Ohm Karl), auf dem anderen mein Vater selbst. Ich erinnere mich, dass ich da auch schon auf das Spulrad gesetzt wurde und es lernen musste. [...] Wir führten ein armseliges Leben, Holzschuhe waren unsere Fußbekleidung und dementsprechend auch unsere übrigen Kleider. Vater machte mein Kamisol (Wams) und Hosen selbst vom alten Zeug, und nichts passte recht, sodass die besser Situierten sich immer lustig über meine Kleider machten. [...] Aber Vater verdiente sehr wenig, und Mutter musste in Tagelohn gehen, waschen und schrubben, und bald wurde unser Bruder Wilhelm geboren.

Die Not war groß, und es wurde davon gesprochen, wenn ich 12 Jahre alt wäre, wollte Mutter zu dem Pastor gehen und bitten, dass ich einen halben Tag aus der Schule käme, ich müsste mithelfen, verdienen. Ich konnte ja gut spulen für Bandstühle, sie würde schon einen Platz für mich finden. Ich war aber noch keine 12 Jahre und so musste dieses Vorhaben auf die lange Bank geschoben werden. [...] Der einzige Lichtstrahl im Dunkel war, wenn Vater ein Kaninchen schlachtete, dann lebten wir in Saus und Braus. Ich musste immer die Kartoffeln schälen. Mutter sah die Schalen nach. Wenn sie nicht so dünn waren, dass man durch die Schalen sehen konnte, schlug sie mir immer links und rechts auf den Kopf und ins Gesicht und sagte: „Sind dat Ärpel geschält?" [...] Dann kam Otto auf die Welt, unser waren jetzt 6 Kinder. Eine alte, zweischläfrige Bettstelle, die vor Altertum zusammen mit Stricken gebunden war, und eine kleine Bettstelle, wo wir Kinder drin schliefen. Die Hälfte schlief mit dem Kopf nach oben, die andere Hälfte mit dem Kopf nach unten in beiden Betten. Der Bettraum diente auch als Vaters Arbeitsraum. Die andere Stube diente als Küche und Wohnstube. Beides waren Dachstuben. Kein Wunder, dass unter solcher armseliger Behausung wir körperlich zurückblieben und dass die Nachbarskinder mich einen Schwindsüchtigen nannten. [...]

Mein erster Arbeitsplatz war in der Straße. Im Springen bei einem Bandwirker. Sein Name war Winkelströter. Es waren junge Leute mit 2 kleinen Kindern. Gleich wenn ich aus der Schule kam und Mittag gegessen hatte, ging ich vom Böckmannsbusch über den Kothen, längs dem Waisenhaus nach dem Springen aufs Spulrad. Zwei Bandstühle hatten die Leute. Ich machte Spulen den ganzen Nachmittag bis abends 7 Uhr, manchmal noch länger, kam dann abends zwischen 8 und 9 Uhr nach Hause, aß und machte meine Schulsachen und ging gegen 10 Uhr zu Bett. Was ich dort verdient habe, weiß ich nicht, aber bestimmt nicht mehr wie 15 oder 20 Groschen, das war das Erste, was meine Eltern von mir ernten taten. [...] Ich ging in die Kinderlehre und wurde 14 Jahre alt, dann kam die Prüfung in der Schule und ich konnte ganze Tage nach der Arbeit gehen. Das war im Herbst. Nun wäre es Zeit gewesen für eine Stelle aufs Kontor, allein da [ge]hörten Kleider zu und Eltern, die die Fähigkeit hatten und Mut dazu, mir solche Stelle zu suchen. [...]

Das erste Jahr [der Lehrzeit] ging so herum, ohne dass ich eigentlich was lernte. Ich musste die meiste Zeit laufen und holen alles zusammen, was gebraucht wurde, nach Elberfeld, nach der Gemarke, und auch für die Frau musste ich laufen. Wenn mich meine Kameraden fragten, was ich machen müsste, musste ich gestehen, dass das nicht weit her war. Dagegen taten sie an der Dreh- und Hobelmaschine und Schraubstock arbeiten oder an der Bohrmaschine. [...] Der Vogel hatte keine Dampfkraft, die Maschine musste getreten werden oder gedreht, und dazu gebrauchten sie mich. Ich musste auch Porzellanaugen in die Spulen setzen, und ebenso musste ich hinterm Amboss stehen und darauf schlagen, nämlich aufs Eisen. Diese Arbeit war alle zu schwer für mich, sodass ich vor Elend und Müdigkeit zusammenbrach, wenn ich die Drehbank treten musste. Meine Knochen bogen sich; draufschlagen musste ich so lange, bis ich den Hammer nicht mehr heben konnte. Die Gesellen hatten ihre helle Freude daran und taten mich fuchsen den Weg, wo und wie sie konnten. So wurde ich bei dem Vogel gebraucht oder besser missbraucht. Ich musste alles in stummer Resignation dulden und über mich ergehen lassen, denn es war eine niedrig denkende Gesellschaft, wo ich an verkauft war. [...]
Im Anfang der sechziger Jahre war Lassalle aufgetreten, und das ganze Arbeitervolk des Wuppertales wurde aus seiner Lethargie aufgerüttelt. Es hieß, ein neuer Christus wäre aufgestanden. Große Volksversammlungen wurden abgehalten, und es wurde der Allgemeine Deutsche Arbeiterverein gegründet. Unsere Eltern wurden auch gleich aktiv und tätige Mitglieder desselben. Dieses rechne ich ihnen im besten Sinne hoch an. [...]

Dann war nach dem Dänischen Krieg, 1864, und dem Österreichischen Krieg, 1866, der Norddeutsche Bund gegründet worden und das allgemeine gleiche Wahlrecht freigegeben. Es war eine Forderung Lassalles. Das Resultat war, dass die Wuppertaler ihren ersten Abgeordneten in den Norddeutschen Reichstag sandten, Dr. von Schweitzer. [...] Nun als Dr. Schweitzer* in den Reichstag kam, deckte er gleich die größten Übelstände in seinem Wahlkreis Elberfeld-Barmen auf, vor allem die unmenschlich langen Arbeitstage in den Riemendrehereien, 15 Stunden täglich ohne Mittagspause.
Er hatte Erfolg damit; der Arbeitstag wurde gesetzlich gekürzt. Von da an wurde Schweitzer der Abgott der Wuppertaler Arbeiter, umso mehr hassten ihn die Fabrikanten.

* Johann Baptist von Schweitzer (1833–1875), Nachfolger Lassalles als Präsident des Allgemeinen Deutschen Arbeitervereins.

Aus: K. Goebel, G. Voigt (Hrsg.), Die kleine, mühselige Welt des jungen Hermann Enters, Wuppertal 4. Aufl. 1984, S. 30 ff.

In den Erinnerungen des Arbeiters Hermann Enters spiegelt sich die alltägliche Lebenswelt einer Arbeiterfamilie in den Frühphasen der Industrialisierung.

1. Nennen Sie typische Merkmale dieser Lebenswelt.
2. Inwiefern handelt es sich nicht nur um eine individuelle, sondern auch um eine soziale Biografie?
3. Versuchen Sie, diesen Lebenslauf und die Lebenslage des Arbeiters auf die Sozialdaten in den Materialien auf S. 43–45 anzuwenden.
4. Erläutern Sie, wie der Arbeiter politisch bewusst wird.

Familie Hermann Enters um 1884 in Milwaukee.

MATERIAL 2

Hermann Enters in einem Brief aus Amerika

Es ist auch hier, in diesem Land, nicht ohne harten Kampf gegangen. Allein, bei diesem Kampf habe ich nicht um Nahrungssorgen gekämpft, sondern ums Vorwärtskommen. [...]
Wohl war es auch hier Sitte, dass Arbeiterkinder, wenn sie durch die Schule waren, arbeiten mussten. So auch bei uns. Als unsere Tochter Emma 14 Jahre alt war, konnte sie die Schule nicht mehr besuchen, weil sie immer über Kopfweh klagte. Sie ist darum auch nicht durch den letzten Grad der Schule gegangen. Da haben wir sie auch zur Arbeit geschickt, und zwar in eine Strumpffabrik. Als sie des Abends nach Hause kam und sagte, sie wäre so müde, sie musste dort eine Spulmaschine treten, habe ich gleich gesagt, sie solle zu Hause bleiben. Die Arbeitszeit war aber 10 statt 15 Stunden. Dann hat sie sich einen Platz als Dienstmädchen gesucht bei einem Doktor, wo ich dachte, das wäre ein humaner Platz. Doch wurde sie dort zum Kohleaussieben gebraucht. Da haben wir sie deshalb auch gleich wieder fortgenommen. Dann ist sie bei einem Handelsgärtner aufs Land als Kindermädchen gekommen, und hier war es nach ihrem Geschmack. Ebenso hat Auguste ihren ersten Arbeitsplatz als Dienstmädchen ausgefüllt. Doch Auguste hatte bessere Anlagen zum Lernen. Da habe ich sie wieder fortgenommen und wieder zur Schule geschickt, um sich mehr auszubilden. Hat sie auch getan. Dann ist sie Kindergärtnerin geworden, aber sie kam auf den unrichtigen Platz, wo es keinen Lohn gab, und dafür gaben wir sie nicht her. Dieser Platz hieß Missions-Kindergarten, wo aus Christenliebe für nichts gearbeitet wurde. Weil wir hier eben noch Fremde waren und uns niemand kannte und von keiner Seite Protektion hatten, was man hier im Allgemeinen „Pull" nennt, so kam sie nicht unter, wo es Bezahlung gab. Da ging sie wieder dienen.

Ihr glaubt nicht, wie schwer es für den Mann ist, hier eine Wohnung zu bekommen, der viele Kinder hat, so auch bei uns. Wenn nun zwei dienen taten, so war die Familie auch äußerlich kleiner. Wenn ich Wohnung suchte, so waren die Landlords gleich willig, mir zu vermieten. Sobald sie aber hörten, dass wir 8 Kinder hatten, dann winkten sie ab. Da gab es anders kein Mittel, als den

Kampf zu verschärfen und sehen, dass wir unter unser eigenes Dach kamen. Wir haben uns dann ein Grundstück gekauft für 200 Dollar. Ein Freund von uns verunglückte und starb plötzlich. Seine Familie borgte uns das Geld zum Bauen, und so bekamen wir September 1886 ein eigenes Dach über den Kopf.

Hermann Enters starb 1940 in Milwaukee.

Aus: Ebd. S. 78 f.

MATERIAL

3 Karikatur aus dem Jahr 1905

„Das gestörte Gleichgewicht"

Kinderarbeit in einer amerikanischen Baumwollspinnerei, um 1910.

1. Vergleichen Sie die geschilderten Lebenswelten in Wuppertal und Milwaukee. Worin sehen Sie Gemeinsamkeiten, worin Unterschiede?
2. Erörtern Sie, ob Hermann Enters seine Auswanderung bereut haben könnte.
3. Im Bericht von Enters (M 1) dokumentiert sich die Geschichte der Industrialisierung als eine Geschichte der körperlichen Belastungen, Entbehrungen und sozialer Not. Erörtern Sie folgende Stellungnahmen dazu:
   a) „Auch die kapitalistische Entwicklung hatte ihre ‚Kinderkrankheiten'; sie waren unvermeidlich."
   b) „Die Durststrecke musste wohl oder übel im Interesse des wirtschaftlichen Fortschritts in Kauf genommen werden; sie war objektiv notwendig."
   c) „Die Entwicklungsländer sollten sich daran ein Beispiel nehmen; auch uns fiel der Wohlstand nicht in den Schoß."
4. Erläutern Sie die Darstellungsabsicht der Karikatur (M 3).
5. Ist die soziale Frage nur eine Störung des sozialen Gleichgewichts?

5.2 Sozialismus statt Kapitalismus? – Die revolutionäre Botschaft von Karl Marx

„Die Kommunisten verschmähen es, ihre Ansichten und Absichten zu verheimlichen. Sie erklären offen, dass ihre Zwecke nur erreicht werden können durch den gewaltsamen Umsturz aller bisherigen Gesellschaftsordnung. Mögen die herrschenden Klassen vor einer kommunistischen Revolution zittern. Die Proletarier haben nichts zu verlieren als ihre Ketten. Sie haben eine Welt zu gewinnen. Proletarier aller Länder vereinigt euch!"

Kommunistisches Manifest

Mit diesen Sätzen endet das Kommunistische Manifest von 1848, in dem Karl Marx (1818–1883) und Friedrich Engels (1820–1895) die Kerngedanken ihrer Lehre zusammengefasst haben. Es wurde im 20. Jahrhundert in zahlreichen Staaten zur herrschenden Ideologie erhoben. Warum war die revolutionäre Botschaft des Manifests so zündend?

Einheit von Theorie und Praxis

„Die Philosophen haben die Welt nur verschieden interpretiert, es kommt darauf an, sie zu verändern." Mit diesen Worten begründete Marx die Maxime seines Wirkens. Theorie und politische Praxis bildeten für ihn eine Einheit: Seine Analysen des Kapitalismus ergaben, dass die ökonomischen und sozialen Krisen seiner Zeit aus Gesetzmäßigkeiten des kapitalistischen Wirtschaftssystems entstehen, daher nicht wie Naturkatastrophen als unabänderliches Schicksal hingenommen werden müssen, sondern durch die Umgestaltung dieses Systems aufgehoben werden können. Die Eigentumsfrage erlangte in seiner Lehre eine zentrale Bedeutung. Marx erblickte in der Abschaffung des Privateigentums an Produktionsmitteln den Schlüssel zur Lösung der systembedingten sozialen und ökonomischen Krisen der modernen bürgerlichen Gesellschaft. Diese Grunderkenntnis wollte er den Arbeitern vermitteln, um deren politisches Bewusstsein zu wecken. Als politisch selbstbewusste Klasse sollte das Proletariat den Sturz des Kapitalismus erkämpfen.

Kapitalismuskritik

In seinem Hauptwerk „Das Kapital" entwickelte Marx seine radikale Gegenposition zur herrschenden liberalen Wirtschafts- und Gesellschaftstheorie. Ihr Begründer Adam Smith (→ S. 19 ff.) wollte dem individuellen Streben nach Profitmaximierung freien Lauf lassen, weil dadurch das Wohl der Allgemeinheit auf das Wirksamste gefördert werde. Marx bestritt diese Ansicht: Auf dem Arbeitsmarkt stünden sich zwei Klassen von sehr unterschiedlichem Gewicht gegenüber: die Kapital oder Produktionsmittel besitzende Bourgeoisie und das lohnabhängige Proletariat. Um zu überleben, müssten die Proletarier ihre Arbeitskraft an die Bourgeoisie verkaufen – zu einem Preis (Lohn), der eben ausreiche, den Wert ihrer Arbeitskraft zu erhalten. In seiner Arbeitszeit schaffe der Arbeiter jedoch weitaus mehr Werte. Diese zusätzliche Wertschöpfung, von Marx als Mehrwert bezeichnet, eigne sich der Kapitalist unentgeltlich und damit ausbeuterisch an. Die Lohnarbeit begründet nach Marx das Ausbeutungsverhältnis zwischen den Kapitalisten und Proletariern. Die Lohnarbeit, nicht die Lohnhöhe, war daher der Ansatzpunkt seiner Kapitalismuskritik.

Mehrwerttheorie

Krisenanfälligkeit des Kapitalismus

Nach Adam Smith führt das freie, staatlich unbeeinflusste Spiel der Marktkräfte „wie von unsichtbarer Hand gesteuert" stets aufs Neue zu deren Ausgleich und damit zu einer stetigen und letztlich vernünftigen Wirtschaftsentwicklung. Unter Verweis auf

Plakat zur ersten Proklamation des 1. Mai als „Tag der Arbeit", Juli 1889. Der 1. Mai wird heute in über 110 Staaten als Feiertag eingehalten.

Das Neujahrsblatt der deutschen Zeitschrift „Der wahre Jacob" zum 1.1.1895.

die periodisch wiederkehrenden Überproduktionskrisen des 19. Jahrhunderts spricht Marx dem Markt solche Selbstheilungskräfte ab. Für ihn sind diese Krisen vielmehr systembedingt: Der unerbittliche Konkurrenzkampf zwinge die einzelnen Unternehmen zu immer höheren Rationalisierungsinvestitionen. Nur die Leistungsstärksten könnten wegen ihrer Fähigkeit zu größerer Kapitalakkumulation in diesem Kampf überleben. Die Konzentration in der Wirtschaft schreite daher unaufhörlich voran. Der höhere Investitionsaufwand bedinge ein Sinken der Profitrate, das die Unternehmen durch eine Ausweitung der Produktion aufzufangen suchten. Sie bereiteten damit aber nur die nächste, noch schärfere Krise vor. Als Krisenerscheinungen machte Marx eine fortschreitende Proletarisierung und Verelendung aus.

Klassenbewusstsein

Die Verelendung allein führt nach Marx jedoch noch nicht zu Revolution. Diese setze ein Klassenbewusstsein voraus, das sich als Ergebnis der anonymer werdenden Produktion in Großbetrieben entwickle. Mehr und mehr erkenne das Proletariat aufgrund der industriellen Produktionsweise den Grundwiderspruch des Kapitalismus, nämlich die private Aneignung des in gemeinschaftlicher Arbeit hervorgebrachten Mehrwerts. Das in dieser Erfahrung sich herausbildende Klassenbewusstsein befähige das Proletariat, sich im Kampf gegen die Bourgeoisie zu solidarisieren.

Marx war zutiefst davon überzeugt, dass die Arbeiterklasse den Kapitalismus überwinden werde. Diese die politische Kampfbereitschaft des Proletariats beflügelnde

Zukunftsgewissheit erklärt sich aus seinem Geschichtsverständnis. Ihm zufolge nimmt die Geschichte einen gesetzmäßigen Verlauf, den er als eine Veränderung vom Niederen zum Höheren deutete. Die Triebkräfte der geschichtlichen Entwicklung erblickte er in der Lösung immer wieder aufs Neue auftretender sozio-ökonomischer Widersprüche. Wie die Bourgeoisie zu Beginn des Industriezeitalters die Auflösung der Widersprüche zwischen den Erfordernissen der modernen industriellen Produktionsweise und den überkommenen Feudalstrukturen erzwungen habe, werde das Proletariat in der sozialistischen Revolution den Grundwiderspruch des Kapitalismus lösen.

Staatsverständnis

Die Veränderungen in der ökonomischen Basis führen nach Marx auch zu einer Umwälzung des gesellschaftlichen Überbaus, also auch des Staates, seiner Einrichtungen und Gesetze und damit einhergehend zur Ablösung der bisher herrschenden Klasse. Denn der Staat sei nichts anderes als ein Unterdrückungsinstrument der jeweils ökonomisch herrschenden Klasse, die als Inhaber der Staatsmacht auch zur politisch herrschenden Klasse werde. In der sozialistischen Revolution werde die Bourgeoisie als herrschende Klasse gestürzt, die Produktionsmittel vergesellschaftet und die Diktatur des Proletariats errichtet.

Kommunistische Zukuntfsgesellschaft

Die sozialistische Revolution soll nach Marx aber nicht nur die in der unterschiedlichen Verfügungsgewalt über die Produktionsmittel begründeten Klassenunterschiede aufheben und damit die soziale Frage lösen. Er verbindet mit ihr vielmehr einen umfassenden humanistischen Anspruch: Der Sozialismus bereite die kommunistische Zukunftsgesellschaft vor, in der die Menschen ohne Unterdrückung, Ausbeutung und Entfremdung sich selbst verwirklichend in einer Welt ewigen Friedens zusammenlebten.

MATERIAL 4

Das Kommunistische Manifest über die moderne bürgerliche Gesellschaft

Die moderne bürgerliche Gesellschaft [...] spaltet sich mehr und mehr in zwei große, einander direkt gegenüberstehende Klassen: Bourgeoisie und Proletariat. [...]
In demselben Maße, worin sich die Bourgeoisie, d. h. das Kapital, entwickelt, in demselben Maße entwickelt sich das Proletariat, die Klasse der modernen Arbeiter. [...] Die bisherigen kleinen Mittelstände, die kleinen Industriellen, Kaufleute und Rentiers, die Handwerker und Bauern, alle diese Klassen fallen ins Proletariat hinab, teils dadurch, dass ihr kleines Kapital für den Betrieb der großen Industrie nicht ausreicht und der Konkurrenz mit den größeren Kapitalisten erliegt, teils dadurch, dass ihre Geschicklichkeit von neuen Produktionsweisen entwertet wird. So rekrutiert sich das Proletariat aus allen Klassen der Bevölkerung. [...]
Mit der Entwicklung der Industrie vermehrt sich nicht nur das Proletariat; es wird in größeren Massen zusammengedrängt, seine Kraft wächst, und es fühlt sie mehr. Die Interessen, die Lebenslagen innerhalb des Proletariats gleichen sich immer mehr aus, indem die Maschinerie immer mehr die Unterschiede der Arbeit verwischt und den Lohn fast überall auf ein gleich niedriges Niveau herabdrückt. Die wachsende Konkurrenz der Bourgeois unter sich und die daraus hervorgehenden Handelskrisen machen den Lohn der Arbeiter immer schwankender; die immer rascher sich entwickelnde, unaufhörliche Verbesserung der Maschinerie macht ihre ganze Lebensstellung immer unsicherer; immer mehr nehmen die Kollisionen zwischen dem einzelnen Arbeiter und dem einzelnen Bourgeois den Charakter von Kollisionen zweier Klassen an. Die Arbeiter beginnen damit, Koalitionen gegen die Bourgeoisie zu bilden.

Aus: K. Marx/F. Engels, Manifest der Kommunistischen Partei 1847/48, MEW Bd. 1, Berlin 1974, S. 464–474.

MATERIAL

5 Karl Marx, Protest eines Arbeiters

Der Kapitalist beruft sich also auf das Gesetz des Warenaustausches. Er wie jeder andere Käufer sucht den größtmöglichen Nutzen aus dem Gebrauchswert seiner Ware herauszuschlagen. Plötzlich aber erhebt sich die Stimme des Arbeiters, die im Sturm und Drang des Produktionsprozesses verstummt war.

Die Ware, die ich dir verkauft habe, unterscheidet sich von dem anderen Warenpöbel dadurch, dass ihr Gebrauch Wert schafft und größeren Wert, als sie selbst kostet. Dies war der Grund, warum du sie kauftest. Was auf deiner Seite als Verwertung von Kapital erscheint, ist auf meiner Seite überschüssige Verausgabung von Arbeitskraft. Du und ich kennen auf dem Marktplatz nur ein Gesetz, das des Warenaustausches. Und der Konsum der Ware gehört nicht dem Verkäufer, der sie veräußert, sondern dem Käufer, der sie erwirbt. Dir gehört daher der Gebrauch meiner täglichen Arbeitskraft.

Aber vermittelst ihres täglichen Kaufpreises muss ich sie täglich reproduzieren und daher von neuem verkaufen können. Abgesehen von dem natürlichen Verschleiß durch Alter usw. muss ich fähig sein, morgen mit demselben Normalzustand von Kraft, Gesundheit und Frische zu arbeiten wie heute. Du predigst mir beständig das Evangelium der Sparsamkeit und Enthaltung. Nun gut! Ich will wie ein vernünftiger sparsamer Wirt, mein einziges Vermögen, die Arbeitskraft, haushalten und mich jeder tollen Verschwendung derselben enthalten. Ich will täglich nur so viel von ihr flüssig machen, in Bewegung, in Arbeit umsetzen, als sich mit ihrer Normaldauer und gesunden Entwicklung verträgt.

Durch maßlose Verlängerung des Arbeitstages kannst du in einem Tage eine größeres Quantum meiner Arbeitskraft flüssig machen, als ich in drei Tagen ersetzen kann. Was du so an Arbeit gewinnst, verliere ich an Arbeitssubstanz. Die Benutzung meiner Arbeitskraft und die Beraubung derselben sind ganz verschiedene Dinge. Wenn die Durchschnittsperiode, die ein Durchschnittsarbeiter bei vernünftigem Arbeitsmaß leben kann, 30 Jahre beträgt, ist der Wert meiner Arbeitskraft, den du mir einen Tag in den anderen zahlst $\frac{1}{365 \times 30}$ oder $\frac{1}{10950}$ ihres Gesamtwertes. Konsumierst du sie aber in 10 Jahren, so zahlst du mir täglich $\frac{1}{10950}$ statt $\frac{1}{3650}$ ihres Gesamtwertes, also nur ein Drittel ihres Tageswertes und stiehlst mir daher täglich zwei Drittel des Wertes meiner Ware. Du zahlst mir eintägige Arbeitskraft, wo du dreitägige verbrauchst.

Ich verlange also einen Arbeitstag von normaler Länge, und ich verlange ihn ohne Appell an dein Herz, denn in Geldsachen hört die Gemütlichkeit auf. Du magst ein Musterbürger sein, vielleicht Mitglied des Vereins zur Abschaffung der Tierquälerei und obendrein im Geruch der Heiligkeit stehen, aber dem Ding, das du mir gegenüber repräsentierst, schlägt kein Herz in seiner Brust. Was darin zu pochen scheint, ist mein eigner Herzschlag. Ich verlange den Normalarbeitstag, weil ich den Wert meiner Ware verlange, wie jeder andere Verkäufer.

Aus: K. Marx, Das Kapital, Werke, Bd. 23, Berlin 1956 ff., S. 274 f.

1. Erläutern Sie das im Kommunistischen Manifest (M 4) entworfene Bild der modernen bürgerlichen Gesellschaft.
2. Welche Vorhaltungen macht der Arbeiter in seiner Rede dem Unternehmer? (M 5)
3. Was könnte der angesprochene Unternehmer aus seinem wirtschaftlichen und gesellschaftlichen Rollenverständnis dem Arbeiter antworten?
4. Diese fiktive Rede des Arbeiters wurde auch als Flugblatt verwendet. Beurteilen Sie seine Wirkung.
5. Ist die Botschaft des Flugblattes revolutionär?

MATERIAL

Wie Metallarbeiter um 1910 ihre Arbeit empfanden 6

Sozialdemokratisch organisierte Metallarbeiter wurden in einer Enquète in den Jahren 1907–11 gefragt: „Macht Ihnen Ihre Arbeit Vergnügen oder haben sie kein Interesse an derselben?“ – Einige Antworten (nach dem Semikolon immer die tägliche Arbeitszeit und der durchschnittliche Wochenverdienst):

Ein 20-jähriger Schlosser; 10 Std., 20 M.:
„Diese Frage unterliegt einer schwankenden Antwort. Vergnügen macht sie insofern, wenn sie fertig ist und auf mich einen wohlgefälligen Eindruck macht. Interesse habe ich daran keins, wenn ich an den Zweck und Nutzen dieses meines Produkts in seiner jetzt beginnenden Funktion denke.“

Ein 24-jähriger Schlosser; 9 Std., 35 M.:
„Diese Frage kann ich mit einem glatten Nein beantworten. Der privatkapitalistische Produktionsprozess hat mir das Interesse an der Arbeit gründlich ausgetrieben, da ich nur eine Bruchteil des mir von Rechts wegen zustehenden wirklichen Wertes meiner Arbeit in der Form von Lohn erhalte.“

Ein 25-jähriger Stanzer; 9 Std., 31 M.:
„Ich gleiche der Maschine, die durch Kraft angetrieben wird.“

Ein 26-jähriger Dreher; 9 1/2 Std., 43 M.:
„Interesse habe ich an der Arbeit wohl nur aus dem Bestreben, Geld zu verdienen.“

Ein 32-jähriger Werkzeugschlosser; 9 3/4 Std., 36 M.:
„Die Arbeit an sich macht mir sehr viel Freude. Ich glaube sogar, sie zur Erhaltung meines Gleichgewichts zu bedürfen. Es ist dies allerdings nicht der Fall, wenn ich anhaltende monotone Arbeit verrichten muss. Dann kann sich die Unlust bis zum Ekel steigern.“

Ein 36-jähriger Dreher; 10 Std., 32 M.:
„Ja, solange ich nicht daran denke, für wen ich arbeite und dass ich als Entgelt nur eine Entschädigung erhalte. Gern würde ich nur für die Allgemeinheit arbeiten.“

Ein 35-jähriger Eisendreher; 8 Std., 40 M.:
„Meine Arbeit bereitet mir kein Vergnügen, da mich stets der Gedanke dabei plagt, dass ich nur soweit besoldet werde, um meine körperliche Energie in Harmonie zu halten. Also bin ich ein Sklave. Folglich geht mir das Interesse an der Arbeit verloren.“

Ein 39-jähriger Dreher; 8 Std., 40 M.:
„Interesse habe ich an der Arbeit, aber Vergnügen macht sie schon lange nicht mehr, wenn man mit ansehen muss, wie schwache Kollegen von minderwertigen Meistern schikaniert werden.“

Ein 47-jähriger Metallarbeiter; 9 1/2 Std., 21 M.:
„O ja. Aber man müsste als Arbeiter nur bessere Behandlung haben, aber die meisten Chefs grüßen ihre Arbeiter morgens und mittags nicht, wenn sie in den Arbeitsraum treten.“

Aus: A. Levenstein, Die Arbeiterfrage mit besonderer Berücksichtigung der sozialpsychologischen Seite des modernen Großbetriebes und der psychophysischen Einwirkungen auf die Arbeiter, München 1912, S. 68–75.

Marx erblickt in der Arbeit einen Akt freier Selbstverwirklichung des Menschen; der Kapitalismus behindere jedoch die Selbstverwirklichung. Marx nennt diesen Vorgang „Entfremdung“, die sich als „Entfremdung des Arbeiters vom Produkt seiner Arbeit“, als „Entfremdung des Arbeiters von seiner Arbeit selbst“, als „Entfremdung des Menschen von sich in der Lohnarbeit“ und als „Entfremdung vom Mitmenschen“ äußere.

1. Konkretisieren Sie Marxens Lehre der Entfremdung an den Meinungsäußerungen der Industriearbeiter.

MATERIAL

7 Die kommunistische Zukunftsgesellschaft

Friedrich Engels (1847):

Der gemeinsame Betrieb der Produktion kann nicht durch Menschen geschehen wie die heutigen, deren jeder einem einzigen Produktionszweig untergeordnet, an ihn gekettet, von ihm ausgebeutet ist, deren jeder *eine* seiner Anlagen auf Kosten aller anderen entwickelt hat, nur *einen* Zweig oder nur den Zweig eines Zweiges der Gesamtproduktion kennt. [...]
Die kommunistisch organisierte Gesellschaft wird ihren Mitgliedern Gelegenheit geben, ihre allseitig entwickelten Anlagen allseitig zu betätigen.

Karl Marx (1875):

In einer höheren Phase der kommunistischen Gesellschaft, nachdem die knechtende Unterordnung der Individuen unter die Teilung der Arbeit, damit auch der Gegensatz geistiger und körperlicher Arbeit, verschwunden ist:
nachdem die Arbeit nicht nur Mittel zum Leben, sondern selbst das erste Lebensbedürfnis geworden;
nachdem mit der allseitigen Entwicklung der Individuen auch ihre Produktivkräfte gewachsen und alle Springquellen des genossenschaftlichen Reichtums voller fließen –
erst dann kann der enge bürgerliche Rechtshorizont ganz überschritten werden und die Gesellschaft auf ihre Fahne schreiben: Jeder nach seinen Fähigkeiten, jedem nach seinen Bedürfnissen!

Karikatur auf das Ende des „real existierenden" Sozialismus, 1990.

Aus: a) F. Engels, Grundsätze des Kommunismus: eine gemeinverständliche Darlegung, Berlin 1919, S. 20.
b) K. Marx, Kritik des Gothaer Programms, 1875, Werke Bd. 19, Berlin 1956 ff., S. 21.

1. Die Entfremdung des Arbeiters im Kapitalismus wird in der kommunistischen Zukunftsgesellschaft aufgehoben. Erläutern und beurteilen Sie diese Annahme mit Hilfe von Material 7.
2. „Jeder nach seinen Fähigkeiten, jedem nach seine Bedürfnissen." Setzen Sie sich mit dem in dieser Losung sich ausdrückenden Menschen- und Gesellschaftsbild auseinander.
3. Erörtern Sie, worin die historisch-politische Bedeutung der von Marx und Engels gefundenen Antworten auf die soziale Frage ihrer Zeit bestehen könnte.

5.3 Die Sozialdemokratie: revolutionär, nicht aber Revolution machend?

Mann der Arbeit, aufgewacht
Und erkenne deine Macht!
Alle Räder stehen still,
Wenn dein starker Arm es will.

Brecht das Doppeljoch entzwei!
Brecht die Not der Sklaverei!
Brecht die Sklaverei der Not!
Brot ist Freiheit, Freiheit Brot!

Georg Herwegh, 1863

Allgemeiner Deutscher Arbeiterverein

Mit diesen Versen endet das Bundeslied des 1863 von Ferdinand Lassalle gegründeten Allgemeinen Deutschen Arbeitervereins (ADAV). Lassalle (1825–1864), ein Anwalt bürgerlicher Herkunft, hatte sich als radikaler Demokrat während der Revolution von 1848/49 engagiert. Nach deren Scheitern setzte er, enttäuscht vom Kleinmut und Versagen des Bürgertums, seine politischen Hoffnungen auf die heranwachsende Arbeiterschaft. Mit den Arbeitern wollte er die Demokratie voranbringen, indem er ihnen die Überzeugung vermittelte, die soziale Frage könne nur in einem demokratischen Staat gelöst werden. Diese sozialdemokratische Grundüberzeugung drückt der letzte Vers des Herwegh'schen Arbeiterkampfliedes aus.

Zielsetzung des ADAV

Lassalle wollte die privatkapitalistisch bedingte Ausbeutung durch Gründung von Produktionsgenossenschaften, in denen die Arbeiter zugleich Unternehmer sind, überwinden. Bei deren Aufbau sollte der Staat helfen. Um den Staat zu gesellschaftspolitischen Reformen im Interesse der Arbeiter zu bewegen, musste das allgemeine und gleiche Wahlrecht durchgesetzt werden. Diesem Zweck sollte die Gründung des ADAV dienen. Lassalle erhoffte sich ein friedliches Hineinwachsen in gemeinwirtschaftliche Formen der Produktion und verwarf somit die marxistische Theorie von der Notwendigkeit des revolutionären Kampfes. Lassalles Verständnis von einem sozial tätigen Staat unterschied sich deutlich sowohl von der marxistischen als auch von der liberalen Staatsauffassung. Während für Marx der Staat ein Unterdrückungsinstrument der jeweils herrschenden Klasse war, erblickten die Liberalen den Zweck des Staates vor allem im Schutz von Leben, Freiheit und Eigentum seiner Bürger. Lassalle verspottete den liberalen Staat daher als „Nachtwächterstaat".

Liberale Arbeiterbewegung

Lassalle hatte seine Vorstellungen zur Lösung der sozialen Frage auf Bitten einiger Mitglieder des Leipziger Arbeiterbildungsvereins entwickelt. Diese strebten die Gründung einer eigenständigen Arbeiterorganisation an, denn die nach 1848 entstandenen Arbeiterbildungsvereine waren im Wesentlichen eine liberale Initiative und sollten die Integration der Arbeiter in die vom Bürgertum getragene liberale Bewegung fördern. Diesem Ziel diente auch der als Antwort auf die Gründung des ADAV 1863 erfolgte Zusammenschluss der Bildungsvereine zum „Verband deutscher Arbeitervereine". Der Verband bekräftigte seinen Standort im liberalen Lager und verwarf ausdrücklich den Gedanken an eine Arbeiterpartei. Die Ablehnung des allgemeinen und gleichen Wahlrechts durch viele Liberale und soziale Interessengegensätze, die sich etwa in der Frage um die Lohnhöhe entluden, zeigten jedoch bald, dass das angestrebte Bündnis von Bürgertum und Arbeiterschaft wenig tragfähig war.

Links: Der Sozialist, Gemälde von Robert Koehler, 1885. Koehler, 1850 in Hamburg geboren, war als Kind mit seinen Eltern nach Amerika ausgewandert. Die Familie ließ sich in der Industriestadt Milwaukee nieder, wo bereits viele deutsche Auswanderer lebten (vgl. Hermann Enters, S. 47). Dieses Gemälde wurde 1885 in New York mit dem Untertitel „A German Socialist propounding his bloodthirsty ideas" ausgestellt. Die sozialistische Bewegung in den USA wurde stark von deutschen Emigranten bestimmt; prominente deutsche Sozialdemokraten sprachen in New York, Chicago und anderen Industriestädten auf Massenkundgebungen.

Rechts: Ferdinand Lassalle, der Begründer der deutschen Sozialdemokratie, als Kämpfer gegen die Macht des Kapitals. Das Plakat aus dem Ende des 19. Jahrhunderts verwendet Motive aus der biblischen Geschichte von der Zerstörung des goldenen Kalbs durch Moses.

Sozialdemokratische Arbeiterpartei

Unter diesen Eindrücken und beeinflusst von Wilhelm Liebknecht (1826–1900), einem Freund von Marx, näherte sich der Arbeitervereinspräsident August Bebel (1840–1913) sozialistischen Ideen und nutzte schließlich 1869 seinen Verband als Plattform zur Gründung einer Arbeiterpartei, der Sozialdemokratischen Arbeiterpartei Deutschlands (SDAP). Nach ihrem Gründungsort Eisenach wurden ihre Anhänger häufig als „Eisenacher" bezeichnet. Obwohl stärker an Marx orientiert, war die SDAP wie der ADAV gegen einen gewaltsamen revolutionären Umsturz. Wie die Lassalleaner waren die Eisenacher davon überzeugt, dass die soziale Frage nur in einem demokratischen Staat gelöst werden könne. Deshalb rückten auch sie die Wahlrechtsfrage in den Vordergrund ihres politischen Kampfes. Im Gegensatz zum ADAV war die SDAP jedoch antipreußisch und großdeutsch eingestellt und befürwortete zur Durchsetzung demokratischer Reformen die Zusammenarbeit mit den Liberalen.

Vereinigung der Arbeiterparteien

Im Jahr 1875 vereinigten sich ADAV und SDAP in Gotha zur Sozialistischen Arbeiterpartei Deutschlands; ihre Gegensätze hatten sich seit der Reichsgründung 1871 weitgehend erledigt: Die nationale Frage war entschieden, eine sozial-liberale Partnerschaft war politisch chancenlos, nachdem die Nationalliberale Partei (und damit der Großteil der Liberalen) zu Bismarcks wichtigstem Verbündeten geworden war. Zudem schlug die Regierung, die die Verbreitung sozialistischer Ideen für gefährlich hielt, gegenüber der Arbeiterbewegung eine härtere Gangart ein, die 1878 sogar zum „Gesetz gegen die gemeingefährlichen Bestrebungen der Sozialdemokratie" (Sozialistengesetz, s. S. 128 ff.) und damit zu deren Verfolgung führte.

SPD – Erfurter Programm

Nachdem das Sozialistengesetz 1890 nicht mehr verlängert wurde, reorganisierte sich auch die politische Arbeiterbewegung. Seit dem Erfurter Parteitag von 1891 nannte sie sich Sozialdemokratische Partei Deutschlands (SPD). Zugleich beschloss sie ein neues, jetzt radikaleres Programm. In seinem von Karl Kautsky verfassten theoretischen Teil öffnete es sich der revolutionären Sprache von Karl Marx. Für die politische Arbeit der SPD wurde jedoch der von Eduard Bernstein formulierte praktische Teil des Programms maßgeblich. Er setzte auf eine Politik der Reformen.

Bald verlangte Bernstein, die praktische Reformpolitik auch theoretisch zu fundieren und das Erfurter Programm entsprechend zu revidieren. Er rührte damit an das ideologische Selbstverständnis der SPD und löste innerparteilich den Revisionismusstreit aus. Obwohl seine Forderungen schließlich von der Partei offiziell verworfen wurden, setzte die SPD in der politischen Praxis ihre Reformarbeit fort. Sie provozierte damit jedoch den Widerspruch ihres linken Flügels, der unter Berufung auf die revolutionäre Programmatik eine Politik der Verschärfung der Klassengegensätze forderte, um den Zusammenbruch des Kapitalismus zu beschleunigen.

„Halb sechs – sie muss kommen, die Weltrevolution." Karikatur aus dem Simplicissimus, 1919.

1. **Erläutern Sie die Karikatur aus dem Simplicissimus (Vorstellung von und Einstellung zur Revolution).**
2. **Kommentieren Sie diese Karikatur aus der Sicht der sozialdemokratischen Parteitheoretiker Karl Kautsky, Eduard Bernstein und Rosa Luxemburg (M 8–10).**

MATERIAL 8

Karl Kautsky, Zur Frage der Revolution, 1893

Die Sozialdemokratie ist eine revolutionäre, nicht aber Revolution machende Partei. Wir wissen, dass unsere Ziele nur durch eine Revolution erreicht werden können, wir wissen aber auch, dass es ebenso wenig in unserer Macht steht, eine Revolution zu machen, als in der unserer Gegner, sie zu verhindern. Es fällt uns daher auch gar nicht ein, eine Revolution anstiften oder verbreiten zu wollen.

[...] Wir wissen, dass der Klassenkampf zwischen Bourgeoisie und Proletariat nicht enden wird, ehe nicht das Letztere in den vollen Besitz der

politischen Macht gelangt ist, die es dazu benützen wird, die sozialistische Gesellschaft einzuführen. Wir wissen, dass dieser Klassenkampf immer ausgedehnter und intensiver werden muss; dass das Proletariat an Zahl und moralischer und ökonomischer Kraft immer mehr wächst, dass daher sein Sieg und die Niederlage des Kapitalismus unausbleiblich ist. [...]
Die Demokratie kann die Klassengegensätze der kapitalistischen Gesellschaft nicht beseitigen und deren notwendiges Endergebnis, den Umsturz der Gesellschaft, nicht aufhalten. Aber eins kann sie: Sie kann nicht die Revolution, aber sie kann manchen verfrühten, aussichtslosen Revolutionsversuch verhüten und manche revolutionäre Erhebung überflüssig machen. Sie verschafft Klarheit über die Kräfteverhältnisse der verschiedenen Parteien und Klassen; sie beseitigt nicht deren Grundsätze und verschiebt nicht deren Endziele, aber sie wirkt dahin, die aufstrebenden Klassen zu hindern, dass sie sich jeweils an die Lösung von Aufgaben machen, denen sie noch nicht gewachsen sind; und sie wirkt auch dahin, die herrschenden Klassen davon abzuhalten, Konzessionen zu verweigern, zu deren Verweigerung sie nicht mehr die Kraft haben. Die Richtung der Entwicklung wird dadurch nicht geändert, aber ihr Gang wird stetiger, ruhiger. [...]

Aus: K. Kautsky, Der Weg zur Macht, 1910, Nachdruck: Frankfurt 1972, S. 15 ff.

MATERIAL

9 Eduard Bernstein, Zuschrift an den Parteitag der SPD (1898)

Ich bin der Anschauung entgegengetreten, dass wir vor einem in Bälde zu erwartenden Zusammenbruch der bürgerlichen Gesellschaft stehen und dass die Sozialdemokratie ihre Taktik durch die Aussicht auf eine solche bevorstehende große soziale Katastrophe bestimmen, beziehungsweise sie von ihr abhängig machen soll. [...]

Die Zuspitzung der gesellschaftlichen Verhältnisse hat sich nicht in der Weise vollzogen, wie sie das (kommunistische) „Manifest" schildert. [...] Die Zahl der Besitzenden ist nicht kleiner, sondern größer geworden. [...] Die Mittelschichten ändern ihren Charakter, aber sie verschwinden nicht aus der gesellschaftlichen Stufenleiter. [...] Politisch sehen wir das Privilegium der kapitalistischen Bourgeoisie in allen fortgeschrittenen Ländern Schritt für Schritt demokratischen Einrichtungen weichen. Unter dem Einfluss dieser und getrieben von der sich immer kräftiger regenden Arbeiterbewegung hat eine gesellschaftliche Gegenaktion gegen die ausbeuterischen Tendenzen das Kapitals eingesetzt. Fabrikgesetzgebung, [...] die Befreiung des Gewerkschafts- und Genossenschaftswesens von allen gesetzlichen Hemmungen [...] kennzeichnen diese Stufe der Entwicklung.
Je mehr aber die politischen Einrichtungen der modernen Nationen demokratisiert werden, umso mehr verringern sich die Notwendigkeiten und Gelegenheiten großer politischer Katastrophen. [...] Kein Mensch hat die Notwendigkeit der Erkämpfung der Demokratie für die Arbeiterklasse infrage gestellt. Worüber gestritten wurde, ist die Zusammenbruchstheorie und die Frage, ob bei der gegebenen wirtschaftlichen Entwicklung Deutschlands und dem Reifegrad seiner Arbeiterklasse in Stadt und Land der Sozialdemokratie an einer plötzlichen Katastrophe gelegen sein kann. Ich habe die Frage verneint und verneine sie noch, weil meines Erachtens im stetigen Vormarsch eine größere Gewähr für dauernden Erfolg liegt, als in den Möglichkeiten, die eine Katastrophe bietet.
[...] Darum lege ich auf die nächsten Aufgaben der Sozialdemokratie, auf den Kampf um das politische Recht der Arbeiter, auf die politische Betätigung der Arbeiter in Stadt und Gemeinde für die Interessen ihrer Klasse sowie auf das Werk der wirtschaftlichen Organisationen der Arbeiter den allergrößten Wert. In diesem Sinne habe ich [...] den Satz niedergeschrieben, dass mir die Bewegung alles, das, was man gemeinhin Endziel des Sozialismus nennt, nichts sei.

Aus: E. Bernstein, Die Voraussetzungen des Sozialismus und die Aufgaben der Sozialdemokraten, Stuttgart 1899, S. V ff.

MATERIAL
Rosa Luxemburg, Sozialreform oder Revolution? 10

Für die Sozialdemokratie bildet der alltägliche praktische Kampf um soziale Reformen [...] den einzigen Weg, den proletarischen Klassenkampf zu leiten und auf das Endziel, auf die Ergreifung der politischen Macht und die Aufhebung des Lohnsystems hinzuarbeiten.

Für die Sozialdemokratie besteht zwischen der Sozialreform und der sozialen Revolution ein unzertrennlicher Zusammenhang, indem ihr der Kampf um die Sozialreform das Mittel, die soziale Umwälzung aber der Zweck ist.

Eine Entgegenstellung dieser beiden Momente der Arbeiterbewegung finden wir erst in der Theorie von Ed. Bernstein. [...] Da aber das sozialistische Endziel das einzige entscheidende Moment ist, das die sozialdemokratische Bewegung von der bürgerlichen Demokratie und dem bürgerlichen Radikalismus unterscheidet, das die ganze Arbeiterbewegung aus einer müßigen Flickarbeit zur Rettung der kapitalistischen in einen Klassenkampf gegen diese Ordnung verwandelt, so ist die Frage „Sozialreform oder Revolution?" im Bernstein'schen Sinne zugleich die Frage: Sein oder Nichtsein?

Aus: R. Luxemburg, Schriften zur Theorie der Spontanität, hrsg. v. S. Hillmann, Reinbek 1970, S. 7.

MATERIAL
Selbstverständnis sozialdemokratischer Industriearbeiter 1910 11

Mehr als tausend sozialdemokratisch organisierte Textilarbeiter wurden in einer Enquète 1910 gefragt: *Welche Hoffnungen und Wünsche haben Sie?*

Textilarbeiter	*Berlin*	*Forst/ Lausitz*	*Summe*
keine	19	7	26
auf den Sieg der Sozialdemokratie	162	356	518
mehr zu verdienen	180	291	471
auf den Sieg des Guten	2	39	41

Aus: A. Levenstein, Die Arbeiterfrage, München 1912, S. 232, 292 ff.

Sozialdemokratische Arbeiter, nach ihrer politischen Haltung befragt:

Metallarbeiter, 29 Jahre:
„Wer vom Sozialismus so durchdrungen ist [...], der glaubt an eine Befreiung wie an ein neues Evangelium."

Metallarbeiter, 39 Jahre:
„Die politische und gewerkschaftliche Bewegung hat erst meinem Wesen Ziel gegeben, meinem Leben Inhalt."

Bergarbeiter, 33 Jahre, 8 Kinder:
„Ich glaube an die soziale Revolution auf evolutionistischen Weg. [...] Die moderne Arbeiterbewegung beglückt mich und alle meine Freunde durch den wachsenden Strahl der Erkenntnis. Wir begreifen, dass wir nicht mehr Amboss, sondern Hammer sind, die unserer Kinder Zukunft schmieden, und dieses Gefühl wiegt Gold nicht auf."

1. Erläutern Sie Kautskys, Bernsteins und Luxemburgs Auffassungen zum Verhältnis von Revolution und Reform.
2. Wer von den drei Theoretikern treibt den Revisionismus am weitesten? Beziehen Sie in Ihre Erörterung auch die Anfänge der Arbeiterbewegung in Deutschland ein Informationstext).
3. Erörtern Sie auf der Basis der Enquète (M 11), ob die SPD gut beraten war, Bernsteins Revisionismus offiziell zu verurteilen?

5.4 Staat und Kirchen – wie beantworten sie die soziale Frage?

Kirchliche Ansätze

Das Erstarken der Arbeiterbewegung machte deutlich, dass sich die soziale Frage auf Dauer zu einer Krise der gesamten Gesellschaft ausweiten würde, wenn es nicht gelänge, die mit ihr verbundenen Probleme zu lösen. Der Mainzer Bischof Freiherr von Ketteler (1811 – 1877) hatte als einer der ersten katholischen Kirchenführer ihren Ernst und ihre Bedeutung erkannt. Er berief sich in seiner Kritik an den sozialen Missständen auf die naturrechtlichen Lehren des Thomas von Aquin. Danach hat der Mensch bestimmte unveräußerliche, in der Natur und im Sittengesetz begründete Rechte, denen die staatliche und gesellschaftliche Ordnung nicht entgegenstehen darf.

Katholische Soziallehre

Diese Gedanken hat später Papst Leo XIII. (1878–1903) in seiner Sozialenzyklika „Rerum Novarum" (1891) aufgegriffen, sie vertieft und systematisiert. 40 Jahre nach Marx äußerte sich der Papst in diesem Rundschreiben grundsätzlich zum Verhältnis von Mensch und Wirtschaft, von Kapital und Arbeit sowie zur Rolle des Staates. Der Papst ging in seinem Rundschreiben vom Ideal gesellschaftlicher Harmonie aus. Er verwarf die zum Klassenkampf führenden Systeme von Sozialismus und Wirtschaftsliberalismus, bekräftigte das Recht auf Eigentum in sozialer Verantwortung und forderte die gerechte Entlohnung der Arbeit. Leo XIII. ermahnte die Arbeiter zu pflichtbewusster Arbeitserfüllung und warnte sie vor falschen Propheten. Gleichzeitig verurteilte er die unternehmerische Ausbeutung und forderte dazu auf, die menschliche Würde auch am Arbeitsplatz zu respektieren. Auch den Staat nahm er in die Pflicht. Er müsse gegen die offensichtlichen Benachteiligungen der Arbeiter einschreiten. Staatliche Sozialpolitik solle sich vom Subsidiaritätsprinzip, dem Gedanken der Hilfe zur Selbsthilfe, leiten lassen. Der Papst regte die Gründung und Förderung von Arbeitervereinigungen zum Zwecke gegenseitiger Unterstützung der Arbeiter und ihrer Familien bei Krankheit, Unfall und Tod an. Damit die Arbeiter ihre Interessen gegenüber den Arbeitgebern wirksamer vertreten könnten, sollten Arbeiterausschüsse gebildet werden.

Subsidiaritätsprinzip

Der Papst hatte mit diesem Rundschreiben die Grundzüge einer katholischen Soziallehre umrissen und den Rahmen für die Tätigkeit katholischer Politiker z. B. in der Zentrumspartei abgesteckt. Dem deutschen Katholizismus, der in Arbeitervereinen und in den Christlichen Gewerkschaften die katholischen Arbeiter organisatorisch zusammenfasste, gelang es nicht zuletzt auch aufgrund des sozialpolitischen Engagements katholischer Kirchenführer weit besser als der evangelischen Kirche, eine Abwendung der Arbeiterschaft von der Kirche zu verhindern.

Evangelische Antworten

In der evangelischen Kirche entstanden ab 1882 von Pfarrern geleitete „Evangelische Arbeitervereine" mit dem Ziel, ein „freundschaftliches Verhältnis" zwischen Arbeitgebern und Arbeitnehmern zu pflegen und sozialdemokratische Einflüsse abzuwehren. Im Gegensatz zur katholischen Kirche lehnte die evangelische Kirchenbehörde jedoch eigene sozialpolitische Aktivitäten ab und konzentrierte sich stattdessen auf karikativ-seelsorgerische Tätigkeiten in der Inneren Mission. Sie tadelte das offene Eintreten einiger Theologen um Friedrich Naumann für die Interessen der Arbeiter als „unbesonnene Parteinahme für die Forderungen einer einzelnen Berufsklasse" und erklärte, die

Kirche dürfe sich keine Schiedsrichterrolle in weltlichen Angelegenheiten anmaßen.

Reichskanzler Otto von Bismarck war schon bald nach der Reichsgründung 1871 für staatliche Maßnahmen gegen die soziale Not eingetreten. Damit stellte er sich gegen liberale Zeitströmungen. Liberale Unternehmer wie Werner von Siemens (1816–1892) versuchten daher durch Schaffung betrieblicher Sozialeinrichtungen eine ihrer Ansicht nach gefährliche staatliche Sozialpolitik zu unterlaufen.

Deutsche Metall-Arbeiter-Zeitung
Organ für die Interessen der Metallarbeiter.
Nürnberg, 22. September 1888. 6. Jahr

Gewerkschaftszeitungen entstehen.

Gesetzliche Sozialversicherung

So bedeutsam die betriebliche Sozialpolitik im Einzelfall auch gewesen sein mochte, auf Dauer war der Staat nach Bismarcks Auffassung gezwungen einzugreifen, nicht zuletzt als Reaktion auf die politische Herausforderung der Arbeiterbewegung. Bismarck ließ gesetzliche Sozialversicherungen für Arbeiter – 1883 die Krankenversicherung, 1884 die Unfallversicherung, 1889 die Alters- und Invalidenversicherung – einführen. Er wollte „in der großen Masse der Besitzlosen die konservative Gesinnung erzeugen, welche das Gefühl der Pensionsberechtigung mitbringt". Bismarck erwartete als Gegenleistung dafür die Dankbarkeit der Arbeiter gegenüber der politischen Führung und dem monarchischen Staat. Dieses Kalkül erwies sich jedoch als falsch: Der in die Versicherung einbezogene Personenkreis – 1885 erst zehn Prozent der Bevölkerung – war zunächst zu begrenzt; die Lasten für die Versicherung – ihr Eigenanteil betrug zwei Drittel des Beitrags – waren zu hoch; die Leistungen – 1890 betrug die durchschnittliche Jahresrente in der Invaliditäts-, Alters- und Hinterbliebenenversicherung 155 Mark – zu niedrig. Die Bedeutung von Bismarcks Sozialpolitik liegt in ihrer Wirkung „über den Tag hinaus". Mit ihr hatte sich der Gedanke einer gesetzlich verordneten Absicherung gegenüber privaten (wie sie am ehesten in den USA zu finden waren) oder betrieblichen Formen der sozialen Sicherung durchgesetzt. Vor allem aber erhielten die Menschen jetzt einen Rechtsanspruch auf Versicherungsleistungen, während bisher praktizierte Maßnahmen der Sozialfürsorge eher als Almosen empfunden wurden und für viele entwürdigend waren.

Gewerkschaften

In der zweiten Hälfte der sechziger Jahre des 19. Jahrhunderts schufen auch die Arbeiter Strukturen, die ihre Interessen gegenüber den Arbeitnehmern vertraten: die Gewerkschaften. Diese waren unterschiedlich ausgerichtet, es gab die sozialistischen „Freien Gewerkschaften", die liberalen (und unternehmerfreundlicheren) „Hirsch-Duncker'schen Gewerkvereine" sowie die „Christlichen Gewerkschaften". Die freien Gewerkschaften, die eng mit der SPD verbunden waren, hatten von 1878 bis 1890 unter dem Verbot durch das Bismarck'sche Sozialistengesetz (→ S. 128) zu leiden, entwickelten sich dann aber zur wichtigsten gewerkschaftlichen Massenbewegung. Sie umfasste 1913 über 2,5 Millionen Mitglieder. Obwohl die freien Gewerkschaften bis 1916 gesetzlich und häufig auch de facto nicht anerkannt waren, erreichten sie in vielen Industriezweigen bereits tarifvertragliche Regelungen. Außerdem unterstützten sie den Reformkurs in der SPD und schwächten dadurch den revolutionären Flügel.

MATERIAL

12 Werner Siemens in einem Schreiben an Siemens-Brothers (London) am 1.12.1872 über seine sozialpolitischen Vorstellungen

Werner Siemens (1816–1892) war liberaler Abgeordneter im Preußischen Abgeordnetenhaus und Gründer des Siemens-Konzerns.

Unsere Absicht war, durch die Stiftung einer Pensionskasse in der sozialen Frage einen entscheidenden Schritt vorwärts zu kommen und sie dadurch für uns ungefährlich zu machen.

Für durchaus berechtigt halten wir die den Arbeitern zu gebende Sicherheit einer sorgenfreien Existenz im Alter und der Existenz ihrer Familie bei ihrem frühzeitigen Tode. Es wird in immer weiteren Kreisen als eine Pflicht der Arbeitgeber aufgefasst, in diesem Sinne für ihre Arbeiter, deren Kräfte sie ausnützten, Sorge zu tragen, und wahrscheinlich wird hier die Gesetzgebung diese Verpflichtung den Unternehmern allgemein gültig auferlegen, wie sie es speziell für den Tod oder Arbeitsunfähigkeit infolge von Unglücksfällen höchstwahrscheinlich schon in der nächsten Reichstagssitzung tun wird.

In Erwartung dieser Gesetzgebung werden jetzt schon vorbereitende Schritte überall getan. Es bilden sich große Versicherungsanstalten, in welche die Fabriken ihre Arbeiter durch jährliche Beiträge, ungefähr in der Höhe, wie wir sie festsetzen, einzukaufen haben, und die ihnen dann im Unterstützungsfalle Pensionen auszuzahlen haben. Da sich bald kein Fabrikant in Deutschland dem Anschluss an diese Kassen wird entziehen können, selbst wenn es ihm gesetzlich gestattet bleibt, so werden die Arbeiter dies als eine Wohltat des Staates und als einen Erfolg ihrer Agitation ansehen, die Kassen werden daher nicht ein neues Band zwischen Arbeitgeber und Arbeitnehmer bilden, un die Arbeiter werden wie bisher von einer Fabrik zur anderen ziehen.

Es ist aber von höchster Wichtigkeit, einen festen Arbeiterstamm zu schaffen, und zwar umso mehr, je weiter die Arbeitsteilung und die Maschinenarbeit entwickelt wird. Dies soll nun wesentlich durch unsere Pensionskasse bewirkt werden. Es ist zu dem Zwecke aber notwendig, dass die Arbeiter volles Vertrauen zur Kasse und deren Verwaltung haben. Um dies zu erzeugen, haben wir das Kapital der Kasse geschenkt und uns zu bestimmten Beiträgen für die konstanten Arbeiter verpflichtet und bestimmt, dass die Verwaltung mit einer gewählten Kommission geführt werden soll.

Die Arbeiter rechnen sich infolgedessen schon jetzt aus, dass für jeden zirka 100 Taler Kapital vorhanden sind, die derjenige aufgibt, welcher fortgeht. Steht bei ihnen erst die Überzeugung unwandelbar fest, dass denen, die bei uns bleiben, die Sorge für ihr Alter und ihre Familie genommen ist, so werden sie dadurch fest an das Geschäft geknüpft, sie werden den Umsturztheorien der Sozialisten abhold, werden sich Streiks widersetzen und haben eigenes Interesse am Gedeihen des Geschäfts. Namentlich die Frauen werden in diesem Sinne auf sie einwirken.

Kommt dann später die gesetzliche Pensionierungsverpflichtung, so kann der Beitritt zur allgemeinen Institution nicht erzwungen werden, wenn die bestehende Spezialkasse den Arbeitern bessere Bedingungen als jene gewährt und sie volles Vertrauen zu ihr haben.

Aus: W. v. Siemens, Briefe, hrsg. von F. Heintzenberg, Stuttgart 1954, S. 248 ff.

1. Aus welchen Überlegungen befürwortet Siemens soziale Einrichtungen in seinen Betrieben?
2. Welches Rollen- und Selbstverständnis des Unternehmers spricht aus seinem Brief? Vergleichen Sie dieses mit dem Unternehmerbild von Marx.

MATERIAL
Bismarck im November 1871 zur sozialen Frage 13

Die Frage von Arbeitszeit und Lohnhöhe ist durch staatliche Einwirkung außerordentlich schwierig zu lösen; durch irgendeine Gesetzgebung, die man macht, läuft man Gefahr, in die persönliche Freiheit, seine Dienste zu verwerten, sehr erheblich und unnütz einzugreifen. Denn wenn man die Milch gebende Kuh oder die Eier legende Henne mit einem Mal schlachtet, so geht damit die Industrie ein, um die es sich handelt, weil sie die ihr aufzulegende Last der kurzen Arbeit für hohe Löhne nicht tragen kann. Dann leidet darunter der Arbeiter genauso wie der Unternehmer. Das ist also die Grenze, die geboten ist, und vor der jede gesetzliche Einwirkung Halt machen muss. Ich habe darüber auch nur sporadisch lokale Klagen gehört.

Der eigentliche Beschwerdepunkt des Arbeiters ist die Unsicherheit seiner Existenz. Er ist nicht sicher, dass er immer Arbeit haben wird, er ist nicht sicher, dass er immer gesund ist, und er sieht voraus, dass er einmal alt und arbeitsunfähig sein wird. Verfällt er aber der Armut auch nur durch eine längere Krankheit, so ist er darin nach seinen eigenen Kräften vollständig hilflos, und die Gesellschaft erkennt ihm gegenüber bisher eine eigentliche Verpflichtung außer der ordinären Armenpflege nicht an, auch wenn er noch so treu und fleißig die Zeit vorher gearbeitet hat. Die ordinäre Armenpflege lässt aber viel zu wünschen übrig. [...]

Für den Arbeiter ist da immer eine Tatsache, dass der Armut und der Armenpflege in einer großen Stadt zu verfallen gleichbedeutend ist mit Elend, und diese Unsicherheit macht ihn feindlich und misstrauisch gegen die Gesellschaft. Das ist menschlich nicht unnatürlich, und solange der Staat ihm da nicht entgegenkommt oder solange er zu dem Entgegenkommen des Staates kein Vertrauen hat, da wird er, wo er es finden mag, immer wieder zu dem sozialistischen Wunderdoktor laufen und ohne großes Nachdenken sich von ihm Dinge versprechen lassen, die nicht gehalten werden.

Deshalb glaube ich, dass die Unfallversicherung, mit der wir vorgehen, doch mildernd auf die Besorgnis und auf die Verstimmung der arbeitenden Klassen wirken wird. Ganz heilbar ist die Krankheit freilich nicht, aber durch die Unterdrückung äußerer Symptome derselben, durch Zwangsgesetze halten wir sie nur auf und treiben sie nach innen.

Wenn man mir dagegen sagt, das ist Sozialismus, so scheue ich das gar nicht. Es fragt sich nur, wo liegt die erlaubte Grenze des Staatssozialismus? Ohne eine solchen können wir überhaupt nicht wirtschaften. Jedes Armenpflegegesetz ist Sozialismus. [...]

Wer den Staatssozialismus als solchen vollständig verwirft, [...] der muss überhaupt dem Staate das Recht absprechen, da, wo sich Gesetz und Recht zu einer Kette und zu einem Zwang, der unsere freie Atmung hindert, verbinden, mit dem Messer des Operateurs einzuschneiden und neue und gesunde Zustände herzustellen. Ich tue aus eigenem Antriebe meine Pflicht und werde dafür kämpfen, solange ich hier das Wort nehmen kann.

Aus: O. v. Bismarck, Gesammelte Werke, Friedrichsruher Ausgabe, Berlin 1925–1934, Baden Reden, S. 319.

1. Wie begründet Bismarck den „Staatssozialismus"? Welche Maßnahmen ergreift er? Wo sieht er Grenzen?
2. Erklären Sie, warum Sozialgesetzgebung und Sozialistengesetz im Verständnis Bismarcks keine Widersprüche sind.
3. Gegen welche parteipolitische Kritik verteidigt Bismarck die staatliche Sozialpolitik?

MATERIAL

14 Kapitalistische Wohltaten, Karikatur aus dem Jahr 1905

Der Kapitalist: „So, der läuft mir nicht mehr davon!"

Werbeplakat der Regierung zur staatlichen Sozialversicherung

MATERIAL

15 Der Historiker Hans Ulrich Wehler zu Bismarcks Sozialpolitik

Von vorneherein wurde diese Sozialpolitik nicht als Sozialreform im Sinne des Arbeiterschutzes und einer Humanisierung der industriellen Arbeitswelt, geschweige denn als Umbau der Gesellschaftsordnung begriffen. Der Reichskanzler lehnte bekanntlich den Ausbau der erst 1871 eingeführten Fabrikinspektion, die Verkürzung der Arbeitszeit, die Einschränkung der Frauen- und Kinderarbeit, die Einführung von garantierten Mindestlöhnen usw. bis 1890 rigoros ab. […] Vielmehr teilte Bismarck den Standpunkt zahlreicher Unternehmer, dass die Industrie zwecks Erhaltung ihrer internationalen Konkurrenzfähigkeit nicht ernsthaft belastet werden dürfe. Nicht nur wurde die betriebliche Sozialpolitik förmlich auf Eis gelegt, sondern die Förderung der augenblicklichen Unternehmerinteressen galt ihm […] geradezu „als Quintessenz der Sozialpolitik". Ganz offen wurde die Versicherungsgesetzgebung der 80er Jahre von Anfang an „als das notwendige Korrelat" […] zum repressiven Sozialistengesetz konzipiert. […] Bismarck wollte physische Bedürfnisse befriedigen, um die Geister einzuschläfern und den Willen zu brechen".

Aus: H. U. Wehler, Das Deutsche Kaiserreich 1871–1918, Göttingen 1973, S. 136–138.

1. Erläutern Sie die Karikatur und erörtern Sie die Berechtigung der Aussage.
2. Vergleichen Sie Wehlers Einschätzung der Bismarck'schen Sozialgesetzgebung mit Bismarcks Stellungnahme. Wird Wehlers Urteil Bismarcks Sozialgesetzgebung voll gerecht?

5.5 Die soziale Frage in den USA und England – Lösungsversuche ohne den Staat?

Amerikanischer Liberalismus

Weit verbreitet in den USA war und ist die Auffassung vom Recht des Einzelnen, sein Glück selbst zu suchen und ohne staatliche Bevormundung sein Leben zu gestalten. Soziale Missstände wurden daher als individuelles Versagen der Betroffenen betrachtet und nicht dem Staat und der Gesellschaft angelastet. Dies galt auch für die Arbeiterschaft. Die liberale Wirtschafts- und Sozialauffassung reduzierte den Staat im Prinzip auf die Rolle des „Nachtwächters", der nur für Sicherheit und Ordnung seiner Bürger zu sorgen, sich aber ansonsten jeglicher wirtschaftlicher und sozialpolitischer Eingriffe zu enthalten habe.

Unternehmenskonzentration

Die zunehmende Oligopolisierung oder gar Monopolisierung von Unternehmen gegen Ende des 19. Jahrhunderts als Folge des uneingeschränkten Laissez-Faire-Kapitalismus zwang jedoch die Arbeiterschaft zum Handeln. So schlossen sich 1886 einige Einzelgewerkschaften zur American Federation of Labour (AFL) zusammen, die sich zu einer dauerhaften Organisation entwickelte. Anfangs gehörten ihr ausschließlich weiße Facharbeiter an und sie verfolgte nur gewerkschaftliche Ziele, wie z. B. die Reduzierung der Arbeitszeit oder die Anhebung von Löhnen. Rein politische Zielsetzungen, wie z. B. die sozialistische Verstaatlichung von Produktions- und Transportmitteln, fanden nie eine Mehrheit. Nach der Jahrhundertwende gewann die AFL allmählich an Stärke, ihre Mitgliederzahl stieg auf eine Million. Die Arbeitskämpfe verliefen oft blutig, da eine gesetzliche Anerkennung des Koalitions- und Streikrechts noch fehlte und Streiks häufig durch Gerichtsbeschlüsse unterbunden wurden.

Gewerkschaften

Progressive Movement

Da sich zur gleichen Zeit die meisten Reichtümer des Landes in den Händen weniger Konzerne befanden, regte sich auch bei dem „Progressive Movement", das vom kleinen und mittleren Bürgertum getragen wurde, Widerstand gegen die Konzentration in der Wirtschaft. Die Farmer im Süden und Westen, die kleinen und mittleren Unternehmen, die Kleinbürger in ganz Amerika, die sich in ihrer wirtschaftlichen und sozialen Existenz von der ökonomischen Konzentration unmittelbar bedroht fühlten, wurden zum Träger einer Oppositionsbewegung, die ihren Zielen nach antimonopolistisch, nicht aber antikapitalistisch war. Ein weitere Forderung des Progressive Movement war, durch Sozialreformen den Lebensstandard der Bevölkerungsmehrheit zu heben. In einigen Einzelstaaten zeigten sich in der Folge Anfänge einer Sozialgesetzgebung. Doch um 1910 war die 60-Stunden-Woche noch die Regel und Kinderarbeit immer noch üblich. Gesetzliche Vorschriften zum Unfallschutz am Arbeitsplatz gab es noch nicht.

Anti-Trust-Gesetz

In Ansätzen regte sich auch in den Parteien eine Reformbewegung. Ihr erster bescheidener Erfolg war der Sherman Act, ein Gesetz, das die Bundesregierung ermächtigte, gegen Trusts und Monopole vorzugehen. Aber der Antitrust-Gesetzgebung blieb ein größerer Erfolg versagt, zumal niemand die liberale Wirtschafts- und Sozialordnung infrage stellen wollte.

In Großbritannien herrschte im 19. Jahrhundert eine vergleichbare Situation. Von der großen Mehrheit wurde weder das politische noch das wirtschaftliche System grund-

Betriebliche Sozialreformen

sätzlich infrage gestellt. Es blieb der Einzelinitiative von Unternehmern überlassen, soziale Reformen einzuführen. So ließ der Textilfabrikant Robert Owen schon im ersten Drittel des 19. Jahrhunderts eine Mustersiedlung für seine Arbeiter und deren Familien errichten. Er begrenzte den Arbeitstag auf 10 Stunden und verbot die Arbeit von Kindern unter 10 Jahren. Der Kindererziehung maß Owen besondere Bedeutung bei; in dieser Hinsicht wirkte seine Arbeitersiedlung mit den darin eingerichteten Schulen vorbildhaft. Er wirkte auch bei ersten Ansätzen zu Arbeitsschutzgesetzen mit.

Darüber hinaus errichtete Robert Owen Läden, in denen die Waren fast zum Selbstkostenpreis verkauft wurden. Damit beeinflusste er die späteren Konsumvereine. Owen gelang es, mit seinen Einrichtungen die wirtschaftliche und soziale Lage der Arbeiter zu verbessern, gleichzeitig aber auch die Produktivität in den Fabriken zu steigern. Owens Einsatz für seine Arbeiter darf jedoch nicht darüber hinwegsehen lassen, dass der Großteil der Arbeiterschaft im 19. Jahrhundert trotz einzelner Reformansätze unter miserablen Bedingungen leben und arbeiten musste. Besonders verbreitet war in Großbritannien zudem Kinderarbeit.

Britische Gewerkschaften

An der schwierigen sozialen Lage der Arbeiterschaft in Großbritannien konnte auch die schon in der ersten Hälfte des 19. Jahrhunderts entstandene Gewerkschaftsbewegung zunächst wenig ändern. Ihre Mitglieder rekrutierten sich vornehmlich aus handwerklichen Betrieben mit fortwirkender Zunfttradition, also aus Facharbeitern. Die große Masse der Arbeiterschaft, die aus Nicht- und Geringqualifizierten bestand, wurde erst gegen Ende des Jahrhunderts organisatorisch erfasst. Zudem konzentrierte sich die Zielsetzung der Gewerkschaften in der Anfangszeit auf politische Fragen. Sie forderten das allgemeine und geheime Wahlrecht für Männer und jährliche Parlamentswahlen („People's Charter"), da die Wahlrechtsreform von 1832 lohnabhängigen Arbeitern nach wie vor das Wahlrecht verwehrte. Die Chartistenbewegung selbst war jedoch politisch in einen gemäßigten und einen radikalen, gewaltbereiten Flügel zersplittert. Seit Anfang der 50er Jahre des 19. Jahrhunderts beschränkte sich die chartistische Arbeiterschaft auf gewerkschaftliche Arbeit, lehnte also revolutionäre politische Ziele ab.

People's Charter

Britisches Wahlplakat, 1892.

Die wachsende Unzufriedenheit in der britischen Arbeiterbewegung mit der mangelnden Vertretung ihrer Interessen im Parlament führte 1900 auf Initiative des Trades Union Congress (TUC), des Dachverbandes der Gewerkschaften, zur Gründung der Labour Party, wie sie seit 1906 heißt. Zu den Gründungsmitgliedern zählte auch die „Fabian Society", eine Vereinigung britischer Intellektueller (u. a. der Dramatiker George Bernard Shaw und die Kinderbuchautorin Beatrix Potter). In strikter Ablehnung des Manchester-Liberalismus strebte die Fabian Society einen Sozialismus an, der seine Ziele nicht auf revolutionärem Weg gegen den Staat, sondern auf demokratischem Weg durch den Staat verwirklichen sollte. Zu den Programmpunkten der Labour Party zählte u. a. die staatliche Garantie von Vollbeschäftigung und Mindestlöhnen sowie die Verstaatlichung von Produktionsmitteln.

Kinderarbeiter aus Textilfabriken in Philadelphia während eines Streiks zur Durchsetzung der 55-Stunden-Woche, 1903.

MATERIAL

Trade Unions und Labour Party 16

Im Ursprungsland der industriellen Revolution [...] spielte paradoxer Weise die große politische Kraft des neuen Zeitalters, der Sozialismus, [...] zunächst keine nennenswerte Rolle. [...] Die wenigen Arbeiter, die im 19. Jahrhundert ins Parlament gelangten, meist Bergarbeiter, gerieten als so genannte „Lib-Labs"* in der Regel in das politische Kielwasser der Liberalen. [...]

Erst gegen Ende des Jahrhunderts [...] als die viktorianischen Grundwerte der Selbsthilfe und des „Laissez aller" an Überzeugungskraft verloren [...] und zudem Gerichte gewerkschaftliche Kampfmaßnahmen immer häufiger als „civil conspiracy", als schadensersatzpflichtige Schädigung der Unternehmer definierten, [...] sahen die im TUC** vereinigten Gewerkschaften sich vor die Notwendigkeit gestellt, durch eine parlamentarische Vertretung ihre Interessen rechtlich abzusichern. Dies war die Geburtsstunde der modernen englischen Arbeiterpartei. 1900 errang sie zwei Mandate, 1906 bereits 29 Abgeordnetensitze im englischen Unterhaus. Die Labour Party stand in der Tradition der vorwiegend reformistisch ausgerichteten Gewerkschaftsbewegung mit ihrem Interesse an der Durchsetzung konkreter Verbesserungen für ihre Mitglieder [...].

Darüber hinaus gab es in Großbritannien enge Verbindungen zwischen den Kirchen und der Arbeiterbewegung. Keir Hardy, ihr großer alter Mann, verstand Sozialismus vor allem als die politische Verwirklichung christlicher Nächstenliebe.

* „Liberal Labour", Labour = die engl. Arbeiterbewegung
** TUC = Trades Union Congress

Aus: P. Wende, Die Geschichte Englands, Stuttgart 1985, S. 260 f.

1. **Zeigen Sie auf, wie man in Großbritannien versucht hat, die Arbeiterfrage zu lösen.**

MATERIAL
17 Der Stahlindustrielle Andrew Carnegie (1835–1919) über das Gesetz des Wettbewerbs

Das Gesetz des Wettbewerbs [...] mag zwar für den Einzelnen gelegentlich hart sein, für die Menschheit ist es jedoch zum Besten, weil es auf jedem Gebiet das Überleben des Tüchtigsten sicherstellt. Daher akzeptieren und begrüßen wir große Ungleichheit der Lebensbedingungen, die Konzentration von Industrie und Handel in den Händen von wenigen und das Gesetz des freien Wettbewerbs zwischen ihnen [...], da sie für den künftigen Fortschritt der Menschheit nicht nur günstig, sondern notwendig sind. [...]
Der Sozialist oder Anarchist, der die gegenwärtigen Verhältnisse umstürzen will, greift in Wirklichkeit die Grundlage der Zivilisation überhaupt an, denn die Zivilisation begann mit jenem Tag, an dem der fähige, fleißige Arbeiter zu seinem unfähigen und faulen Gefährten sagte: „Wenn du nicht säest, sollst du nicht ernten." So wurde die Periode des primitiven Kommunismus beendet. [...] Die Zivilisation überhaupt beruht auf der Heiligkeit des Eigentums – das Recht des Arbeiters auf seine hundert Dollar bei der Sparkasse ebenso wie das Recht des Millionärs auf seine Millionen. Wer diesen ausgeprägten Individualismus durch Kommunismus ersetzen will, dem sei gesagt: Die Menschheit hat das versucht.
Die Verdrängung des Kommunismus war Voraussetzung jeglichen Fortschritts. Die Ansammlung von Reichtum durch jene, die über die Fähigkeit und Energie verfügen, ihn hervorzubringen, hat der Menschheit nicht geschadet, sondern genützt.

Aus: North American Review 148, 1889, S. 655 f.; nach: H. D. Schmid (Hrsg.), Fragen an die Geschichte 4, Frankfurt 1984, S. 97.

MATERIAL
18 Edwin Markham, „Sweat-shops" in New York, 1907

Sweat-shop ist eine Stätte, wo der Arbeiter ganz der Gnade von Einkäufern ausgesetzt ist, wo sein Lebensblut ausgeschwitzt wird unter dem Druck Profit saugender Unternehmer, die über ihm stehen. Ein Textilkaufmann bestellt z. B. 1000 Anzüge in allen Größen. Ein Einkäufer übernimmt die Bestellung und verteilt sie auf Untereinkäufer, die dann wiederum die Heimarbeiter beauftragen. Jeder Zwischenhändler will seinen Profit; deshalb ist der Lohn der Arbeiter sehr gering. Die Arbeiter müssen ihre Kinder mitarbeiten lassen. [...]
In 300 von 500 Haushalten müssen Frauen und Kinder mitarbeiten, um den Lebensunterhalt zu sichern. 14 bis 16 Stunden dauert gewöhnlich dieser Arbeitstag. Ein Kind verdient oft nur einen Cent pro Stunde. [...] Das durchschnittliche Einkommen einer Familie beträgt 5 Dollar 70 Cents wöchentlich. [...]
Klein und Groß muss arbeiten, immer in Eile, ohne Rast, um die bestellten Waren abzuliefern und um neue Aufträge zu erhalten und damit den Arbeitsplatz zu sichern. Denn es gibt nichts Schlimmeres, als keine Arbeit zu haben. [...]
Lang gestreckte Mietshäuser sind zu solchen Sweat-shop-Infernos geworden. [...] Auf einer Quadratmeile dieser Mietskasernen leben zusammengedrängt 600 000 Menschen, wahrscheinlich der am dichtesten besiedelte menschliche Ameisenhaufen auf dieser Erde.

Aus: G. Moltmann, Die Vereinigten Staaten von Amerika von der Kolonialzeit bis 1917, Paderborn 1980, S. 71 f.

1. Erläutern Sie Carnegies Weltanschauung und seine wirtschaftspolitischen Folgerungen (M 17). Halten Sie seine Argumente für stichhaltig?
2. Erörtern Sie mögliche Zusammenhänge zwischen Carnegies Wirtschaftsphilosophie und den in M 18 beschriebenen sozialen Verhältnissen.

ZEITTAFEL

Seit etwa 1760: Agrarrevolution und Beginn der industriellen Revolution in England, das für mehr als hundert Jahre in der wirtschaftlichen Entwicklung führend bleibt. Auf dem Kontinent beginnt die Industrialisierung über 50 Jahren später, zunächst in Belgien und Frankreich (ab etwa 1820), in Deutschland erst ab 1835/40.

1764–1769: Als „Schlüsselerfindungen" der ersten Phase der Industrialisierung entwickeln James Watt die Dampfmaschine und Richard Arkwright die Spinnmaschine. Dies führt zu einer Revolutionierung in der Textilherstellung.
Mit der beginnenden Mechanisierung der Arbeit in einer zunehmend großkapitalistischen Industriewirtschaft entsteht ein Proletariat, das unter elenden Verhältnissen arbeiten und leben muss.

1776: Adam Smith begründet mit seiner „Untersuchung über Natur und Ursprung des Wohlstands der Völker" die moderne Volkswirtschaftslehre. Seine Schrift wird zur Bibel des Kapitalismus und des Wirtschaftsliberalismus.

ab 1806: Reformgesetze setzen in Preußen und den Rheinbundstaaten Impulse zur Modernisierung frei: Die Bauernbefreiung ermöglicht die Wanderung in die entstehenden Industriestädte, die ständischen Berufsbeschränkungen und Zunftzwänge fallen, die Gewerbefreiheit wird eingeführt. Verwaltungsreformen stärken die Staatsmacht.

1807: Auf dem Hudson-River in den USA wird der erste Linienverkehr mit Dampfschiffen, die seit 1774 entwickelt wurden, aufgenommen.

1814: Erste Dampflokomotive von G. Stevenson.

1824: Erste Gewerkschaften in England.

Seit 1825: Erste Eisenbahnverbindungen in England. 1830 Einweihung der ersten größeren Linien für den Personenverkehr in England (Manchester – Liverpool) und in den USA (Baltimore).

Seit 1835: Erste deutsche Eisenbahnlinie von Nürnberg nach Fürth. Der Eisenbahnbau wird Schrittmacher für die deutsche Industrialisierung.

Seit 1840: Mit der Verkehrsrevolution beginnt die zweite Phase der Industrialisierung(„take off"), in deren Verlauf riesige Ballungszentren und immer größere Unternehmen entstehen. Die Klassengegensätze verschärfen sich, die „soziale Frage" wird zum vorrangigen Problem. In den Jahrzehnten nach 1840 werden die USA und Deutschland zu Konkurrenten Englands.

1840/41: Begründung der modernen Chemie, insbesondere der Agrikulturchemie.

1841: Friedrich List, unter dessen Initiative 1834 der Deutsche Zollverein gegründet worden war, veröffentlicht sein Hauptwerk „Das nationale System der politischen Ökonomie".

1844: Weberaufstand in Schlesien, der Ausdruck der durch die Industrialisierung bedingten Übergangskrise ist: Missernten, Bevölkerungswachstum, ausländische Konkurrenz und noch fehlende industrielle Arbeitsplätze führen vielerorts zu Hungerrevolten und Aufständen von Maschinenstürmern. Diese vorindustrielle Massenarmut („Pauperismus") führt zu wachsender Verbitterung der Unterschichten.

1845: Der Fabrikantensohn Friedrich Engels analysiert und kritisiert in „Die Lage der arbeitenden Klasse in England" die sozialen Verhältnisse.

Februar 1848: Marx und Engels veröffentlichen das „Kommunistische Manifest", das zur Programmschrift des revolutionären Sozialismus wird.

1848/49: Die gescheiterte Revolution begräbt auch die Hoffnungen der aufständischen Arbeiter überall in Mitteleuropa auf soziale Reformen. Die Kraft des Besitzbürgertums bleibt jedoch ungebrochen, zumal sich nach 1850 die Industrialisierung unverändert stürmisch fortsetzt.

1850–1873: Die Take-off-Phase eines ungebremsten Wachstums setzt besonders in den USA und Deutschland ungeheure Antriebskräfte frei. Es kommt zu einer beispiellosen Investitionstätigkeit und einem tief greifenden gesellschaftlichen Wandel, der alle Schichten erfasst und die Lebenswelt gravierend verändert.

1861: Erfindung des Fernsprechers durch J. P. Reis. 1876 entwickelt G. Bell das erste Telefon.

1863: Ferdinand Lassalle gründet den „Allgemeinen Deutschen Arbeiterverein“: Trennung der Arbeiterbewegung von der liberalen Bewegung.

1864: Gründungsversammmlung der „I. Internationalen Arbeiterassoziation“ (später „I. Sozialistische Internationale“) in London.

Seit 1865: Nach dem amerikanischen Bürgerkrieg (1861–1865) setzt in den USA eine Phase des Wiederaufbaus („Reconstruction“) unter Führung der siegreichen Nordstaaten ein, die zu einer forcierten Industrialisierung in einer von kapitalistischen Wirtschaftsformen dominierten Gesellschaft führt. 1869 wird die erste transkontinentale Pazifikeisenbahn von Chicago nach San Francisco eröffnet, sodass die gezielte Erschließung des Kontinents beschleunigt fortgesetzt werden kann.

1867: Dynamomaschine von Werner von Siemens. Erfindung des Dynamits durch Alfred Nobel. Entwicklung des Eisenbetons.

1867: Die Gründung des Norddeutschen Bundes und die Erneuerung des Zollvereins führen zu einer Vereinheitlichung der Zölle sowie einer Zentralisierung des Post- und Telegrafenverkehrs.

1869: August Bebel und Wilhelm Liebknecht gründen in Eisenach die „Sozialdemokratische Arbeiterpartei“.

1871–1873: „Gründerjahre“: Nach der Reichsgründung und dem Sieg über Frankreich, das 5 Mrd. Goldmark zahlen und das rohstoffreiche Lothringen abtreten muss, entfaltet sich in Deutschland eine stürmische Hochkonjunktur in Industrie, Wirtschaft und Handel.

1873–1914: Der Zusammenbruch von Firmen, Aktiengesellschaften und Banken führt zu einer bis Ende der 1870er Jahre anhaltenden ersten Weltwirtschaftskrise. Im Deutschen Reich kommt es zum „Gründerkrach“, dessen Spätfolgen erst nach 1894 überwunden werden. Trotzdem ist dies das Zeitalter des Hochkapitalismus und des Imperialismus der europäischen Großmächte und der USA.

1875: Gothaer Programm der Sozialistischen Arbeiterpartei Deutschlands, die aus der Verfolgung unter Bismarck („Sozialistengesetze“, 1878–1890) gestärkt hervorgeht und sich seit 1890 „Sozialdemokratische Partei Deutschlands“ (SPD) nennt.

1876: Nikolaus Otto erfindet den Viertaktmotor. 1883/85 entwickeln Gottlieb Daimler und Carl Benz das Auto.

1883–1889: Sozialgesetze Bismarcks.

1886: Gründung der AFL als Dachverband der US-Gewerkschaften.

Um 1890: Die USA überflügeln Großbritannien technologisch und wirtschaftlich. Sie sind von nun an weltweit die führende Industrienation. Big Business und eine nach wie vor kaum regulierte kapitalistische Marktwirtschaft kennzeichnen die US-Ökonomie.

1891: Sozialenzyklika „Rerum novarum“ des Papstes Leo XIII. zur Lösung der Arbeiterfrage.

1895–1914: Erneuter Aufschwung der Weltwirtschaft mit hohen jährlichen Wachstumsraten und zunehmender Unternehmenskonzentration

1900: Gründung der Labour Party in England.

1903: Erste Motorflüge der Gebrüder Wright.

1909: Mit Henry Ford und seiner Massenfertigung von Autos (in arbeitsteiliger Fertigung am Fließband) beginnt eine neue Ära des Industriezeitalters, die durch Massenkonsum und wachsenden Wohlstand für immer mehr Menschen gekennzeichnet ist.

Nationalstaat und Partizipation in Europa

1. Die Revolution von 1848

1.1 Restauration und Aufbruch

Kriege gegen Frankreich

Über zwanzig Jahre lang hatten das revolutionäre Frankreich und das Kaiserreich Napoleons große Teile Europas mit Krieg überzogen und beherrscht. Die alteuropäische Staatenwelt und Gesellschaftsordnung waren dadurch umgestürzt. Aus den Revolutionskriegen, die die Ideen der Revolution verbreiten sollten, waren Eroberungs- und Hegemonialkriege geworden, die nationalen Widerstand weckten und Allianzen der europäischen Mächte herausforderten. An dieser nationalen staatlichen Gegenwehr scheiterte Napoleons universales Herrschaftssystem.

Wiener Kongress

Mit der Erbschaft von Revolution, von Krieg und erzwungener Modernisierung waren 1814/15 in der alten Kaiserstadt Wien monatelang 15 gekrönte Häupter, 200 Fürsten und 126 Diplomaten aus Europa und aus den noch jungen Vereinigten Staaten befasst. Ein zentrales Thema war das Bestreben politischer Gruppen in Polen, Italien und Deutschland, einen Nationalstaat zu errichten. Sie wollten die nationalen Emotionen und Kräfte, die im Kampf gegen das napoleonische Frankreich gewachsen und gefördert worden waren, zur Umsetzung dieses politischen Zieles nutzen. Doch die bisherige europäische Staatenordnung stand auf dem Wiener Kongress nicht zur Diskussion. Ziel war es vielmehr, durch ein System von Vereinbarungen ein multipolares

Restauration

Gleichgewicht wiederherzustellen, zu restaurieren, das Sicherheit und Ruhe in Europa garantieren sollte.

Die auf dem Kongress beschlossenen territorialen Veränderungen spiegeln Gewicht und Aufstiegschancen der fünf europäischen Großmächte wider:

- Die östliche Flügelmacht Russland baute durch die Herrschaft über Polen ihre Machtstellung in Europa aus.
- Österreich zog sich aus Süddeutschland und den österreichischen Niederlanden zurück und wandte sich verstärkt Südosteuropa zu.
- Preußen wurde für den Verzicht auf polnische Gebiete mit Teilen Sachsens und dem ganzen Rheinland entschädigt; es wurde so nach Westen verschoben, musste die „Wacht am Rhein" gegen Frankreich übernehmen, blieb aber territorial in eine Ost- und Westhälfte geteilt. Die Staatsräson wies es auf den Weg der Expansion und der Entwicklung seines wirtschaftlichen und industriellen Potentials.
- Frankreich behauptete sein Staatsgebiet in den Grenzen von 1792, vor Ausbruch der Revolutionskriege, und wurde als Großmacht wiederhergestellt.
- Hauptgewinner war Großbritannien: Es garantierte das Gleichgewicht in Europa und sicherte seine Hegemonie als See-, Handels- und Industriemacht ab.

Heilige Allianz

Die Herrscher Russlands, Österreichs und Preußens erklärten sich 1815 zu Mitgliedern einer Heiligen Allianz. Die Monarchen sahen sich zur Intervention gegen revolutionäre Bewegungen in Europa verpflichtet. Anstelle der Brüderlichkeit einer Nation und aller Nationen untereinander, die sich liberale Kreise erhofft hatten, wurde die Brüderlichkeit der Monarchen proklamiert.

Der Denker-Club Karikatur, um 1820. Auf der Tafel rechts stehen die „Gesetze des Denker-Clubs". Punkt III: „Auf dass kein Mitglied in Versuchung geraten möge, seiner Zunge freien Lauf zu lassen, so werden beim Eintritt Maulkörbe ausgeteilt."

Deutscher Bund

Die Gründung eines deutschen Staates mit einer gemeinsamen Volksvertretung blieb angesichts der beharrenden Kräfte in den souveränen deutschen Einzelstaaten, des preußisch-österreichischen Dualismus und der Sicherheitsinteressen der drei anderen europäischen Großmächte chancenlos. Die 39 deutschen Staaten schlossen sich vielmehr innerhalb der Grenzen des alten Reiches zu einem lockeren Staatenbund zusammen, dem Deutschen Bund, der die Staaten untereinander befrieden und für Europa beruhigen sollte. Die Deutsche Bundesakte von 1815 sah in Art. 13 vor, dass in allen deutschen Bundesstaaten eine „landständische Verfassung stattfinden" solle.

Verfassungen im Deutschen Bund

Dieses Verfassungsversprechen wurde jedoch nur in den süd- und mitteldeutschen Staaten verwirklicht, während die beiden deutschen Großmächte bis 1848 ohne Verfassung blieben. Der Deutsche Bund erfüllte den Einheitswunsch der deutschen Patrioten nicht. Es gab keine machtvolle gesamtdeutsche Exekutive, und der Deutsche Bundestag in Frankfurt war keine Volksvertretung, sondern ein ständiger Gesandtenkongress unter dem Vorsitz Österreichs.

Liberale und nationale Opposition

Versuche der liberalen und nationalen Opposition, eine politische Öffentlichkeit für ihre Vorstellungen zu schaffen, wurden unterdrückt. Auf die Gründung einer studentischen Bewegung, der Deutsche Burschenschaft, die sich 1817 auf dem Wartburgfest öffentlich manifestierte, folgten die Karlsbader Beschlüsse von 1819, die jede politische Vereinigung unterbanden und mit einer strengen Pressezensur auch die freie Meinungsäußerung unmöglich machten. Nach dem Hambacher Fest (1832), bei dem nicht mehr nur eine akademische Minderheit, sondern eine breite Massenbewegung auftrat, wurden diese Gesetze noch verschärft. Aber der Konflikt schwelte weiter.

Der Anstoß zur deutschen Revolution von 1848 kam aus Frankreich (→ S. 148). Obwohl es seit 1814 Verfassungsstaat war, wurde Frankreich 1830 und 1848 von neuen Revolutionen erschüttert. 1830 stürzte die Julirevolution die restaurierte Bourbonenmonarchie und löste eine Welle von Erhebungen über Belgien, die deutschen Staaten bis nach Polen aus. Neuer französischer König wurde Louis Philippe aus dem Hause Orléans. Aber auch dieser „Bürgerkönig" wurde im Februar 1848 durch eine Volkserhebung gestürzt und die 2. Republik ausgerufen.

Märzrevolution Über das Großherzogtum Baden griff die Revolution auf den Deutschen Bund über. In Wien (13. 3.) und Berlin (18. 3.) kam es zu blutigen Straßenkämpfen mit zahlreichen Todesopfern. In den übrigen deutschen Bundesstaaten verliefen die Unruhen meist ohne Blutvergießen. Parallel zu den Volksaufständen in den Städten erhoben sich im Südwesten, in Hessen, Baden und Württemberg die Bauern, die gegen die Reste feudaler Rechte, Frondienste, Naturalabgaben und Grundzinsen protestierten. Gewalttaten, vor allem gegen Juden, waren eine häufige Begleiterscheinung. Da die Adligen meist auf ihre Vorrechte verzichteten und die Staaten Reformgesetze erließen, waren die Bauern die ersten Gewinner der Revolution.

In kürzester Zeit kam es politisch zum Umsturz der „vormärzlichen" Verhältnisse:

- In fast allen Staaten wurden die „Märzforderungen", Pressefreiheit, Versammlungsfreiheit, Volksbewaffnung und Schwurgerichte, bewilligt.
- Liberale „Märzminister" ersetzten die verhassten Repräsentanten des Polizeistaats.
- Zugesagt wurde auch die Wahl einer deutschen Nationalversammlung, die eine Verfassung auf nationalstaatlicher Grundlage schaffen sollte.

Die parlamentarische Initiative ergriffen 51 Abgeordnete der Landtage und liberale Publizisten, die sich am 5. März in Heidelberg versammelten. Sie beriefen eine Versammlung von „Vertrauensmännern aller deutschen Nationalstämme" ein, auf der die Wahlen zu einer Deutschen Nationalversammlung vorbereitet werden sollten. Einladungen wurden an alle „jetzigen und früheren" deutschen Landtagsabgeordneten – also auch die der regierungstreuen Fraktionen – sowie an eine Reihe weiterer „durch das Vertrauen des deutschen Volkes ausgezeichneter Männer" verschickt. Das „Vorparlament" trat am 30. März in Frankfurt zusammen.

Vorparlament Hier zeigte sich, dass eine demokratische Minderheit sehr weitgehende programmatische Vorstellungen hatte. Der badische Vertreter Gustav Struve legte ein radikales 15-Punkte-Programm vor; sein Mitstreiter Friedrich Hecker beantragte, dass sich die Versammlung für permanent erklären sollte, um die Zügel nicht aus der Hand zu geben. Die Mehrheit lehnte die Permanenz ab und richtete lediglich einen „Fünfzigerausschuss" ein, der die Wahlen zur Nationalversammlung vorbereiten sollte. Aus Enttäuschung über das Verhalten der „Halben" versuchten die „Ganzen" unter Führung von Hecker und Struve, die Volksrevolution gegen diese Beschlüsse erneut zu mobilisieren. *Aprilrevolution* Die badische Aprilrevolution begann mit der Ausrufung der Republik in Konstanz. Der Zug der republikanischen Freischaren, der über den Schwarzwald nach Karlsruhe und Frankfurt führen sollte, wurde von Regierungstruppen niedergeschlagen. Hecker und Struve gingen mit ihren Anhängern ins Exil.

Wahlen zur Nationalversammlung Das gewaltsame Vorgehen in Baden hatte den Wahlchancen der demokratischen Linken eher geschadet. Bei den Wahlen zur Deutschen Nationalversammlung sollte in allen deutschen Bundesstaaten, aber auch in den nicht zum Deutschen Bund gehörenden Ländern Schleswig, Ost- und Westpreußen auf je 50 000 Einwohner ein Abgeordneter gewählt werden. Der Wahlmodus wurde den Einzelstaaten überlassen, die zum Teil hierin schon eigene Traditionen hatten. So gab es in einigen Ländern indirekte und öffentliche Wahl, Wahl nach Ständen oder Zensus war aber ausdrücklich ausgeschlossen. Unterschiedliche Auslegungen fand auch die Forderung, dass nur „selbstständige" Männer das Wahlrecht haben sollten. Das Frauenwahlrecht forderten zu dieser Zeit nicht einmal die Radikaldemokraten. Etwa 75 % der Männer über 25 Jahre haben nach den bisherigen Erkenntnissen der Forschung an der Wahl teilnehmen können. Gleichzeitig wurden auch eine preußische und eine österreichische Nationalversammlung gewählt. Die beiden größten deutschen Teilstaaten sollten nun ebenfalls Verfassungsstaaten werden.

MATERIAL 1

Die Forderungen der Offenburger Versammlung, an der mehrere hundert Männer und Frauen aus allen Schichten teilgenommen hatten (12. September 1847)

Die Forderungen des Volkes in Baden:

I. Wiederherstellung unserer verletzten Verfassung.

Art. 1. Wir verlangen, daß sich unsere Staatsregierung lossage von den Karlsbader Beschlüssen vom Jahr **1819**, von den Frankfurter Beschlüssen von **1831** und **1832** und von den Wiener Beschlüssen von **1834**. Diese Beschlüsse verletzen gleichmäßig unsere unveräußerlichen Menschenrechte wie die deutsche Bundesakte und unsere Landesverfassung.

Art. 2. Wir verlangen Preßfreiheit; das unveräußerliche Recht des menschlichen Geistes, seine Gedanken unverstümmelt mitzutheilen, darf uns nicht länger vorenthalten werden.

Art. 3. Wir verlangen Gewissens- und Lehrfreiheit. Die Beziehungen des Menschen zu seinem Gotte gehören seinem innersten Wesen an, und keine äußere Gewalt darf sich anmaßen, sie nach ihrem Gutdünken zu bestimmen. Jedes Glaubensbekenntniß hat daher Anspruch auf gleiche Berechtigung im Staate.

Keine Gewalt dränge sich mehr zwischen Lehrer und Lernende. Den Unterricht scheide keine Confession.

Art. 4. Wir verlangen Beeidigung des Militärs auf die Verfassung.

Der Bürger, welchem der Staat die Waffen in die Hand gibt, bekräftige gleich den übrigen Bürgern durch einen Eid seine Verfassungstreue.

Art. 5. Wir verlangen persönliche Freiheit.

Die Polizei höre auf, den Bürger zu bevormunden und zu quälen. Das Vereinsrecht, ein frisches Gemeindeleben, das Recht des Volkes sich zu versammeln und zu reden, das Recht des Einzelnen sich zu ernähren, sich zu bewegen und auf dem Boden des deutschen Vaterlandes frei zu verkehren — seien hinfüro ungestört.

II. Entwickelung unserer Verfassung.

Art. 6. Wir verlangen Vertretung des Volks beim deutschen Bunde.

Dem Deutschen werde ein Vaterland und eine Stimme in dessen Angelegenheiten. Gerechtigkeit und Freiheit im Innern, eine feste Stellung dem Auslande gegenüber gebühren uns als Nation.

Art. 7. Wir verlangen eine volksthümliche Wehrverfassung. Der waffengeübte und bewaffnete Bürger kann allein den Staat schützen.

Man gebe dem Volke Waffen und nehme von ihm die unerschwingliche Last, welche die stehenden Heere ihm auferlegen.

Art. 8. Wir verlangen eine gerechte Besteuerung.

Jeder trage zu den Lasten des Staates nach Kräften bei. An die Stelle der bisherigen Besteuerung trete eine progressive Einkommensteuer.

Art. 9. Wir verlangen, daß die Bildung durch Unterricht allen gleich zugänglich werde.

Die Mittel dazu hat die Gesammtheit in gerechter Vertheilung aufzubringen.

Art. 10. Wir verlangen Ausgleichung des Mißverhältnisses zwischen Arbeit und Capital.

Die Gesellschaft ist schuldig die Arbeit zu heben und zu schützen.

Art. 11. Wir verlangen Gesetze, welche freier Bürger würdig sind und deren Anwendung durch Geschwornengerichte.

Der Bürger werde von dem Bürger gerichtet. Die Gerechtigkeitspflege sei Sache des Volkes.

Art. 12. Wir verlangen eine volksthümliche Staatsverwaltung.

Das frische Leben eines Volkes bedarf freier Organe. Nicht aus der Schreibstube lassen sich seine Kräfte regeln und bestimmen. An die Stelle der Vielregierung der Beamten trete die Selbstregierung des Volkes.

Art. 13. Wir verlangen Abschaffung aller Vorrechte.

Jedem sei die Achtung freier Mitbürger einziger Vorzug und Lohn.

Offenburg, 12. September 1847.

MATERIAL

2 Die Bauern – ein Artikel aus der Oberrheinischen Zeitung vom 17. März 1848

Darmstadt, 10. März. Aus dem Odenwald erhalten wir Nachrichten, von bedeutenden Störungen der öffentlichen Ordnung, hervorgegangen aus der beharrlichen Opposition der Bauern gegen die Standesherren der drei gräflichen Häuser Erbach, Fürstenau und Schönberg. Vorgestern tobte die Emeute (*aufrührerische Menge*) zu Erbach, wo gegen 2000 Bauern dem Grafen Eberhard vor das Schloß rückten und ihm durch eine Deputation ihre sehr ungestümen Forderungen erkennen geben ließen, und zwar in Übereinstimmung mit der von derselben bei der zweiten Kammer letzthin übergebenen Petition, in welcher Abschaffung aller standesherrlichen Rechte ohne weiteres gefordert wird.

Die drohende Haltung so vieler, wie es schien, zum Äußersten entschlossenen Menschen war für den Grafen und sein Eigenthum eine sehr gefahrvolle, und im Drange des Augenblicks mußte er der Gewalt weichen und einen Revers ausstellen, in welchem er förmlich verzichtete auf das Präsentationsrecht bei Versetzung geistlicher und weltlicher Stellen in der Grafschaft Erbach-Erbach, auf alle Jagden, die schon in vier Wochen gänzlich freigegeben werden sollen, auf Zehnten, Grundrenten etc., so daß dem Grafen, wenn diese ihm abgerungene Verzichtleistung gerichtliche Gültigkeit haben könnte, von seinem Vermögen weiter nichts übrig bleiben würde als sein Immobiliarbesitz an Feldern, Wäldern etc.

Der Graf Albert zu Erbach-Fürstenau sollte eine Urkunde ausstellen, wonach er bei Auflösung der Grundrenten mit dem sechsfachen Betrage des Werthes derselben zufrieden sei. Der Graf verweigerte dieses Ansinnen und erklärte, daß er lieber gar nichts dafür nehmen wolle.

Karikatur, 1848: *Wehe, wehe steht der Bauer auf.*

1. Die badischen Demokraten hatten 1847 die Offenburger Versammlung organisiert, von der ausdrücklich niemand ausgeschlossen sein sollte. Ziehen Sie aus den Forderungen Rückschlüsse auf die Zustände in Deutschland.
2. Gewichten Sie die Forderungen nach dem Grad der Radikalität.
3. Wer Forderungen durchsetzen will, braucht Macht. Über welche Machtmittel verfügten die Revolutionäre, über welche nicht.
4. Erläutern Sie die Aussage der Karikatur auf S. 78 und versuchen Sie anhand von M 2 zu erklären, warum der Bauer letztlich doch nicht aufstand.

1.2 Parlament und politische Öffentlichkeit

Liberale und Demokraten

In 585 Wahlkreisen hatten Wahlen zur Nationalversammlung stattgefunden, die am 18. Mai 1848 in der Frankfurter Paulskirche zusammentrat. Die Wahl war eine reine Persönlichkeitswahl gewesen, da Parteien und politische Verbände in der Vormärzzeit verboten waren. Die einzigen „Richtungen", zwischen denen der Wähler entscheiden konnte, waren die konstitutionellen Liberalen und die linken, zum Teil offen republikanischen Demokraten. Letztere waren in der Minderheit; allenfalls 130 bis 150 Abgeordnete kann man zur parlamentarischen Linken zählen.

Zu den hartnäckigen Vorurteilen gegenüber der Paulskirche gehört die Vorstellung vom weltfremden „Professorenparlament", das Diskussionen auf hohem theoretischen Niveau geführt und darüber die soziale und politische Wirklichkeit aus den Augen verloren habe. Dieses Zerrbild (→ die Karikatur S. 83), das von Konservativen und von radikalen Revolutionären gleichermaßen gepflegt wurde, entspricht nicht der Realität. Obwohl die Abgeordneten nur in den Länderparlamenten Erfahrungen hatten sammeln können, beherrschten sie bald moderne parlamentarische Verfahrensweisen. Schon nach kurzer Zeit bildeten sich Fraktionen, die nach ihren Tagungslokalen, Frankfurter Wirtshäusern, benannt wurden (→ Material 3). Zur intensiveren Beratung der Einzelprobleme wurden Ausschüsse und Kommissionen gebildet, von denen der Verfassungsausschuss und der volkswirtschaftliche Ausschuss die größte Bedeutung erlangten. Zum ersten Präsidenten wurde der Wortführer der konstitutionellen Casino-Fraktion, Heinrich von Gagern, gewählt.

Fraktionen und Ausschüsse

Provisorische Zentralgewalt

Eine der ersten Maßnahmen und zugleich eine Vorentscheidung für die künftige Verfassung war die Wahl einer Provisorischen Zentralgewalt, eines Exekutivorgans der Nationalversammlung. Für die Fraktionsbildung war die Debatte darüber eine entscheidende Weichenstellung. Die Konstitutionellen wollten im Einvernehmen mit den Länderregierungen ein Kollegium aus drei Fürsten bilden, die der Nationalversammlung nicht verantwortlich sein sollten. Die Linke schlug einen verantwortlichen Exekutivausschuss aus Abgeordneten vor. Als Kompromiss setzte sich Gagerns „kühner Griff" durch: Die Versammlung beschloss zwar, die Exekutivgewalt aus eigener Souveränität zu schaffen, an ihrer Spitze sollte jedoch ein Fürst stehen, der dem Parlament nicht verantwortlich war. Am 29. Juni wurde der volkstümliche, als liberal geltende Erzherzog Johann von Österreich gegen die Stimmen der Linken zum „Reichsverweser" gewählt. Er berief eine Provisorische Reichsregierung unter Fürst Karl von Leiningen. Dieser wurden die Befugnisse des alten Bundestages, der damit offiziell aufgelöst war, übertragen.

Schwäche der Nationalversammlung

Die Nationalversammlung genoss zwar aufgrund ihrer demokratischen Legitimation hohes Ansehen in der Bevölkerung, hatte aber keine reale Machtbasis. Sie verfügte über keine eigenen Streitkräfte, keinen Beamtenapparat und keine eigenen Steuereinnahmen. Bei der Finanzierung und Durchsetzung ihrer Beschlüsse war sie von den Länderregierungen der Einzelstaaten abhängig. Nur die kleineren unter ihnen vereidigten ihre Armeen auf die Reichsfarben Schwarz-Rot-Gold und auf den Reichsverweser. Diplomatische Anerkennung fand die neue Reichsregierung nur bei den USA und einigen kleineren Ländern.

Vereine Mit der Märzrevolution waren alle polizeistaatlichen Beschränkungen des politischen Lebens gefallen; zugleich war ein mächtiger Anstoß zu politischem Engagement erfolgt. In kurzer Zeit bildete sich ein breites Vereinswesen aus, das bereits alle Kennzeichen künftiger Parteien trug. Die befreite Presse und große Volksversammlungen trugen ihre Diskussionen in die Öffentlichkeit. Eisenbahn und bald auch elektrische Telegraphie beschleunigten die Kommunikation.

Spaltung Die Opposition des Vormärz war gespalten. Beide Richtungen hatten ihre Vorstellungen schon im September 1847 schriftlich formuliert, die Demokraten auf der ersten Offenburger Versammlung (→ S. 77, Material 1), die Liberalen auf einer Gegenveranstaltung in Heppenheim. Die Demokraten beriefen sich auf die unbeschränkte Volkssouveränität und strebten die Republik mit allgemeinem Wahlrecht an, bekannten sich allenfalls aus taktischen Gründen zur Monarchie „auf breitester demokratischer Grundlage". Die Liberalen waren für die konstitutionelle Monarchie, Zensuswahlrecht und weitgehende Abstimmung der künftigen Verfassung mit den Fürsten („Vereinbarungsstrategie").

Organisation der Demokraten Die Demokraten hatten im Vorparlament, bei der badischen Aprilrevolution und bei den Wahlen zur Nationalversammlung schwere Rückschläge erlitten. Aber schon vorher, auf der zweiten Offenburger Versammlung (19. 3. 1848) hatten sie weitreichende Beschlüsse zu einer Organisation in Bezirks-, Kreis- und Landesvereinen gefasst. Die Gründung dieser „Volksvereine" vollzog sich mit erstaunlicher Schnelligkeit. Im Juni 1848 tagte in Frankfurt der erste Demokratenkongress. Er richtete eine zentrale Leitung in Berlin ein, die bereits hauptamtliche Funktionäre beschäftigte. Der zweite Demokratenkongress Ende Oktober 1848 in Berlin stand schon im Zeichen der Bedrohung durch die preußische Gegenrevolution. Die linken Fraktionen der Nationalversammlung (Deutscher Hof, Donnersberg und Westendhall) suchten dieser Bedrohung durch den Zusammenschluss aller demokratischen Kräfte zu begegnen. Diese Organisation nannte sich „Centralmärzverein" und umfasste im Frühjahr 1849 bereits 500 000 Mitglieder in 950 Ortsvereinen, „die erste deutsche Partei moderner Prägung". In Baden gehörte 1849 fast ein Zehntel der volljährigen Männer einem der demokratischen Volksvereine an, die in einem dichten Netz das ganze Land bis in die kleinsten Dörfer überzogen.

Frauen Im Rahmen der demokratischen Bewegung wurden auch Frauen politisch aktiv (→ Der Kampf um die Rechte der Frau, S. 133 ff.). Obwohl sie vom aktiven und passiven Wahlrecht ausgeschlossen waren, bildeten sie demokratische Frauenvereine. Sogar an bewaffneten Auseinandersetzungen wie den Berliner Barrikadenkämpfen nahmen Frauen teil. Als Begründerin der modernen Frauenbewegung in Deutschland gilt Louise Otto-Peters, die 1849 die „Frauen-Zeitung für höhere weibliche Interessen" herausgab und später eine eigene Organisation, den „Allgemeinen Deutschen Frauenverein", (1865) gründete.

Liberale Obwohl die Liberalen aufgrund der Mehrheitsverhältnisse die Arbeit der Paulskirche stärker als die Demokraten prägten, war ihre Organisation sehr viel weniger effizient als die der Demokraten. Zwar gab es in vielen Gemeinden „Konstitutionelle Clubs", doch blieben alle Versuche überregionaler Zusammenschlüsse erfolglos, bis in Kassel am 5. 11. 1848 der „Nationale Verein" ausgerufen wurde; dieser erreichte aber nie die Stärke des Centralmärzvereins.

Fahne der Demokraten, gespendet vom Frauen- und Jungfrauenverein „Concordia" in Mannheim. Der Verein wurde im November 1848 gegründet, um den badisch-pfälzischen Freiheitskampf zu unterstützen. Die Rückseite trägt die Losungsworte FREIHEIT – GLEICHHEIT – BRUDERLIEB.

Katholiken

Konflikte zwischen Staat und katholischer Kirche in der Vormärzzeit führten dazu, dass sich auch die Katholiken politisch organisierten. Nach Papst Pius IX. benannte „Pius-Vereine" konnten allein in Baden 100 000 Mitglieder erfassen. Ihre Hauptsorge war es, die katholische Kirche von staatlichem Einfluss freizuhalten. Auf ihren Katholikentagen und in breiten Petitionsbewegungen setzten sie sich für den konfessionellen Religionsunterricht, aber auch für sozialpolitische Belange ein.

Arbeiter

Uneinheitlich ist das Bild der politisch aktiven Handwerker und Arbeiter. Während ein „Handwerker- und Gewerbekongress", der ausschließlich von Handwerksmeistern getragen war, am 15. 7. 1848 in Frankfurt die Rückkehr zu vormodernen Organisationsformen in Zünften forderte, veranstalteten die ausgeschlossenen Gesellen einen Gegenkongress und schlossen sich im Herbst der „Allgemeinen deutschen Arbeiterverbrüderung" an, die im Frühjahr 1849 etwa 15 000 Mitglieder in 170 Ortsvereinen zählte. Eine einheitliche Arbeiterklasse war aber noch nicht einmal in Ansätzen vorhanden. Die Industrialisierung steckte noch in den Anfängen, und die meisten Arbeiter waren im Kleingewerbe beschäftigt. Der sozialrevolutionäre „Bund der Kommunisten" um Karl Marx (➔ S. 51 ff.) blieb daher eine Randgruppe.

Organisation der Konservativen

Angesichts dieser breiten Massenmobilisierung sahen auch die konservativen Verteidiger der alten Ordnung die Notwendigkeit gekommen, sich politisch zu organisieren, da mit dem Machtapparat des Staates allein die Revolution nicht zu unterdrücken war. Vor allem in Preußen und Bayern bemühte man sich erfolgreich um eine Massenbasis im Kleinbürgertum. Der „Treubund für König und Vaterland" hatte allein in Berlin 10 000 Mitglieder. Konservative Politiker sahen allerdings auch den Widerspruch, die Demokratie mit demokratischen Methoden bekämpfen zu wollen. Ein Autor drückte das Dilemma in einem Vergleich aus: „Ja, manches Moment, was in unberufenen Händen als Gift wirkt, verwandelt sich von berufenen angewendet in gesunden Nahrungsstoff." Man scheute sich auch nicht, Methoden der modernen Massenbeeinflussung anzuwenden; symptomatisch ist die Gründung der „Neuen Preußischen Zeitung", wegen des Eisernen Kreuzes in der Kopfzeile auch „Kreuzzeitung" genannt. Sie blieb für fast ein Jahrhundert das Sprachrohr der preußischen Konservativen.

Das fünfgliedrige Parteiensystem, das ein Ergebnis der Revolution war, blieb in seinen Grundzügen bis weit ins 20. Jahrhundert hinein erhalten. Die Schnelligkeit und Intensität, mit der sich die politische Mobilisierung vollzog, widerlegt das Vorurteil von der politischen Unreife des deutschen Volkes.

MATERIAL

3 Die Fraktionen der Paulskirche

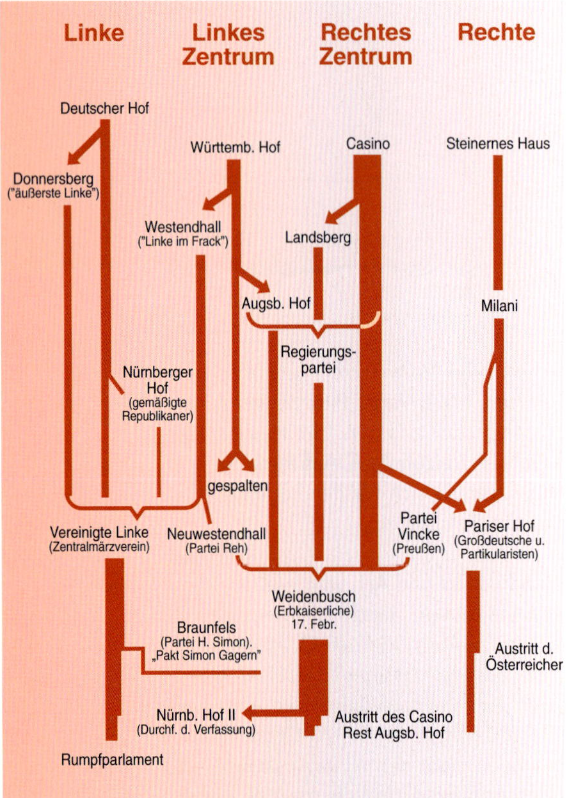

1848	
Mai	Zusammentritt der Nationalversammlung; Preußische Offensive in Dänemark
Juni	Reichsverweserwahl
Juli	Polendebatte; Beginn der Grundrechtsdebatte
Aug.	Waffenstillstand von Malmö
Sept.	5.9. Ablehnung des Waffenstillstands; Rücktritt des Ministeriums Leiningen; 18.9. Anerkennung des Waffenstillstands; Aufstände in Frankfurt und Südwestdeutschl. (Struve); Ministerium Schmerling
Okt.	Beginn der Verfassungsberatung; Sieg der Gegenrevolution in Österreich
Nov.	Einmarsch preußischer Truppen in Berlin, Verlegung der preußischen Nationalversammlung
Dez.	„Oktroyierte Verfassung" für Preußen; Verkündung der Grundrechte; Rücktritt Schmerlings, Ministerium Gagern
1849	
Jan.	Debatte über das Reichsoberhaupt
Febr.	Wahlrechtsdebatte
März	Verkündung des allgemeinen Wahlrechts Österreich fordert Eintritt ins Deutsche Reich; Durchbruch der kleindeutschen Lösung; Wahl Friedrich Wilhelms IV. zum Kaiser
April	Ablehnung der Kaiserwürde durch Friedrich Wilhelm IV.
Mai	Beginn der Reichsverfassungskampagne; Verlegung des Rumpfparlaments nach Stuttgart
Juni	Auflösung des Rumpfparlaments
Juli	Niederschlagung der Revolution in Baden

Rechte (Café Milani): *Vereinbarung: Gültigkeit der Reichsverfassung nur mit Zustimmung der Einzelstaaten, deren Selbständigkeit möglichst wenig eingeschränkt werden soll, konstitutionelle Monarchie*
Rechtes Zentrum (Casino): *Konstitutionelle Monarchie, Anerkennung der Besonderheiten der Einzelstaaten, Nationalversammlung als alleiniges verfassunggebendes Organ*
Linkes Zentrum (Württemberger Hof u. a.): *keine Vereinbarung, Volkssouveränität, Bundesstaat*
Linke (Westendhall, Deutscher Hof, Donnersberg): *Volkssouveränität, allgemeines Wahlrecht, keine Vereinbarung, „demokratische Monarchie" oder Republik, Volksbewaffnung, soziale Reformen, förderalistisches Gesamtdeutschland, Gleichberechtigung aller Nationalitäten, Selbstbestimmungsrecht der Völker*

1. Vergleichen Sie Stärke und Stabilität der einzelnen Fraktionen. Welche Schlüsse auf die Abstimmungsergebnisse lassen sich daraus ziehen?
2. Welche Probleme und Ereignisse wirkten in der Paulskirche fraktionsbildend und -spaltend?
3. Ordnen Sie einzelne Aussprüche des „Abgeordneten Piepmeyer" (Abbildung S. 83) Themen und Fraktionen der Paulskirche zu. Zeigen Sie, dass die Karikaturisten antiparlamentarische Vorurteile ausdrücken.
4. Informieren Sie sich über die Entwicklung des deutschen Parteienwesens nach 1860. In welchen Fraktionen der Paulskirche könnten Ursprünge der späteren Parteien zu finden sein?

Der Abgeordnete Piepmeyer übt eine Rede nebst den dazugehörenden Redensarten und Gesten ein. Die Karikaturen über den „Abgeordneten Piepmeyer" sind eine Schöpfung des konservativen Abgeordneten Johann Hermann Detmold (Café Milani); die Zeichnungen stammen von dem Düsseldorfer Maler Adolf Schrödter.

MATERIAL 4

Programmatische Erklärungen politischer Vereine

a) Erklärung des „Deutschen Vereins" in Leipzig:

Es ist Aufgabe des Vereins, aufgeklärte, gemäßigte und Ruhe wahrende Staatsbürger zu bilden. Die niederen Klassen, namentlich die Arbeiter, werden begreifen lernen, dass sie nur bei Achtung vor dem Gesetze [...] und durch gerechte, mäßige Ansprüche, bei der gehörigen Bereitwilligkeit, tätig zu sein, wahrhaft zu dem allerdings berechtigten Ziele gelangen können, eine geachtetere, ebenbürtigere Stellung unter den übrigen Staatsbürgern einzunehmen.

b) Rundschreiben der Allgemeinen Deutschen Arbeiterverbrüderung vom 18.9. 1848:

[…] Auch in Deutschland ist aus dem Kampfe politischer Umgestaltungen die Bewegung der arbeitenden Classe, als historisch berechtigt, mit jedem Tage mehr hervorgetreten […] Denn auch in Deutschland ist die Macht des Kapitals zu einer solchen Höhe gelangt, dass es der schaffenden Hand nicht mehr gelingen kann, ihre Concurrenz zu ertragen, dass vielmehr der Arbeiter in allen Gewerbezweigen schon der gebeugte Diener, der Sklave des Kapitals geworden.
Brüder! So kann es nicht länger bleiben! […] Wir Arbeiter müssen uns selbst helfen […]
Deutschlands Arbeiter müssen dahin streben, eine moralische Macht im Staate zu bilden, ein starker Körper zu werden, der jedem Sturm trotzt […] der Jeden in sich aufnimmt, wer ein Herz hat für die Noth der Bedrückten und selbst gefesselt ist von der Macht des Kapitals, dessen körperliche und geistige Kräfte sich verdingen müssen an einen Glücklichen der Erde: einen Jeden, der arbeitet oder arbeiten will. Der Allgemeine deutsche Arbeitercongreß zu Berlin nahm keine Gegensätze von Meistern und Gesellen an, wie das mittelalterliche Zunftwesen uns aufbewahrt hat, für ihn gab es nur die modernen gesellschaftlichen Gegensätze von Kapitalisten und Arbeitern. Die Arbeiter zur Höhe des Lebens, die Arbeit zu ihrer hohen Berechtigung im Staate zu führen, das war seine Aufgabe, das ist die Aufgabe von Allen, die schaffen, von Allen, die arbeiten […]

Aus: a) Wolfram Siemann, Die deutsche Revolution von 1848/49, Frankfurt 1985, S. 106.
b) H. Schlechte, Die Allgemeine deutsche Arbeiterverbrüderung 1848–1850. Dokumente des Zentralkomitees, Weimar 1979, S. 338.

MATERIAL

5 Frauen in der Politik

Die demokratischen „Seeblätter" in Konstanz, 20.6.1849:

Ein rühmliches Zeichen der Zeit ist die Gründung von Frauenvereinen, die anfangs überall ins Leben treten. Wer nicht von jener Sorte ist, die das weibliche Geschlecht vom menschlichen ausschließt, wird dieser Bewegung, die den Bedürfnissen der Zeit so angemessen ist, nicht hemmend entgegentreten. […] Auch das Weib ist berufen, als Mensch an menschheitlichen Zwecken teilzunehmen. Sie tritt in gegenwärtiger Zeit durchaus nicht aus ihrer naturgemäßen Stellung heraus, wenn sie an den öffentlichen Angelegenheiten teilnimmt. Es kommt nur darauf an, dass sie in weiblicher Weise daran teilnehme. Solange Frauenvereine nur das Feld der Wohltätigkeit und derjenigen Arbeiten, die nur von weiblichen Händen und Augen besorgt und überwacht werden können, bestellen und sich von der polemisierenden Männerwelt fern halten, so lange verdienen ihre Bestrebungen unsere volle Achtung. Der wenn auch nur mittelbare Einfluss des Weibes auf das öffentliche Leben lässt sich nicht leugnen.

Aus: G. Hummel-Haasis (Hrsg.), Schwestern zerreißt eure Ketten. Zeugnisse zur Geschichte der Frauen in der Revolution von 1848/49. München 1982, S. 55.

1. Vergleichen Sie die Erwartungen der Arbeiterverbrüderung in Material 4 b mit den Äußerungen des Deutschen Vereins in Material 4 a). Lässt sich die Einstellung der Arbeiter als Reaktion auf die Haltung des Deutschen Vereins begründen? Vgl. auch die Debatte über das Wahlrecht, → S. 92–94.
2. Vergleichen Sie die Stellungnahme des Autors von Material 5 mit der von Louise Otto-Peters S. 158.
3. Mit welchen Problemen werden sich politisch aktive Frauen 1849 konfrontiert sehen?
4. Welche Gemeinsamkeiten sehen Sie zwischen Arbeiter- und Frauenbewegung?

1.3 Was ist des Deutschen Vaterland?

„Was ist des Deutschen Vaterland? Ist's Preußenland, ist's Schwabenland?", fragt Ernst Moritz Arndts populäres Lied aus der Zeit der Befreiungskriege gegen Napoleon. Es gipfelt in der Forderung: „Das ganze Deutschland soll es sein." Die Schwierigkeit, Deutschland territorial zu definieren, stellte sich überall da, wo die Sprach- und Volkstumsgrenzen nicht mit den politischen übereinstimmten. Dies stellte die Nationalversammlung vor große Probleme, die nicht nur die künftige Verfassung, sondern auch das europäische Machtgefüge betrafen. Der Deutsche Bund konnte nicht als Modell dienen, da einerseits nichtdeutsche Bevölkerungsteile auf seinem Gebiet lebten, andererseits deutsche Minderheiten jenseits seiner Grenzen Untertanen nichtdeutscher Fürsten waren. Und wie würde man mit dem multiethnischen Habsburgerreich verfahren, das nur zur Hälfte zum Deutschen Bund gehörte, aber auch in diesem Teil ethnisch nicht homogen war?

Böhmen und Mähren

Von den 68 Wahlkreisen Böhmens und Mährens hatten 48 die Aufforderung zur Wahl der deutschen Nationalversammlung abgelehnt, da die Tschechen entweder einen eigenen Nationalstaat anstrebten oder zum Schutz gegen das übermächtige Russland lieber dem „Völkerverein" der Donaumonarchie als einem deutschen Nationalstaat angehören wollten. Ähnlich stellte sich das Problem in den vorwiegend italienisch besiedelten Teilen Südtirols. Nur die demokratische Linke forderte den Verzicht darauf; die übrigen Fraktionen billigten die Feldzüge des österreichischen Feldmarschalls Radetzky, der die Revolution in Oberitalien niederschlug.

Südtirol

Polen

Auch Polen war kein souveräner Staat. Nach den Teilungen des 18. Jahrhunderts war es auf dem Wiener Kongress nicht wiederhergestellt worden (→ S. 74 und S. 97). Der größere Teil („Kongress-Polen") gehörte zum Zarenreich, die westlichen Teile waren preußische Provinzen, aber nicht Bestandteile des Deutschen Bundes. Als im März 1848 auch die Polen ihre nationale Unabhängigkeit forderten, hatte das Vorparlament es als „heilige Pflicht" bezeichnet, sie darin zu unterstützen. Aber im Mai besiegte die preußische Armee die polnischen Freiheitskämpfer, die preußische Provinz Posen wurde geteilt und der westliche Teil zu Preußen und damit zum Deutschen Bund geschlagen. Daraufhin forderte die demokratische Linke, dass „Deutsch-Posen" nicht zum künftigen Deutschen Reich gehören sollte. Mit großer Mehrheit lehnte die Nationalversammlung diesen Antrag aber ab und gab damit die traditionelle Polenfreundschaft der deutschen Liberalen auf. Viele Abgeordnete setzten nicht mehr auf die internationale Solidarität der freien Völker, sondern auf deutsche Machtpolitik zu Lasten der Nachbarvölker.

Schleswig und Holstein

Folgenreich für den Fortgang der Revolution war der Konflikt um die Herzogtümer Schleswig und Holstein. Die beiden Länder, von denen nur Holstein zum Deutschen Bund gehörte, wurden vom dänischen König regiert. Unter dem Eindruck der Februarrevolution waren auch in Dänemark nationale Emotionen entfesselt worden. Man versuchte, das teilweise dänisch besiedelte Schleswig vollends in den dänischen Staat einzugliedern. Die deutsche Bevölkerung verkündete darauf am 24. 3. 1848 den Anschluss an das künftige Deutsche Reich und bat um militärische Hilfe gegen den dänischen Einmarsch. Im Auftrag des Deutschen Bundes besetzten preußische Truppen

Schleswig und stießen weit nach Jütland vor. Dieses Vorgehen rief die Großmächte England und Russland auf die Bühne. Unter ihrem Druck musste Preußen am 26. August den Waffenstillstand von Malmö abschließen und seine Truppen zurückziehen.

Waffenstillstand von Malmö

Die europäischen Mächte hatten der deutschen Nationalbewegung ihre Grenzen gezeigt. Eine Welle nationaler Leidenschaft war die Folge. Diese richtete sich auch gegen Preußen, das beim Abschluss des Waffenstillstands weder die Nationalversammlung noch die Provisorische Zentralgewalt konsultiert hatte. Die Debatte um eine nachträgliche Anerkennung des Waffenstillstands spaltete die Nationalversammlung. Konservative und viele Liberale votierten aus Einsicht in die Machtlage, aber auch im Hinblick auf ein künftiges preußisches Kaisertum für die Annahme, während die Linke aus Sorge um den Fortgang der Revolution dagegen stimmte. Am 16. September wurde der Waffenstillstand mit knapper Mehrheit (257:236) angenommen. Diese Entscheidung vertiefte die Spaltung zwischen den Konstitutionellen und den Demokraten, die sich von einem Krieg neuen revolutionären Schwung erhofften. Sie hatten die Zeit seit der Märzrevolution zur Organisation ihrer demokratischen Volksvereine genutzt und drängten auf die „2. Revolution".

September-Aufstände

Am 18. September kam es vor der Paulskirche zu einer Demonstration gegen die liberalen „Volksverräter", die sich nach dem Eingreifen österreichischer und preußischer Truppen zum Volksaufstand gegen die Nationalversammlung und die Provisorische Zentralgewalt ausweitete. Der Mord an zwei konservativen Abgeordneten und der zweite Versuch Struves, im Südwesten die Republik zu errichten (Lörrach 21. September) diskreditierten die demokratische Linke, schwächten aber auch die Position der Nationalversammlung insgesamt gegenüber der jetzt einsetzenden Gegenrevolution: Man brauchte die Monarchien zur Aufrechterhaltung von Ruhe und Ordnung sowie zur Verhinderung der sozialen Revolution, ohne ihnen glaubwürdig mit den Volksmassen drohen zu können. Die gegenrevolutionären Kräfte in Preußen und Österreich gewannen damit Handlungsspielraum. Vor allem Österreich, das die nationalen Revolutionen in Italien und Böhmen mit militärischer Gewalt niedergeworfen hatte, machte sich nun daran, auch in Ungarn und Wien die Uhr zurückzudrehen. In blutigen Straßenkämpfen schlugen kroatische Truppen die zweite Wiener Revolution nieder (Oktober 1848). Die Erschießung des demokratischen Paulskirchenabgeordneten Robert Blum zeigte der Welt, was die neue österreichische Regierung unter Fürst Schwarzenberg vom Parlament hielt. Im März 1849 löste Schwarzenberg die österreichische Nationalversammlung auf und forderte von der Paulskirche ultimativ, dass der gesamte österreichische Staat zu Deutschland gehören müsse.

Gegenrevolution

Kleindeutsche Lösung

Sein Plan eines österreichisch dominierten „70-Millionen-Reichs" hätte sämtliche Vorstellungen von einem deutschen Nationalstaat gesprengt. Die Nationalversammlung sah sich unter diesem Druck genötigt, sich für die „kleindeutsche" Lösung zu entscheiden, d.h. für ein preußisch geführtes Deutsches Reich ohne Österreich, nachdem man vorher eine „großdeutsche" Lösung favorisiert hatte, die die Einbeziehung von Deutschösterreich bedeutet hätte. Die Paulskirchenfraktionen formierten sich neu (→ S. 82). Da die neue kleindeutsche Fraktion Weidenbusch der Linken in der Frage des allgemeinen Wahlrechts entgegenkam (→ S. 92), fand die kleindeutsche Lösung schließlich am 27. März 1849 eine knappe Mehrheit (267:263). Die entscheidenden vier Stimmen waren die von vier demokratischen Österreichern, die damit gegen die Gegenrevolution in ihrem Land protestierten.

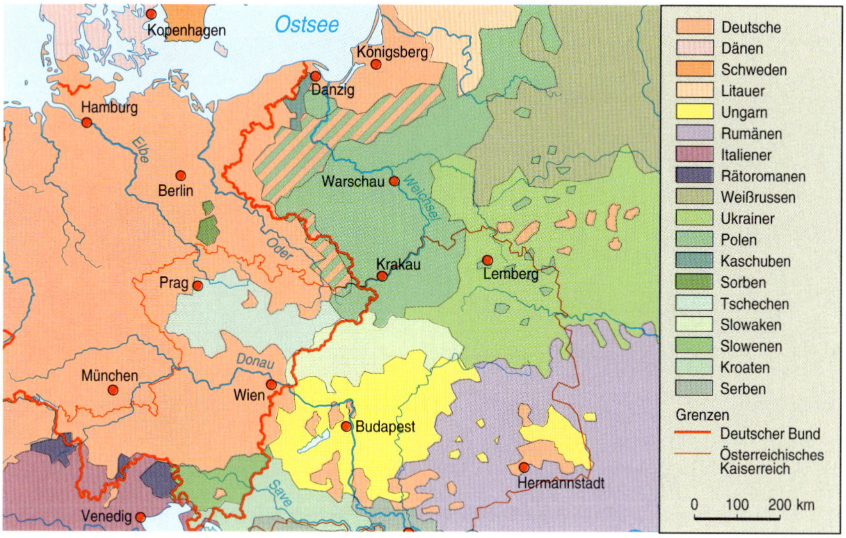

Nationalitäten im Deutschen Bund.

MATERIAL 6

Aus der Debatte über die zukünftige Stellung der Provinz Posen, 24./25. 7. 1848

Posen, wo 60 % Polen lebten, gehörte bis Mai 1848 als preußische Provinz nicht zum Deutschen Bund, ihr westlicher Teil wurde aber 1848 Teil Preußens und damit in den Deutschen Bund einbezogen (➔ S. 85).

R. Blum, *Deutscher Hof*:

[...] Ich will nur fragen, wenn wir hier die Angelegenheiten der europäischen Politik, [...] entscheiden, nach welchem Principe handeln Sie denn da? Ist es die territoriale Auffassung der Dinge, die Sie bestimmt, wie das z. B. hinsichtlich Schleswig-Holstein's, der Slaven und Triest's der Fall gewesen zu sein scheint? Warum sind Sie dann nicht von demselben Principe ausgegangen, wenn es sich darum handelt, ein anderes Volk zu beurtheilen, dem eine Anzahl Deutscher einverleibt ist wie uns eine Anzahl Dänen und Slaven und Italiener ? [...]

Oder ist es der National-Gesichtspunkt, der Sie leitet? Nun, dann seien Sie auf der anderen Seite so gerecht, und wenn Sie Posen durchschneiden, um die Deutschen zu reclamiren, so schneiden Sie auch Schleswig durch, geben Sie die Slaven los, die zu Österreich gehören und trennen Sie auch Südtyrol von Deutschland. Ja, ich sage mehr: wenn Sie so ein lebhaftes Nationalgefühl haben und durch dasselbe allein sich leiten lassen sollen, so befreien Sie die deutschen Ostseeprovinzen von der Herrschaft Rußland's und befreien Sie die 600 000 unglücklichen Deutschen im Elsaß, die sogar unter der Herrschaft einer Republik schmachten. (*Anhaltender Beifall*)

W. Jordan (*Deutscher Hof*):

[...] Wer da sagt, wir sollen diese deutschen Bewohner Posens den Polen hingeben und unter polnische Regierung stellen, den halte ich mindestens für einen unbewußten Volksverräther. (*Bravo!*) [...] Polen bloß deßwegen herstellen zu wollen, weil sein Untergang uns mit gerechter Trauer erfüllt, das nenne ich eine schwachsinnige Sentimentalität. (*Bravo von der Rechten, Zischen von der Linken*)

[...] Ich sage, die Politik, die uns zuruft: gebt Polen frei, es koste, was es wolle, ist eine kurzsichtige, eine selbstvergessene Politik, eine Politik der Schwäche, eine Politik der Furcht, eine Politik der Feigheit. Es ist hohe Zeit für uns, endlich einmal zu erwachen, aus jener träumerischen Selbstvergessenheit, in der wir schwärmten für alle möglichen Nationalitäten, während wir selbst in schmachvoller Unfreiheit darniederlagen und vor aller Welt mit Füßen getreten wurden, zu erwachen zu einem gesunden Volksego-

Frage: Aber, Gevatter Michel, was bleibt nun übrig von eurer deutschen Pastete, wenn ihr so fortmacht? Antwort: Na, die Philosophie werden sie mir wohl lassen. Karikatur auf Ruges Eintreten für die Rechte der Nachbarvölker. Ruge war von Beruf Philosophiedozent.

ismus, um das Wort einmal gerade heraus zu sagen, welcher die Wohlfahrt und Ehre des Vaterlandes in allen Fragen obenan stellt. [...] Nein, ich gebe es ohne Winkelzüge zu: Unser Recht ist kein anderes als das Recht des Stärkeren, das Recht der Eroberung. (*Jordan ging später zur rechten Fraktion Landsberg über.*)

A. Ruge (*Donnersberg*):
[...] Die Polen sind das Element der Freiheit, das in das Slawenthum geworfen wurde. [...]. Im Gegenteil, im Namen der Humanität und der Gerechtigkeit verlange ich, daß Polen wieder hergestellt werde und daß wir das Vorparlament nicht Lügen strafen, welches erklärt hat, die Theilung Polens sei ein schmachvolles Unrecht. Die Wiederherstellung Polens müssen wir anbahnen. [...] an der Ehre Deutschlands ist es, daß Deutschland die Freiheit nach Osten propagiere und nicht an der Grenze von Rußland und Polen damit stehen bleibe. An unserer Ehre ist es, daß wir aufhören, Unterdrücker zu sein, daß wir Freunde aller befreiten Völker werden, daß wir die Italiener befreien und ihre Freunde werden und daß wir die Polen befreien und ihre Freunde werden [...] Die Italiener werden eine Nation werden und die Radetzky's werden aus Italien verjagt werden [...] Die Herstellung Italiens gehört zu dem neuen Völkerrecht, und wir, die wir die Ausführung des neuen Völkerrechts, die wir die Freiheit der europäischen Völker wollen, müssen wünschen, daß die Tyrannen der Italiener, [...] die Radetzky's geschlagen werden.
(*Großer Lärm; Stimmen: „Zur Ordnung! Zur Ordnung! Wir protestiren allgemein gegen einen solchen Ausspruch! Es ist eine Schande, von einer deutschen Tribüne das zu hören!"*)

Aus: Stenographischer Bericht über die Verhandlungen der deutschen constituirenden Versammlung zu Frankfurt am Main, Frankfurt/Main 1848, Bd. 2, S. 1141 ff., 1184 ff., 1200.

1. Von welchen Gesichtspunkten lassen sich die Redner bei ihrer Stellungnahme zur Polenfrage leiten? Erläutern Sie ihr Politikverständnis und ihre Auffassung von der Nation.
2. Erläutern Sie die Aussage der Karikatur Material 6. Inwieweit kommen hier besondere Vorurteile gegenüber der Paulskirche und gegenüber Intellektuellen zum Ausdruck?

1.4 Volksstaat oder Fürstenstaat?

Die Frage der deutschen Einheit als eine territoriale und ethnische Frage rührte an die Grundsätze der völkerrechtlichen Ordnung Europas. Die Frage der Freiheit, der inneren Ausgestaltung des neu zu gründenden Reichs, berührte dagegen Strukturen und Traditionen von 39 Einzelstaaten und war seit der Französischen Revolution ideologisch vorbelastet:

- Welche Staatsform sollte das Reich haben? Wie sollte das Verhältnis von Zentralgewalt und Einzelstaaten, von Exekutive und Legislative gestaltet werden?
- Auf welchen Grundrechten sollte die Verfassung aufbauen? Wie sollte hierin das Verhältnis von Individuum und Gesellschaft definiert werden? Wie konnten Grundrechte eine Gesellschaft gestalten, die zum Teil bereits auf dem Weg zur Industrialisierung war, zum Teil aber noch in feudalen agrarischen Verhältnissen lebte? Welche Antwort würde die Verfassung auf die Nöte der verarmten Massen geben, deren deutsche Frage in erster Linie eine soziale Frage war?

Grundrechte

Der 30-köpfige Verfassungsausschuss, dem einige der prominentesten Männer der Nationalversammlung angehörten, beschloss schon im Mai 1848, mit der Formulierung von Grundrechten anzufangen (→ M 7). Aber auch auf diesem Feld gab es Kontroversen. Im Konflikt zwischen denen, die „aus der größten Freiheit der Einzelnen den besten Staat zu schaffen" glaubten und denen, „welche in der gesicherten Festigkeit und Ordnung des Ganzen auch die Freiheit des Einzelnen bedingt sahen", entschied sich die Mehrheit meist für die letztere Position.

Der Grundrechtskatalog mit seinen 60 Paragraphen in 14 Artikeln wurde später als erster Teil der Verfassung vorangestellt. Er enthält die Freiheits- und Gleichheitsrechte des Individuums, die politischen Grundrechte der Koalitions-, Versammlungs- und Meinungsfreiheit, die Zivilehe und staatliche Schulaufsicht, die Garantie unabhängiger Gerichte und einen weit reichenden Minderheitenschutz für die nichtdeutschen Minderheiten. Die Todesstrafe wurde abgeschafft. Die Grundrechte waren für alle Staatsbürger beim Reichsgericht einklagbar. Soziale Grundrechte wurden von der Mehrheit größtenteils abgelehnt. Lediglich die Schulgeldfreiheit und das Koalitionsrecht sollten soziale Missstände beheben helfen. Die Nationalversammlung verkündete die Grundrechte am 23. 12. 1848 als geltendes Recht und ließ 100 000 Exemplare drucken und kostenlos verteilen.

Regierungssystem

Die Beratungen über das Regierungssystem des Deutschen Reiches fanden zwischen Oktober 1848 und März 1849, in einer Phase entscheidender machtpolitischer Verschiebungen, statt. Die parlamentarische Schwäche der Linken ließ jedes Konzept einer republikanischen Verfassung, wie sie Struve vor dem Vorparlament gefordert hatte, illusorisch werden. Auch eine Mediatisierung der kleineren Monarchien, eine Verringerung des preußischen Übergewichts waren undurchsetzbare Forderungen. Ein Bundesstaat sollte das Deutsche Reich werden; die Einzelstaaten waren durch das Staatenhaus, in dem Vertreter der Länderparlamente und der Länderregierungen saßen, repräsentiert. Die Einheit der Nation verkörperte das direkt gewählte Volkshaus, beide zusammen bildeten die Legislative. Die Einheit des Reiches wurde ferner durch die Unterordnung der Länderrechte unter das Reichsrecht und die starke Reichsspitze garantiert. Zu den umstrittensten Fragen gehörte in diesem Zusammenhang die des Vetorechts des Kaisers. Nach langen Debatten verwarf die Versammlung das absolute Veto, das in Verbindung mit dem Recht zur Auflösung des Reichstags die Stellung der Legislative entscheidend geschwächt hätte, und entschied sich für ein suspensives (aufschiebendes) Veto.

Wahlrecht

Ähnlich umstritten war die Frage des Wahlrechts. Obwohl die Paulskirchenabgeordneten ihr Mandat einem (fast) allgemeinen Wahlrecht verdankten, waren die Fraktionen der Rechten und des rechten Zentrums für eine Beschränkung auf „Selbstständige"; Empfänger von Armenunterstützung, Tagelöhner, Dienstboten, Handwerksgesellen und Fabrikarbeiter, nicht aber Beamte sollten ausgeschlossen bleiben. Obwohl die meisten Abgeordneten gegen ein allgemeines Wahlrecht waren, entschied sich die Nationalversammlung für das allgemeine, gleiche und geheime Männerwahlrecht.

Wahl- oder Erbmonarchie

Diese Entscheidung war Ergebnis eines Kompromisses in der Frage des Reichsoberhaupts. Schon die Wahl des Reichsverwesers hatte gezeigt, dass die Mehrheit die Monarchie wollte; republikanische Entwürfe waren ohne Chance. Die einzige Alternative war schließlich, den Kaiser jeweils aus der Reihe der Reichsfürsten zu wählen (Wahlmonarchie) oder diese Würde durch eine einmalige Wahl einer Dynastie erblich zu übertragen (Erbmonarchie). Im Frühjahr 1849 kam der entscheidende Kompromiss zustande. Eine Gruppe von 15 demokratischen Abgeordneten stimmte dem Erbkaisertum zu. Dafür verzichteten die Konstitutionellen auf das absolute Veto und die Einschränkung des Wahlrechts. Die Verfassung wurde somit demokratischer, als es die Mehrheitsverhältnisse eigentlich zugelassen hätten.

Kaiserwahl

Die veränderte Machtlage in Europa (→ S. 86) hatte inzwischen auch die Debatte über den Einschluss Österreichs in das Deutsche Reich erledigt. Es blieb nur noch die „kleindeutsche" Lösung übrig. Daher wurde der nunmehr mächtigste Monarch, der preußische König Friedrich Wilhelm IV. am 28. März 1849 mit 290 Stimmen bei 249 Enthaltungen zum Kaiser gewählt. Vielen Abgeordneten erschien diese Wahl als eine natürliche Folge der Ereignisse, hatte doch der König nach der blutigen Märzrevolution in Berlin erklärt, dass „Preußen künftig in Deutschland" aufgehe. Zwar hatte er die preußische Nationalversammlung im November 1848 gewaltsam auflösen lassen und eine Verfassung „oktroyiert" (erlassen), aber diese entsprach durchaus den Vorstellungen der meisten Abgeordneten und enthielt sogar das allgemeine Wahlrecht (das aber 1850 zugunsten des Dreiklassenwahlrechts wieder abgeschafft wurde). Privat hatte sich der König jedoch viel drastischer über die Krone geäußert, die ihm von der Nationalversammlung angeboten wurde: „dieser imaginäre Reif, aus Dreck und Letten gebacken", an dem noch „der Ludergeruch der Revolution" hafte. Eine Krone, die seinen Vorstellungen vom Gottesgnadentum entspreche, müsse von den Fürsten übertragen werden. In seiner ausweichenden Antwort an die Deputation der Paulskirche, die ihm am 3. April 1849 die Krone antrug, machte Friedrich Wilhelm IV. die Annahme auch von der Zustimmung der übrigen Fürsten abhängig. Am 14. April 1849 nahmen 28 deutsche Staaten in einer gemeinsamen Note die Reichsverfassung an, aber gerade die größeren Monarchien waren nicht darunter. Am 28. April 1849 lehnte auch der preußische König Verfassung und Krone definitiv ab.

Kampf um die Annahme der Verfassung

Rumpfparlament

Die Verfassung war damit gescheitert. Die Abgeordneten der Rechten und der Mitte verließen nach und nach die Nationalversammlung, die preußische Regierung berief

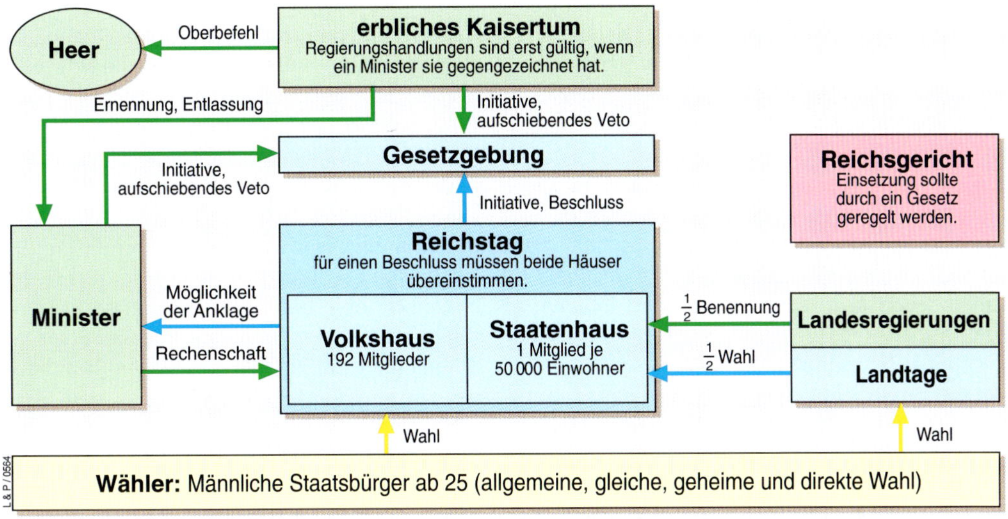

Die Reichsverfassung von 1849.

die preußischen Abgeordneten ab. Etwa 100 Abgeordnete der linken Fraktionen verlegten den Sitz der Versammlung nach Stuttgart, wo sie als „Rumpfparlament" den Reichsverweser absetzten und eine revolutionäre Reichsregentschaft wählten. Doch auch sie wurden durch württembergisches Militär auf Befehl des „Märzministers" Römer vertrieben. Die letzte revolutionäre Bewegung in Sachsen, den preußischen Westprovinzen und Südwestdeutschland („Reichsverfassungskampagne") wurde von der preußischen Armee und Reichstruppen niedergeschlagen. Als letzter Stützpunkt kapitulierte die Festung Rastatt am 23. Juli 1849. Standgerichte, Erschießungen und Zuchthausstrafen erwarteten diejenigen, die nicht rechtzeitig ins Exil entkommen waren. Dasselbe Schicksal traf auch die Revolution in Ungarn, die im August 1849 der Übermacht der russischen und österreichischen Armeen erlag.

Mairevolution

Grundsätze und Errungenschaften der Verfassung blieben aber trotz ihres Scheiterns verbindliche Leitlinien für künftige Zeiten. Obwohl die Reichsverfassung von 1871 keinen Grundrechtskatalog enthielt, war deren prinzipielle Geltung nicht umstritten. 1919 und 1949 griff man bei der Gestaltung demokratischer Verfassungen auf das Modell von 1849 zurück.

MATERIAL **7**

Wozu Grundrechte? Rede des Ausschussvorsitzenden Georg Beseler bei der ersten Vorlage, 4. Juli 1848

Ihr Ausschuß hat sich nun zu dem Beschluß vereinigt, mit der Feststellung dieser Rechte – wir haben sie Grundrechte genannt – zu beginnen. Es waren insbesondere zwei Erwägungen, die uns hierzu veranlaßt haben. Einmal hielten wir es für nothwendig, daß bei der großen socialen Bewegung, die ganz Deutschland ergriffen hat, von hier aus ein Wort darüber gesprochen werde, wo wir die Grenze finden, über welche diese Bewegung nicht hinausgeführt werden soll. [...] Sodann hat uns aber auch noch ein anderer Umstand zu diesem Beschlusse bewogen.[...] Wir waren der Meinung, es sei angemessen, ein Gebiet aufzusuchen, das mehr als jedes andere als ein neutrales betrachtet werden kann, wo die Abweichung der Ansichten, wenn sie nicht ganz fehlt, doch weniger eine bestimmte Ausbildung erhalten hat. [...]

Es sind insbesondere drei Gesichtspunkte, die wir hierbei festgehalten haben. Einmal schien es uns nothwendig, daß die politische Einheit, die wir jetzt anstreben, ja die wir hier in der Paulskirche schon gegründet haben, auch ihre Wirkung äußern müsse auf die staatsbürgerlichen Rechte der Deutschen [...]

Ein zweiter Gesichtspunkt, den wir auffaßten, war folgender: Wir wollen jetzt aus dem herauskommen, was uns der Polizeistaat der letzten Jahrhunderte gebracht hat. Wir wollen den Rechtsstaat auch für Deutschland begründen, und zwar in seiner Consequenz, oder so, wie die Natur unseres Volks – denn unser Volk ist ein Rechtsvolk – und die Bildung der Zeit es fordert. Es soll die Bevormundung entfernt werden, die von oben her auf Deutschland lastet.

Dann nahmen wir in Betracht, daß aus früheren Zeiten noch Vieles erhalten ist an Feudallasten und ähnlichen Beschränkungen, welches der Neuzeit weichen muß. Wir haben die Befreiung des Grundbesitzes zum Gegenstand unserer Berathung gemacht, und sie finden hierüber wichtige Vorschriften. Dann die Verhältnisse zwischen Kirche und Staat, zwischen Schule und Staat [...]

Wir glauben, daß in dem, was in den Grundrechten von uns aufgestellt worden ist, dem deutschen Volke ein Großes geboten wird, wir glauben, daß hier eine Errungenschaft früherer Zeiten und ein Gewinn für die Nationalentwicklung niedergelegt ist, welcher für lange Zeit dem Volke zu Gute kommen soll [...]

Aus: Stenographischer Bericht über die Verhandlungen der deutschen constituirenden Nationalversammlung zu Frankfurt am Main, Frankfurt/Main 1848, Bd. I, Sp. 700 f.

1. **Erläutern Sie die Gründe, die den Verfassungsausschuss bewogen haben, die Verfassungsdebatte mit den Grundrechten zu beginnen.**
2. **Welche Funktionen werden den Grundrechten zugesprochen?**

MATERIAL

8 Aus den Debatten um das Wahlrecht zum Volkshaus:

Reichsminister von Beckerath (Casino):

[...] Wir können es nicht verkennen, und wir müssen es beklagen, daß in unserem Vaterlande, das in mancher Beziehung hochsteht, doch noch ein großer Theil der Bevölkerung sich in einem Zustande befindet, in welchem er alle ihm zu Gebote stehenden Kräfte dazu zu verwenden hat, daß die äußerste Nothdurft des Lebens befriedigt werde, in welchem der Blick nicht über dieses nächste Ziel hinausreicht und in welchem der geringste Grad von Einsicht in politischen Dingen nicht anzutreffen ist. Das ist eine Thatsache, die nicht geleugnet werden kann.

Die Klassen also, die nun urplötzlich, nachdem sie nie vorher in die Lage kamen, nachzudenken über das Wesen des Staates, berufen werden, eine so wichtige Entscheidung zu treffen, werden entweder das blinde Werkzeug anderer, die sie zu ihren Zwecken mißbrauchen, oder sie verfallen irgendeinem anderen Irrthum, und es kann dadurch Dasjenige, was um ihrer selbst willen befördert werden muß, das Wohl des Staates, nur gefährdet werden. Wenn wir aber diese Ueberzeugung gewinnen, [...] so können wir andererseits die Aufgabe des Staates nicht verkennen, durch alle ihm zu Gebote stehende Mittel, nicht allein durch Schuleinrichtungen, sondern auch durch andere Bildungsanstalten und selbst durch Beförderung geeigneter Associationen dahin zu wirken, daß Einsicht und Befähigung sich in immer weiteren Kreisen verbreiten [...]

Pfeiffer (Württemberger Hof):

[...] Ich kenne nur eine Selbstständigkeit, und das ist die Selbstständigkeit der Gesinnung, allerdings ein sehr erwünschtes Erforderniß bei Ausübung des Wahlrechts; aber ich kenne keine äußere Lebensstellung, von der aus man mit Sicherheit, mit entschiedener Gewißheit einen Rückschluß auf diese Selbstständigkeit der Gesinnung, auf das Vorhandensein derselben, oder ihren Mangel, machen kann. [...]
Das Andere, worauf ich Sie hinweisen wollte – es ist eine Erinnerung an unsere Revolution. [...] Meine Herren! Ich war wenige Tage nach jener furchtbaren Katastrophe in Berlin unter den Verwundeten, ich stand unter der langen Reihe der Leichen, diesen Opfern einer verblendeten Politik; hierher hatten die privilegirten Stände nur hie und da einen einzelnen Vertreter gesendet [...] Aber die überwiegende Mehrzahl Derer, die ihr Leben, ihr Blut für die Revolution, für die Sache der Freiheit und der Rechte des Volkes eingesetzt hatten – es waren eben Handwerksgehülfen, Fabrikarbeiter, Tagelöhner. (*Bravo auf der Linken*) Sie werden ihnen das Recht, das sie für sich und ihren Stand auf den Barrikaden erkämpften, nicht durch die Annahme eines Paragraphen wieder nehmen (*Bravo auf der Linken*), und wenn Sie es thun, dann werfen Sie die Saat aus zu einer neuen Revolution [...]

Bassermann (Casino):

Nein, meine Herren! Die Weltordnung wird nicht anders, und es wird eben [...] immer verschiedene Schichten in der menschlichen Gesellschaft geben. Und Solche wird es geben müssen, die das Banner der Intelligenz vorantragen und die Führung haben; und es wird immer eine Masse bleiben, welche statt selbst zu führen, den Führern zu folgen hat (*Bravo auf der Rechten*). [...] Soll nicht die Bildung es sein, die die Geschicke des Vaterlandes bestimmt; sollen nicht die Gebildeten es sein, die in den deutschen Parlamenten votiren? [...]
Wenn Sie aber in die Volksvertretung diejenigen Klassen rufen, welche ohne alles Besitzthum kein Interesse an der Familienfortdauer, kein Interesse an der Zukunft haben, vielmehr sich den socialistischen Lehren des bloß thierischen, augenblicklichen Genießens hingeben, dann, meine Herren, stürzen Sie auch den Staat um, der ja allein auf dem Begriffe der Zukunft beruht (*Bravo auf der Rechten, Gelächter auf der Linken*). [...]

Vogt (Donnersberg):

[...] Dieses Wahlgesetz zeigt uns einmal unumwunden, daß unsere Constitutionellen nicht mit der Majorität des Volkes, sondern mit einem Extract der Minorität des Volkes regieren wollen; es zeigt uns, daß jene Redensarten von der Herrschaft der Majorität, die man durchführen wolle, die Unwahrheit sagten und daß die Behauptung, das Princip des constitutionellen Systems sei die Herrschaft der Majorität, wirklich eine Lüge, eine offizielle Lüge ist (*von der Linken: sehr gut!*). [...]
Freilich, meine Herren, für solche Staatspolitiker der niedersten Stufe, die nur in der Dauer den Zweck des Staates sehen, wie uns eben gesagt wurde, für Solche gilt jedes Mittel gleich, um die Dauer ihres Staates zu bezwecken. Ich glaube, meine Herren, den Zweck des Staates darin zu finden, daß der Staat alle Rechte der Bürger gleichmäßig und gerecht erhält und daß er jedem Bürger gleichmäßige Rechte gibt; ich meine, daß es besser sei, ein Staate ginge zu Grunde, der die gleichmäßigen Rechte aller Bürger vernichten muß, um dauern zu können. [...]
Es ist wahr, meine Herren, es gehört Intelligenz dazu, um die Masse zu führen; es gehört aber auch die Masse dazu, um die Intelligenz heranzubilden und der Intelligenz die Kraft zum Vorschreiten zu geben. Wenn Sie die Masse nicht hinter sich haben, können Sie mit all Ihrer Intelligenz und Weisheit sitzen und tagen und reden und sprechen, und es wird nichts geschehen. [...]

Hildebrand (Westendhall):

[...] Meine Herren! Der Verfassungsausschuß hat offenbar unter Selbstständigkeit nicht die der Gesinnung oder des Charakters, sondern die ökonomische Selbstständigkeit verstanden; er hat die

Wahl gegen Bestechung, gegen unberechtigte Einflüsse sichern wollen; aber eben diese Definition ist ihm durchaus nicht gelungen.
Gerade die Personen, welche er ausschließt, sind großentheils ökonomisch selbstständiger, als diejenigen, welche er zur Wahl zuläßt. Die Ursache liegt in unseren eigenthümlichen socialen Verhältnissen. Das deutsche Proletariat ist kein Fabrik-, sondern ein Handwerksproletariat. Es sind in den mittleren und kleineren Städten die vielen kleinen Meister, welche heruntergekommen sind, darben und gegenwärtig als Proletarier gelten müssen; es sind namentlich die zahlreichen unglücklichen Meister, welche mit der Hausindustrie beschäftigt sind und mit den Maschinen concurriren, vor allen Anderen die Weber. [...]

Meine Herren! Nun frage ich Sie: Wer ist selbstständiger, wer ist ökonomisch unabhängiger gestellt? Der einzelne kleine Schuhmachermeister, der mit seiner ganzen Habe dem Lederhändler verfallen ist und von dem Wohlwollen seines Gläubigers abhängt, oder der Handwerksgeselle, der jeden Augenblick seinen Contract kündigen kann?
Wer ist selbstständiger, die Tausende von Webermeistern, die jede Woche von ihrem Brodherrn ihr Garn zur Arbeit holen und mit ihrer ganzen Existenz an dessen Gnade gebunden sind, oder die Fabrikarbeiter, die im Wetteifer mit den Maschinen ihre Kraft geübt haben und überall neue Contracte eingehen können? Wo ist mehr Bestechlichkeit möglich? In den Fabriken, wo jeder Fabrikarbeiter sofort wahrnimmt, welchen Einfluss der Fabrikant bei der Wahl auf seine Genossen auszuüben beabsichtigt oder bei den Webemeistern, wo der Brodherr auf jeden Einzelnen in aller Stille wirken kann. [...]
Schließen Sie die unteren Classen der Gesellschaft aus, so schaffen Sie ebenso viel Feinde des Staates, als Sie Personen ausschließen, zumal da Sie ihnen nicht etwa ein neues Recht vorenthalten, sondern ein bereits erworbenes entziehen. [...]

Scheller (*Casino*):

[...] Es ist auf sehr gelehrte Weise aus mehreren Paragraphen der Grundrechte zusammengestellt, daß dort, wo vom Deutschen die Rede, auch die Deutsche gemeint sei, und daß, wenn man keinen Unterschied mache, man nach Maßgabe der Grundrechte dahin kommen würde, auch das weibliche Geschlecht für wahlberechtigt zu erklären. Dieser Argumentation steht aber entgegen, daß ein Gesetz, wenn es von politischen Rechten redet, nur das männliche Geschlecht meinen kann. [...]
Soll aber hier dennoch etwas ausdrücklich über das Geschlecht gesagt werden, will man aussprechen, daß das weibliche Geschlecht ausgeschlossen sei, so wird man auch in den Grundrechten Aenderungen vornehmen müssen; denn auch in den Grundrechten kommt unter Anderem die Bestimmung vor, daß die Wehrpflicht allgemein sei. Niemandem aber wird es einfallen, daß diese Bestimmung auch auf das weibliche Geschlecht ausgedehnt werden soll. Ebenso kommt in den Grundrechten die Bestimmung vor, daß Jeder, der fähig sei, ein Amt antreten könne, es wird aber Niemandem in der Versammlung einfallen, dieß Recht auch dem weiblichen Geschlecht einzuräumen. Beweis: daß, wenn es sich um politische Rechte im Gesetz handelt, man es nicht nöthig hat, das weibliche Geschlecht auszuschließen. [...]

Ebd. Bd.7, S. 5222 ff., 5246 f., 5248 f. 5252, 5254 ff.,5285 ff., 5329.

1. **Beurteilen Sie die Argumente der Redner und kennzeichnen Sie die von ihnen verwendeten Kriterien (z. B. Menschenbild, Geschichtsbild, soziales Vorurteil, Ideologie, Revolutionserfahrungen).**
2. **Erörtern Sie: Halten Sie die an das allgemeine Wahlrecht geknüpften Erwartungen und Befürchtungen für berechtigt?**

1.5 Nationale Bewegungen in Europa 1815–1866

Nicht nur im Deutschen Bund, sondern auch im übrigen Europa hatten die Ergebnisse des Wiener Kongresses von 1814/15 (➔ S. 74) Enttäuschung hinterlassen. Überall dort, wo nationale Bewegungen auf partikulare oder übernationale Gewalten stießen, brachen zunehmend revolutionäre Bewegungen und nationale Konflikte auf. Das Interventionsrecht der Großmächte setzte revolutionären Bewegungen jedoch Grenzen. Auf den Kongressen von Aachen (1818), Troppau (1820), Laibach/Lubljana (1821) und Verona (1822) suchten die europäischen Staatsmänner, insbesondere Metternich, Castlereagh und Zar Alexander I., die Friedensordnung von 1815 zu stabilisieren. Die nationale Dynamik, die von der Französischen Revolution ausgelöst worden war, ließ sich jedoch durch die Kongressdiplomatie nicht mehr einfach bändigen.

Italien

1820 brachen in Italien revolutionäre Unruhen aus. Italien, das nach einem Wort Metternichs nur ein „geographischer Begriff" war, hatte nie eine nationalstaatliche Einheit gekannt. Nach dem Ende der französischen Besetzung war 1815 die österreichische Herrschaft in Mailand und Venezien wiederhergestellt worden. Auch in der Toskana, in Modena und Parma herrschten habsburgische Nebenlinien. Im Süden, im Königreich beider Sizilien, regierten wie in Spanien und Frankreich wieder die Bourbonen, während Mittelitalien größtenteils zum ebenfalls restaurierten Kirchenstaat gehörte. Zentrum des italienischen Einigungsstrebens („risorgimento", „Wiederauferstehung") war das Königreich Piemont-Sardinien, das in Wien vergrößert worden war, um den Abwehrring um Frankreich zu verstärken. Durch eine Verfassung und eine liberale Wirtschaftpolitik wurde es zum modernsten Staat Italiens. Im Süden aber löste 1820 der nationalistische Geheimbund der „Carbonari" („Köhler") in Neapel eine Revolution aus, die 1821 auch auf Piemont übergriff. Die europäischen Mächte beauftragten auf dem Kongress von Laibach Österreich mit der Niederschlagung der Aufstände. Österreichs Einfluss wurde durch die siegreichen Feldzüge noch verstärkt. (Die Entstehung des italienischen Nationalstaates S. 101 ff.)

Griechenland

Einen Tag nach dem siegreichen Einmarsch der Österreicher in Neapel (24. 3. 1821) brach auch in Griechenland der nationale Aufstand aus. Seine Voraussetzungen unterschieden sich grundsätzlich von denen westlicher Aufstände. Seit dem 14. Jahrhundert gehörte die griechische Halbinsel zum Osmanischen Reich, 1453 war mit Konstantinopel die letzte Bastion des byzantinischen Reichs an die Türken gefallen. Trotzdem blieb Konstantinopel/Istanbul die größte griechische Stadt. Fast der gesamte Außenhandel des Osmanischen Reichs lag im 18, Jahrhundert in griechischer Hand. Der orthodoxe Patriarch war höchste kirchliche Autorität und genoss zugleich die Würde eines türkischen Pascha. Byzantinische Griechen wirkten seit Beginn des 18. Jahrhunderts als „Hospodare" (Statthalter) des Sultans in den Donaufürstentümern Walachei und Moldau. Kulturell war das griechische Mutterland aber völlig verarmt; es gab weder Schulen noch Universitäten, und griechische Intellektuelle konnten sich nur in der Emigration frei entfalten. Nur dank der orthodoxen Kirche konnten griechische Kultur und Sprache fortbestehen.

Nationale Idee

Als Untertanen eines übernationalen Reiches hatten die Griechen eine nationale Einheit nie gekannt. Die nationale Idee wurde, wie überall in Europa, unter dem Einfluss der Französischen Revolution importiert. Diese Entwicklung lief parallel mit der Entwicklung zentrifugaler Kräfte innerhalb des Osmanischen Reichs. Die russisch-türkischen Kriege 1770 und 1788–92 trugen zur Schwächung der türkischen Herrschaft in Europa bei. So wurde auch der westliche Balkan der Kontrolle des Sultans mehr und mehr entzogen.

1821: Alexander Ypsilanti

Nicht in Griechenland selbst, sondern in Odessa, einer Stadt mit einer großen griechischen Gemeinde, wurde das Signal zum Aufstand gegeben. 1814 war die „hetairia ton philikon", der „Freundschaftsbund", gegründet worden, dem angeblich 200 000 Griechen der verschiedensten politischen Richtungen angehörten. Im Januar 1821 sammelte der Grieche Alexander Ypsilanti, General im Dienst der russischen Armee und Teilnehmer an der Völkerschlacht von Leipzig, eine bewaffnete „heilige" Schar und überschritt am 22. Februar im Vertrauen auf die Unterstützung Zar Alexanders I. die Grenze. Da die russische Unterstützung jedoch ausblieb, konnte die türkische Armee die Erhebung niederschlagen. Ypsilanti floh nach Ungarn und starb 1828.

1821: Peloponnes

Anders verliefen die Dinge auf der Peloponnes. Am 25. März 1821 verkündete der Bischof von Patras (→ Abb. S. 97) den Aufstand, der auch auf die Inseln und Mittelgriechenland übergriff. Massaker an Muslimen, vor allem nach dem Fall von Tripolis, waren die scheußliche Begleiterscheinung. Die Antwort der Türken blieb nicht aus. Ostern 1821 lynchte der türkische Mob von Istanbul den Patriarchen Georgios IV. und sechs orthodoxe Priester. Auf der Insel Chios metzelte eine türkische Landungstruppe tausende Griechen nieder und versklavte die Überlebenden.

Griechische Nationalversammlung

Um die Jahreswende 1821/22 wurden die ersten Weichen für die politische Zukunft gestellt. In Epidauros tagte die erste griechische Nationalversammlung und verkündete eine demokratische Verfassung. Gleichzeitig wurde zu Lande und zur See der Kampf gegen die Türken mit unverminderter Härte weitergeführt. Nachdem 1826 die lange umkämpfte Stadt Missolunghi und 1827 auch Athen wieder in die Hände der Osmanen gefallen waren, schien das Ende der griechischen Erhebung gekommen.

Unterstützung durch das Ausland?

Nur einem inzwischen eingetretenen Wandel der internationalen Lage verdankte es die griechische Nationalbewegung, dass ihr das Schicksal des italienischen Aufstandes erspart blieb. In der Logik Metternichs war in Griechenland dasselbe revolutionäre Virus am Werk wie in Italien, das ganze Unternehmen ein Aufstand gegen einen legitimen Herrscher. Sein Streben ging nun dahin, den Zaren an einem Eingreifen zugunsten seiner orthodoxen Glaubensbrüder und zugleich an einem Ausgreifen nach Westen, das den geostrategischen Bestrebungen Russlands nur zu gut entsprochen hätte, zu hindern.

Philhellenische Bewegung

Doch die öffentliche Meinung in Europa führte den internationalen Kurswechsel herbei. Das gebildete Europa sah in den Griechen des 19. Jahrhunderts die Nachfahren des klassischen Griechenlands, der Sieger über die Perser. Unter dem Einfluss der philhellenischen Bewegung, die viele junge Menschen zur Beteiligung am griechischen Freiheitskampf führte, erkannte Großbritannien als erste Großmacht 1823 die griechische Unabhängigkeit an. Der russische Kurswechel erfolgte nach der Thronbesteigung Zar Nikolaus' I. 1825. England, Frankreich und Russland schlossen am 6. 7. 1827 eine Allianz zugunsten der Griechen. Eine Flotte der drei Mächte vernichtete am 20. Oktober 1827 die osmanische in der Bucht von Navarino; ein französisches Landheer

Theodor Vryzakis (1819 – 1878) Germanos, der Bischof von Patras, segnet die Fahne des griechischen Freiheitskampfes, Gemälde 1865. Die nationale Identität der Griechen beruhte auf zwei Grundlagen: auf der Erinnerung an das Altertum und auf der orthodoxen Religion.

verdrängte die ägyptische Armee von der Peloponnes, ein russisches Herr drang von Norden ins osmanische Reich ein. Im Frieden von Adrianopel (Edirne) musste der Sultan der Gründung eines freien Griechenland schließlich zustimmen.

Dem neuen Staat, der allerdings nicht einmal die Hälfte des heutigen Territoriums umfasste, wurde die volle Souveränität zugestanden. Die innere Staatsgründung zog sich jedoch noch über Jahrzehnte hin und forderte ihre Opfer. Der erste Ministerpräsident Kapodistrias, früher Minister in russischen Diensten, wurde als Exponent einer russlandfreundlichen Politik 1831 ermordet. Mit einem Desaster endete auch der Versuch, unter dem bayerischen Prinzen Otto I. eine Monarchie zu begründen. Ein Misserfolg war die griechische Erhebung für Österreich, das nach wie vor die Legitimität der osmanischen Herrschaft betont hatte.

Polen

Nach den drei polnischen Teilungen (1772, 1792 und 1795) war das Königreich Polen als selbstständiger Staat von der Landkarte verschwunden. Nach dem Sieg über Preußen (1806) hatte Napoleon 1807 aus den ehemals preußischen Teilungsgebieten das Herzogtum Warschau gebildet. Doch der Preis für die Unterstützung der Staatsgründung war hoch: 100 000 Polen mussten in der Grande Armée 1812 nach Russland marschieren, die wenigsten überlebten. Der Wiener Kongress beschloss die 4. polnische Teilung, ohne die Wünsche der Bevölkerung zu berücksichtigen. Der größte Teil wurde als Königreich Polen („Kongresspolen") dem Zarenreich zugeschlagen. Immerhin bekam es, im Gegensatz zu dem autokratischen Russland, eine Verfassung, in der seine Sonderstellung gesichert wurde (→ S. 74).

Im November 1830 brach unter dem Eindruck der französischen Julirevolution (→ S. 75 und 148) und des Erfolgs der belgischen Unabhängigkeitsbewegung (s. u.) ein Aufstand in Polen aus. Nachdem der polnische Reichstag die russische Dynastie der

Horace Vernet (1789–1863), Der polnische Prometheus, 1831. Prometheus wurde auf Grund seiner unabhängigen Haltung gegenüber den Göttern im 18. und 19. Jahrhundert zur Personifikation des Rebellen. Hier in polnischer Uniform in den Klauen eines Adlers, der das russische Wappen trägt.

Romanows in Polen für abgesetzt erklärt hatte, begann der Einmarsch überlegener russischer Armeen. Trotz beachtlicher Anfangserfolge der polnischen Armee war die Niederlage mit der Kapitulation Warschaus am 8. 9. 1831 besiegelt. Die Verfassung wurde aufgehoben. 3 000 Adelsgüter wurden konfisziert und an russische Offiziere gegeben, die beiden Universitäten Polens, Warschau und Wilna, als Brutstätten des revolutionären Geistes aufgelöst. Etwa 9 000 Revolutionäre misstrauten den russischen Amnestieversprechung und gingen ins Exil, meist nach Frankreich. Auf dem Durchzug durch die deutschen Staaten wurden sie vom liberalen Bürgertum begeistert gefeiert. Paris wurde zur „zweiten Hauptstadt Polens". Die Meinungsunterschiede zwischen den beiden wichtigsten Gruppen, den Liberalen, die auf die Unterstützung der europäischen Regierungen hofften, und den Radikaldemokraten, die lieber mit den geheimen revolutionären Bewegungen wie den Carbonari zusammenarbeiteten, verhinderten eine weitergehende politische Wirkung.

Belgien

Anders Verlief der Unabhängigkeitskampf der südlichen Niederlande, des heutigen Belgien: Das Königreich der Vereinigten Niederlande, 1815 als Teil des Schutzrings um Frankreich gebildet, litt unter den Spannungen zwischen dem südlichen und dem nördlichen Landesteil. Neben wirtschaftlichen Differenzen zwischen dem industriell fortschrittlichen, daher auf Schutzzollpolitik bauenden belgischen Süden und der Seehandelstradition der nördlichen Provinzen waren es vor allem kulturelle Spannungen in Sprach- und Kirchenfragen, die zur Sezession führten. Der Versuch, das Niederländische als Amtssprache durchzusetzen, rief sogar im flämischen Landesteil Belgiens stürmische Proteste hervor. Die aufgeklärte Schulpolitik des protestantischen Königs Wilhelm I. führte zu einem „Kulturkampf" mit der katholischen Kirche. So kam es in Belgien zu einem Bündnis zwischen Liberalen und Katholiken. In der aufgeheizten Atmosphäre führte die Nachricht von der Pariser Julirevolution von 1830, die einen Thronwechsel zugunsten des Hauses Orléans erzwungen hatte, zum Aufstand des Brüsseler Proletariats, das von der Geistlichkeit und den Liberalen unterstützt wurde.

Keine Großmacht, nicht einmal die Großbritannien, unterstützte den Norden bei der Aufrechterhaltung seines Herrschaftsanspruchs, obwohl die Vereinigung seinerzeit auf Betreiben Englands durchgeführt worden war. Der neue Nationalkongress und eine provisorische Regierung erklärten im November die Unabhängigkeit Belgiens, die von den Großmächten 1831 gegen die Zusicherung der Neutralität anerkannt wurde. Die liberale Verfassung aus demselben Jahr galt als parlamentarische Musterverfassung und wurde vielfach kopiert. Eine militärische Intervention der Niederlande wurde mit französischer Hilfe abgewehrt. 1839 wurde die Unabhängigkeit Belgiens auch vom Norden anerkannt. Das Problem, aus zwei sprachlich verschiedenen Bevölkerungsteilen eine Nation zu schaffen, ist bis heute ungelöst.

MATERIAL 9

Die griechische Nationalversammlung an die Völker Europas (27. 1. 1822)

Wir, die Nachkommen der edlen und klugen Völker von Hellas, wir, die wir Zeitgenossen der aufgeklärten und zivilisierten Völker Europas sind, wir, die wir die Vorteile, die jene unter dem Schutz der unüberwindlichen Führung des Rechts genießen, von ferne beobachten, können um unserer Selbstachtung willen nicht länger das Joch der ottomanischen Macht ertragen, die uns seit mehr als 400 Jahren bedrückt – einer Macht, die für Gründe taub ist und kein anderes Recht kennt als ihren eigenen Willen, die willkürlich befiehlt und anordnet. Auf Grund der fortdauernden Sklaverei haben wir beschlossen, zu den Waffen zu greifen, um uns und unser Land zu rächen für eine schreckensreiche, ihrer Natur nach frevlerische Tyrannis, für eine beispiellose Despotie, unvergleichbar jeder andern Herrschaft.

Der Krieg, den wir gegen die Türken führen, ist nicht der einer Partei oder das Resultat einer Meuterei, er wird nicht geführt, um Vorteile für irgendeinen einzelnen Teil des griechischen Volkes zu gewinnen; es ist ein nationaler Krieg, ein heiliger Krieg, ein Krieg mit dem Ziel, die Rechte der persönlichen Freiheit, des Eigentums und der Ehre zurückzuerobern – Rechte, die die zivilisierten Völker Europas, unsere Nachbarn, heute besitzen, Rechte, die die grausame, unerhörte Tyrannei der Ottomanen uns vorenthält – uns allein –, und noch die Erinnerung an diese Rechte wollen sie in unseren Herzen ersticken.

Sind wir denn weniger vernünftig als andere Völker, dass wir von diesen Rechten ausgeschlossen bleiben sollen? Sind wir also minderwertige und niedrige Geschöpfe, unwürdig diese Rechte zu genießen, verdammt, unter ewiger Sklaverei zu schmachten, wie Lasttiere oder bloße Gliederpuppen, den absurden Launen eines grausamen Tyrannen unterworfen, der wie ein gemeiner Räuber von weit her gekommen ist, um unsere Küsten zu überfallen? Die Natur hat jene Rechte in den Herzen aller Menschen verankert. Naturgesetze haben sie geheiligt, so dass weder drei noch vier Jahrhunderte – noch tausend oder Millionen Jahrhunderte – sie zerstören können. Macht und Gewalt haben es vermocht, sie für eine Weile zu unterdrücken und zu paralysieren, aber Gewalt wird sie auch wieder auferstehen lassen mit all der Kraft, die sie Jahrhunderte lang besaßen; wir haben in Hellas niemals aufgehört, diese Rechte mit den Waffen zu verteidigen, wo immer sich eine Gelegenheit bot.

Wir bauen auf das Fundament unserer natürlichen Rechte und wollen uns mit den übrigen Christen in Europa, unseren Brüdern angleichen; darum haben wir einen Krieg gegen die Türken begonnen, oder besser gesagt, wir haben alle unsere isolierten Kräfte vereint und uns zu einem einzigen bewaffneten Körper formiert, fest entschlossen, unser Ziel zu erreichen, nämlich: uns selbst durch wiese Gesetze zu regieren oder alle zusammen unterzugehen. Wir, die Nachkommen der ruhmreichen Völker von Hellas empfinden es als unwürdig, länger in einem Zustand der Sklaverei zu leben, der vernunftlosen Tieren angemessen ist, nicht aber denkenden Menschen.

Zehn Monate sind vergangen, seit wir diesen nationalen Krieg begannen, der allmächtige Gott hat uns geholfen. Obwohl wir für ein so großes Unternehmen nicht genügend gerüstet waren, sind unsere Waffen überall siegreich gewesen trotz der mächtigen Widersacher, auf die wir stießen und die uns noch entgegentreten.

Aus: H. Kohn, Von Machiavelli zu Nehru. Zur Problemgeschichte des Nationalismus, Freiburg 1964, S. 117 f.

1. **Welche Gründe werden in Material 9 für den Aufstand der Griechen genannt? Erläutern Sie, wer die Adressaten dieser Rede in der griechischen Nationalversammlung sind und welches Ziel die Redner verfolgen.**

MATERIAL

10 Polen auf dem Hambacher Fest

Polnische Freiheitskämpfer sprachen auf dem Hambacher Fest im Jahr 1832 zur deutschen liberalen und nationalen Bewegung. Ein Zeitzeuge berichtet:

Rede von Grzymala:

Männer Deutschlands, die Ihr diese polnische Fahne zur Ehre unseres Volkes hier aufgepflanzt habt, bewahrt dieselbe auf! – Möge die Vorsehung gestatten, dass bald der Augenblick komme, wo wir, in dem großen Kampfe der Völker gegen den Absolutismus, von Euren Händen dieses teure Pannes (= *Banner*) wieder erhalten, um unter demselben, ringend für die Freiheit, zu siegen oder zu sterben.

Verlassen und verraten von den Fürsten und Regierungen (die uns unserm rachgierigen Feinde preisgegeben haben), vertrauen wir heute im Angesichte des Himmels, im Angesicht der Repräsentanten der deutschen Volksstämme unsere heilige Sache, die Sache der allgemeinen Freiheit, den Völkern, den unterdrückten und nach wahrer Freiheit strebenden Völkern, und insbesondere Euch wackeren Deutschen an, die ihr so wie wir, zu allen Opfern für die Sache der Freiheit bereit seid.

Es lebe die wahre Freiheit, auf die Volkshoheit gestützt! – Es lebe die brüderliche Freundschaft aller nach Freiheit ringenden Nationen! Es lebe das große vereinigte Deutschland!

Rede von Zatwarnicki:

Deutsche!

Eure Liebe für die allgemeine Freiheit, euer Enthusiasmus für alles Schöne und Erhabene, diese entschiedene Bereitwilligkeit, Blut und Gut der Wiedergeburt Deutschlands zum Opfer zu bringen, muss das Herz und besonders eines Polen Herz im Innersten ergreifen. [...]

Brauche ich zu erinnern, dass die heutigen Polen die Enkel derer sind, welche unter Sobieski Deutschland und die die bedrohte Christenheit gerettet haben? (*Johann III. Sobieski, 1629–1696, polnischer Feldherr und König von Polen. Er stellte 1683 das größte Kontingent des Heeres, das unter seinem Oberkommando das osmanische Belagerungsheer vor Wien besiegte.*) – Fraget die Geschichte, und sie wird Euch überzeugen, dass Polen ein fortbrennendes Opfer auf dem Altare der Menschheit seit Jahrhunderten gewesen ist.

Und vor diesem letzten Kampfe, ihr wisset es wohl, gegen wen der Knutenkaiser seine Scharen gerüstet hatte. In der größten Gefahr befand sich die europäische Zivilisation. Polen, seinem heiligen Berufe folgend, warf sich in den blutigsten Kampf, und opferte sich für Europa! Seine Kinder schmachten jetzt in Sibirien, und in den Berggruben des grausamsten Despoten. Einigen ist es gelungen, der Verfolgung zu entkommen. Diese hatten und haben noch der gastfreundlichsten Aufnahme sich unter euch zu erfreuen. Mit Achtung und Liebe kommt ihr den Unglücklichen entgegen. Es sind die erhabensten Gefühle, die des Menschen Brust beseelen, diejenigen, die Menschen und Nationen verbrüdern. Nie waren zwei Nationen eine der anderen würdiger, als die Deutsche und die Polnische; nie war zwischen Völkern ein schönerer und festerer Bund geschlossen, als jetzt zwischen Deutschen und Polen. Möge er unsere spätesten Nachkommen noch beglücken!

Aus: Das Nationalfest der Deutschen zu Hambach.Beschrieben von J. G. A. Wirth, Neustatd a. H. 1832, S. 95 f.

1. Zeigen Sie, in welchen europäischen Zusammenhang die polnischen Redner auf dem Hambacher Fest den polnischen Aufstand stellen (Material 10). Ziehen Sie auch die Abbildung S. 98 heran.
2. Arbeiten Sie Parallelen und Unterschiede zwischen den Aufständen in Polen und Griechenland einerseits und der Revolution in Deutschland andererseits heraus.

1.6 Die Entstehung des italienischen Nationalstaates

Die Einigung Italiens. Die Jahreszahlen geben das Jahr an, in dem das Territorium die Habsburger- oder Bourbonenherrschaft abschüttelte bzw. an das Königreich Italien angeschlossen wurde.

Italien war auch nach der österreichischen Intervention von 1821 (→ S. 95) nicht zur Ruhe gekommen. Mehr und mehr differenzierte sie sich in einen liberalen und einen radikaldemokratischen Flügel. Ihre Hauptgegner sah sie in der österreichischen Fremdherrschaft und dem sizilischen Polizeistaat. Die französische Julirevolution (→ S. 148), die ganz Europa erschüttert hatte, zeigte ihre Wirkung auch in Italien. Im päpstlichen Bologna brach im Februar 1831 ein Aufstand aus, wiederum war es Österreich, der dem bedrängten Regime militärische Hilfe leistete und den Aufstand niederschlug. Unter den Exilitalienern wurde der Genuese Giuseppe Mazzini zum einflussreichsten Propagandisten des italienischen Nationalismus. Der von ihm gegründete Geheimbund „Junges Italien" war das wichtigste Organ der Bewegung, deren Ziel es war, aus Italien „eine Nation von Freien und Gleichen, einig, unabhängig und souverän" zu schaffen. Das „Junge Italien" wurde 1834 zum „Jungen Europa" erweitert, in dem auch Deutsche und Polen mitarbeiteten. Schon lange vor der Revolution von 1848 bahnte sich eine europäische Zusammenarbeit revolutionärer Demokraten an.

Verfassungen

Die Herrscher in den italienischen Fürstentümern waren bereits im Vorfeld der Revolution zu Konzessionen an die liberalen Kräfte bereit, um sie von den nationalen Kräften abzuspalten. In Parma, Modena, der Toskana, Piemont und sogar im Königreich beider Sizilien waren 1847 Verfassungen erlassen worden. Doch die französische Februarrevolution von 1848 (→ S. 148) führte wie im ganzen Habsburgerreich auch in Norditalien zu nationalen Aufständen. Am 17. März 1848 wurde in Venedig, am 18. März in Mailand die Republik ausgerufen. Doch König Karl Albert von Piemont versuchte sich an die Spitze dieser Bewegung zu setzen – ein in Europa einmaliger Vorgang – und erklärte am 24. März Österreich den Krieg. Der österreichische Gouverneur Radetzky musste sich in das Festungsviereck zwischen Verona, Legnano, Mantua und Peschiera zurückziehen. Von dort bereitete er die Gegenoffensive vor und eroberte am 6. 8. Mailand zurück. Nur Venedig blieb vorerst in der Hand der Revolutionäre. Nach der endgültigen Niederlage Piemonts bei Novara (22. 3. 1849) musste Karl Albert abdanken; die vorrevolutionären Zustände wurden überall wieder eingeführt; die Verfassungen bis auf die piemontesische aufgehoben.

Piemont

Kirchenstaat

Papst Pius IX., der vor der Revolution in die Festung Gaeta geflohen war, wurde auf Befehl Louis Napoléon Bonapartes (des späteren Napoleon III.), der am 10. 12. 1848 zum Präsidenten der zweiten französischen Republik gewählt worden war, durch ein französisches Expeditionskorps wieder in seine alte Stellung eingesetzt. Die Verteidigung Roms gegen die Franzosen leitete Giuseppe Garibaldi; ihm war es zu verdanken, dass die Verteidiger zwei Monate lang standhalten konnten.

Napoleon III.

Nach seinem Staatstreich am 2. 12. 1851 und seiner Ausrufung zum Kaiser (1852) warf sich Napoleon III. jedoch zum Schutzherrn nationaler Bewegungen auf (→ S. 149 f.). In seinem Bestreben, seine innenpolitische instabile Herrschaft durch außenpolitische Erfolge zu überdecken, suchte er die Zusammenarbeit mit Piemont, wo seit 1852 Graf Camillo Benso di Cavour unter König Viktor Emanuel II. Ministerpräsident war. Bei seiner Unterredung mit Cavour im Juli 1858 bot Napoleon seine Unterstützung für den Fall eines Krieges gegen Österreich an, unter der Voraussetzung, dass damit keine revolutionären Ziele verfolgt würden. Im Dezember 1858 wurde ein förmliches Bündnis geschlossen.

Cavour und Viktor Emanuel II.

Italienischer Aufstand 1859

Den Anlass zum Aufstand lieferte Österreich: Es forderte ultimativ Piemont auf, seine Armee zu verkleinern und galt so vor der Weltöffentlichkeit als Aggressor. Die Niederlagen bei Magenta und Solferino (Juni 1859) beendeten die österreichische Herrschaft über die Lombardei, die Piemont angeschlossen wurde. Der Vorfriede von Villafranca wurde aber von den meisten Liberalen als Verrat angesehen, weil Venedig in österreichischer Hand blieb und die habsburgischen Herrschaften in Modena und der Toskana restauriert werden sollten. Die Territorien Nizza und Savoyen gingen als Kompensation an Frankreich.

Garibaldi

Die Aktion des Freischarenführers Giuseppe Garibaldi brachte erneut Bewegung in die italienische Frage. Mit seiner legendären „Truppe der Tausend" brach er im Mai 1860 zu Schiff von Genua nach Sizilien auf, um dortigen Aufständischen zu Hilfe zu eilen. Zwei Monate später war die Insel in seiner Hand. Bereits im Juli 1860 setzten Garibaldis Truppen, verstärkt durch sizilianische Freiwillige, auf das Festland über. Am 7. September wurde Neapel besetzt, Ende September die Armee König Franz' II. am Volturno geschlagen. Dieser kapitulierte in seiner Festung Gaeta im Februar 1861. Dieses Vorgehen stand aber im Widerspruch zu den Bündnisvereinbarungen Piemont-Sardiniens mit Frankreich. Auch wollte Garibaldi eine italienische Republik, kein italienisches Königreich unter Viktor Emanuel errichten. So kam es zum Konflikt zwischen

Die Begegnung zwischen Viktor Emanuel II. und Garibaldi in Teano, 1860. Fresko von Pietro Aldi im Palazzo Pubblico von Siena, 1886. Diese Begegnung wurde in zahlreichen Abbildungen gefeiert – sie galt als das Sinnbild der Aussöhnung des demokratischen und des monarchischen Risorgimento.

Cavour als Vertreter des liberalen und Garibaldi als Vertreter des radikaldemokratischen Flügels der italienischen Nationalbewegung. Doch trotz seiner militärischen Erfolge wurde Garibaldi politisch ausmanövriert: Entgegen seinen Erwartungen entschieden sich Sizilien und Süditalien in einer Volksabstimmung für die Monarchie. Garibaldi trat zugunsten des Königs Viktor Emanuel zurück.

Königreich Italien

Jetzt fehlten nur noch Venedig und der von Napoleon III. protegierte Kirchenstaat zur territorialen Vervollständigung des italienischen Nationalstaates. Dieser wurde trotzdem im Februar 1861 in Turin konstituiert. Viktor Emanuel nannte sich jetzt König von Italien. Mit der, wenn auch noch unvollständigen, italienischen Einigung war die europäische Ordnung von 1815 erstmals entscheidend verändert worden: Eine der führenden Großmächte war in ihrem Bestand beträchtlich gemindert worden, ohne dass die Garantiemächte eingegriffen hätten.

Parallel zur deutschen Einigung (→ S. 105 ff.) wurde die italienische vollendet. 1866 schloss Bismarck ein dreimonatiges Bündnis mit Italien, um Österreich in den bevorstehenden Auseinandersetzungen in einen Zweifrontenkrieg zu verwickeln. Obwohl Österreich in Italien Sieger blieb, war die Niederlage gegen Preußen bei Königgrätz so schwer, dass es Venezien an Italien abtreten musste. Im Windschatten des deutsch-französischen Krieges von 1870/71 wurde die letzte Lücke geschlossen: Der Kirchenstaat, seit der Niederlage Napoleons bei Sedan (2. 9. 1870) ohne seinen Protektor, wurde annektiert und Rom zur Hauptstadt des Königreichs Italien ausgerufen.

MATERIAL

Cavour: Liberaler und Demokrat? **11**

Cavour, der spätere Ministerpräsident von Piemont-Sardinien, in einem Brief von 1835:

Wir können uns nichts mehr vormachen; die Gesellschaft marschiert in großen Schritten auf die Demokratie zu. Es ist unmöglich, die Formen vorherzusehen, die sie annehmen wird, aber im Grunde genommen lässt sich nicht bezweifeln, dass die Erneuerung irgendeiner aristokratischen Herrschaft unmöglich ist. Der Adel geht überall zu-

grunde; die Fürsten wie die Völker arbeiten gleichermaßen auf seine Zerstörung hin; das Patriziat hat in der heutigen Organisation keinen Platz mehr.
Was bleibt also noch als Kampfmittel gegen die heranflutenden Volksmassen? Nichts Festes, nichts Wirksames, nichts Dauerhaftes. Gut, schlimm? Ich weiß es nicht. Aber es ist meiner Ansicht nach die unvermeidliche Zukunft der Menschen. Bereiten wir uns darauf vor, oder bereiten wir zumindest unsere Nachkommen vor, die es noch näher angeht als uns.

Aus: G. Schönbrunn (Hrsg.), Das bürgerliche Zeitalter 1815–1871. Geschichte in Quellen, München 1980, S. 278.

MATERIAL

12 Ein Weg zur Einigung Italiens?

In einem Brief an König Viktor Emanuel II. vom 24. 7. 1858 berichtet Cavour über seine Verhandlungen mit dem französischen Kaiser Napoleon III.:

Kaum war ich in das Kabinett des Kaisers getreten, so eröffnete dieser das Gespräch. Er sagte zunächst, er wäre bereit, Sardinien bei einem Kriege gegen Österreich aus allen Kräften zu unterstützen, vorausgesetzt, dass dieser Krieg für eine nicht revolutionäre Sache unternommen werde, so dass er in den Augen der Diplomatie und besonders vor der öffentlichen Meinung Frankreichs und ganz Europas gerechtfertigt erscheine. Im Auffinden dieser Kriegsursache lag die größte Schwierigkeit, um zu einem Einverständnis zu gelangen. […]
Meine Lage wurde peinlich, denn ich hatte nichts wirklich Haltbares mehr vorzuschlagen. Der Kaiser kam mir zu Hilfe, und wir durchliefen zusammen alle italienischen Staaten, um diese so schwer zu findende Kriegsursache zu suchen. Nachdem wir auf der ganzen Halbinsel erfolglos umhergewandert, verfielen wir, fast unversehens, auf Massa und Carrara[1], und entdeckten dort, was wir so eifrig suchten.
Ich schilderte dem Kaiser die unglücklichen Zustände in jenen Ländern […] und wir kamen überein, die Einwohner zu veranlassen, eine Adresse an Eure Majestät zu richten, in der sie um Schutz bitten und sogar die Annektierung der Herzogtümer an Sardinien fordern sollten. Eure Majestät würde den Auftrag nicht annehmen, aber als Beschützer der unterdrückten Bevölkerung auftreten und eine herausfordernde Note an den Herzog von Modena richten. Bei dem Halt, den er an Österreich hat, würde der Herzog wahrscheinlich in grobem Tone antworten. Darauf würde Eure Majestät Massa besetzen lassen, und der Krieg würde beginnen […]
Wir untersuchten nun die Mittel, die anzuwenden wären, um den Krieg zu einem glücklichen Ausgang zu führen, wobei der Kaiser bemerkte, man müsse Österreich zu isolieren suchen, dass man es mit ihm allein zu tun habe. Deshalb läge ihm soviel daran, eine Ursache zu finden, welche die andren europäischen Mächte nicht erschrecke und die in England volkstümlich wäre. Endlich schien Seine Majestät zu der Überzeugung gelangt, dass der von uns angenommene Grund diesen doppelten Zweck erfülle.

[1] Massa und Carrara: Herzogtümer in Norditalien, die seit 1829 zum Herzogtum Modena, einer habsburgischen Nebenlinie, gehörten.

Aus: G. Schönbrunn (Hrsg.), Das bürgerliche Zeitalter 1815–1871. Geschichte in Quellen, München 1980, S. 279–281.

1. Zeigen Sie, in welcher geistigen Tradition Camillo Benso Graf Cavour stand (Material 11). Erklären Sie vor diesem Hintergrund sein Agieren.
2. Erläutern Sie, in welchem internationalen Kräftefeld die Einigung Italiens erfolgte. Nutzen Sie dazu Material 12 und die Informationen des Verfassertextes.

2. Das deutsche Kaiserreich

2.1 Eisen und Blut – die deutsche Einigung durch Preußen

Die deutschen Staaten und der Deutsche Bund 1865.

Der Norddeutsche Bund 1867.

Nachdem die Annahme der Verfassung in der Deutschen Nationalversammlung 1849 gescheitert war, wurde 1850 der alte Bundestag wieder einberufen. Am 23. August 1851 fällte er auf einen gemeinsamen Antrag Österreichs und Preußens hin eine symbolträchtige Entscheidung „in Betreff der so genannten Grundrechte des deutschen Volks": Sie wurden nahezu einstimmig für aufgehoben erklärt. Die wichtigste Leistung der Deutschen Nationalversammlung war damit offiziell zur Makulatur erklärt worden. Die konservative Reaktion brachte damit für fast ein Jahrzehnt das politische Leben zum Stillstand. Mit der liberalen Idee war die nationale verknüpft gewesen. Drei Hindernisse jedoch standen der deutschen Einigung entgegen:

- Der preußische Militärstaat machte einen demokratischen Weg zum Nationalstaat unmöglich.
- Der österreichische Vielvölkerstaat hielt seinen übernationalen Herrschaftsanspruch aufrecht.
- Das europäische Gleichgewichtssystem reagierte auf jede Veränderung seines Machtgefüges mit Krisen.

Ein erneuter Anlauf zur deutschen Einigung war also erst möglich, nachdem sich die außenpolitischen Gewichte verschoben hatten und in Preußen der innenpolitische Stillstand der nachrevolutionären Zeit überwunden war.

Schwächung Russlands und Österreichs Das Verhältnis der Großmächte veränderte sich durch die russische Niederlage im Krimkrieg (1854–56). Russland brach mit den Westmächten, die durch ihr Eingreifen den Krieg entschieden hatten, und mit Österreich, das ihm jede Unterstützung verweigert hatte. Für lange Zeit war es nun geschwächt und mit inneren Reformen beschäftigt; sein Gewicht in den europäischen Angelegenheiten verminderte sich. Frankreich wurde dagegen durch einen Staatsstreich Louis Napoleons und seine plebiszitäre Erhebung zum Kaiser erneut zu einem Unruhefaktor. Im Bestreben, die innere Instabilität seiner Herrschaft durch außenpolitische Erfolge zu überdecken, warf Napoleon III. sich zum Schutzherrn europäischer Nationalbewegungen gegen die Ordnung des Wiener Kongresses auf. Sein größter Erfolg war die Einigung Italiens. Im Zusammenspiel mit dem Ministerpräsidenten des Königreichs Piemont-Sardinien, Graf Camillo Cavour, gelang es 1859, Österreich militärisch aus der Lombardei zu verdrängen (→ S. 101–104). Viele deutsche Liberale sahen in dieser Politik ein Modell zur Lösung der deutschen Frage, andere wiederum betrachteten es als nationale Pflicht, Österreich beizustehen. Preußen verweigerte aber jedes Eingreifen in den italienischen Krieg, aus dem Österreich deutlich geschwächt hervorging.

„Neue Ära" In Preußen schien sich ein innenpolitischer Kurswechsel anzubahnen. Für den kranken Friedrich Wilhelm IV. hatte sein Bruder, der spätere Wilhelm I., die Regentschaft übernommen und ein liberales Kabinett eingesetzt. Man sprach von einer „Neuen Ära". Durch seine stürmische Industrialisierung begann Preußen, Österreich wirtschaftlich zu überflügeln. Mit diesem Aufschwung verstärkte sich der Einfluss der großbürgerlichen Führungsschicht, die die deutsche Einigung aus wirtschaftlichen Motiven erstrebte. Die alten Träger der Nationalidee, Turner und Sänger, feierten wieder ihre Massenfeste. Die nationale Publizistik führte leidenschaftliche Diskussionen über das Für und Wider einer preußischen Einigungspolitik. Im September 1859 wurde der Deutsche Nationalverein gegründet, der an die kleindeutsche Tradition von 1849 anknüpfte und in kurzer Zeit 25 000 Mitglieder zählte. Einem Bündnis zwischen der deutschen Nationalbewegung und der preußischen Führung schien nichts mehr im Wege zu stehen.

Heeresreform Aber statt zu einer Annäherung kam es zu einem Grundsatzkonflikt, dessen Ausgang ähnlich folgenreich werden sollte wie das Scheitern der Revolution von 1848/49. Seit 1859 planten Wilhelm und seine Regierung eine Heeresreform. Neben einer allgemeinen Erhöhung der Truppenstärke und einer Verbesserung der Wehrgerechtigkeit war auch die Verlängerung der Wehrdienstzeit auf drei Jahre und eine engere Einbindung der Landwehr, einer Art Bürgermiliz, in die militärische Organisation vorgesehen. Damit sollte ein wesentliches Element der preußischen Reformen aufgegeben werden. Außerdem erforderte das Programm eine Erhöhung des Militäretats um 25 %. Die liberale Mehrheit des Abgeordnetenhauses, aus der 1861 die Deutsche Fortschrittspartei hervorging, lehnte die Haushaltsvorlage ab. Der Streit wurde zum Verfassungskonflikt über das Verhältnis von Volksvertretung und Monarchie. Auf dem Höhepunkt des Konflikts berief der König Otto von Bismarck zum neuen Ministerpräsidenten (22. 9. 1862).

Bismarck Bismarck (1815–1898) stammte aus einer märkischen Adelsfamilie und war während der Revolution als konservativer Monarchist und Revolutionsgegner bekannt geworden. Ohne ideologische Bindungen betrieb er „Realpolitik", d. h. rational kalkulierte Macht- und Interessenpolitik. Als Ministerpräsident schlug Bismarck zunächst einen scharf antiparlamentarischen Kurs ein. Das Abgeordnetenhaus wurde aufgelöst; in den folgenden Jahren regierte er ohne gesetzlich genehmigtes Budget. Er behauptete, dies sei durchaus legal: Die Verfassung habe eine Lücke; da sie keine Regelung für diesen Fall vorsehe, sei eine Weiterführung der Regierungsgeschäfte kein Verfassungsbruch. Die Verfolgung und Einschüchterungen von Oppositionellen trugen ihm den Hass der Liberalen ein.

Lückentheorie

In der Außenpolitik dagegen führte Bismarck das deutschlandpolitische Programm der Liberalen durch. Nach diplomatischer Vorbereitung – so unterstützte er Russland bei der Niederschlagung des polnischen Aufstands von 1863 – führte Preußen unter seiner Regierung drei Kriege, die die außenpolitischen Hindernisse der deutschen Einigung beiseite räumten:

Deutschlandpolitik

- 1864 versuchte die dänische Regierung wieder, Schleswig-Holstein in den dänischen Staat einzugliedern. Bismarck gelang es, Österreich zu gemeinsamer militärischer Abwehr zu bewegen. Nach der dänischen Niederlage wurde dieses alte Problem durch die endgültige Trennung der beiden Herzogtümer von der dänischen Krone gelöst.
- Durch die gemeinsame Verwaltung der beiden Länder verschärfte sich der schwelende Konflikt zwischen Preußen und Österreich. Nachdem preußische Truppen vertragswidrig Holstein besetzt hatten, erwirkte Österreich die Mobilmachung eines Teils der Bundesarmee gegen Preußen. Der Krieg wurde durch den preußischen Sieg bei Königgrätz am 3. Juli 1866 entschieden. Österreich musste die Auflösung des Deutschen Bundes und die Annexion seiner Verbündeten Hannover, Nassau, Kurhessen und Frankfurt hinnehmen. Diese Auflösung des Deutschen Bundes bedeutete das Ende der fast tausendjährigen Zugehörigkeit Österreichs zum Bund der deutschen Länder, ein Ereignis das vor allem in Süddeutschland einen tiefen Einschnitt bedeutete. Mit der Gründung des Norddeutschen Bundes, einer Föderation aller nördlich des Mains gelegenen deutschen Staaten, unter preußischem Präsidium zeichnete sich die künftige Reichseinigung bereits ab.
- Dieser stand aber noch der entschiedene Widerstand Frankreichs entgegen. Ein Konflikt um die Kandidatur eines Hohenzollern für den spanischen Königsthron gab den Anlass zum Krieg. Die Ablehnung dieses Plans durch die französische Regierung nutzte Bismarck zu einem diplomatischen Schachzug: Er verkürzte die Wiedergabe eines kaiserlichen Telegramms, die „Emser Depesche" und provozierte es damit zur Kriegserklärung. An diesem Krieg, der als deutscher Nationalkrieg angesehen wurde, nahmen auch die süddeutschen Staaten teil. Die Gefangennahme Napoleons III. beim Fall der Festung Sedan (2. 9. 1870) führte zum Sturz des französischen Kaisertums und zur Ausrufung der 3. französischen Republik. Anfang 1871 musste Frankreich Frieden schließen.

Auflösung des Deutschen Bundes

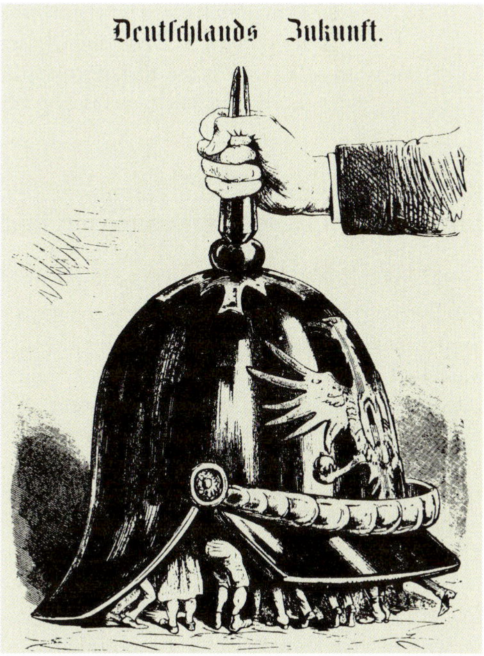

„Kommt es unter einen Hut? Ich glaube, es kommt eher unter eine Pickelhaube!" Österreichische Karikatur, 1870.

Das Entstehen eines Geschichtsbildes: Huldigung an Kaiser Wilhelm I., Gemälde von Paul Bürde, 1871. Die zwei Jungen im Vordergrund rollen eine Zeichnung Napoleons III. zusammen, ein anderer Junge schlägt einen Nagel neben den Bildern von Luther, Friedrich II. und Feldmarschall von Blücher ein.

Deutsch-französischer Krieg

Noch während des Feldzugs in Frankreich begann Preußen mit den süddeutschen Fürsten über die künftige Verfassung des Deutschen Reiches zu verhandeln. Bayern und Württemberg sicherten sich „Reservatrechte", u. a. eigene Armee, Post und Eisenbahn. Gegen eine Summe von 5 Millionen Goldmark bot König Ludwig II. von Bayern dem preußischen König offiziell die Krone an. Als Staatsoberhaupt führte dieser künftig den Titel „Deutscher Kaiser". Im Spiegelsaal des Versailler Schlosses erfolgte am 18. 1. 1871 die Kaiserproklamation vor den deutschen Fürsten. Drei Monate später wurde die Reichsverfassung verkündet.

Kaiserproklamation

MATERIAL

1 Königliches Regiment oder Parlamentsherrschaft? Bismarck über seine Unterredung mit König Wilhelm I., 22. 9. 1862

In der Tat war mir jeder Gedanke an Abdikation (Abdankung) des Königs fremd, als ich am 22. September in Babelsberg empfangen wurde, und die Situation wurde mir erst klar, als Seine Majestät sie ungefähr mit den Worten präzisierte: „Ich will nicht regieren, wenn ich es nicht so vermag, wie ich es vor Gott, meinem Gewissen und meinen Untertanen verantworten kann. Das kann ich nicht, wenn ich nach dem Willen der heutigen Majorität des Landtags regieren soll, und ich finde keine Minister mehr, die bereit sind, meine Regierung zu führen, ohne sich und mich der parlamentarischen Mehrheit zu unterwerfen." [...].

Der König stellt nach einigem Erwägen und Hin- und Herreden die Frage, ob ich bereit sei, als Minister für die Militärorganisation einzutreten, und nach meiner Bejahung die weitere Frage, ob auch gegen die Majorität des Landtags und deren Beschlüsse. Auf meine Zusage erklärte er schließlich: "Dann ist es meine Pflicht, mit Ihnen die Weiterführung des Kampfes zu versuchen, und ich abdiziere nicht." [...]

Es gelang mir, ihn zu überzeugen, dass es sich für ihn nicht um konservativ oder liberal in dieser oder jener Schattierung, sondern um königliches Regiment oder Parlamentsherrschaft handle und dass die letztere unbedingt und auch durch eine Periode der Diktatur abzuwenden sei. Ich sagte: „In dieser Lage werde ich, selbst wenn Eure Majestät mir Dinge befehlen sollten, die ich nicht für richtig hielte, Ihnen zwar diese meine Meinung offen entwickeln, aber wenn Sie auf der Ihrigen schließlich beharren, lieber mit dem Könige untergehen, als Eure Majestät im Kampfe mit der Parlamentsherrschaft im Stiche lassen."

Aus: Gedanken und Erinnerungen von Otto Fürst von Bismarck, Stuttgart und Berlin 1915, Bd. 1, S. 294–296.

MATERIAL 2

Bismarcks Äußerungen vor dem preußischen Abgeordnetenhaus, 30. 9. 1862

Der Konflikt drehe sich bei uns um die Grenze zwischen Krongewalt und Parlamentsherrschaft. Die Krone habe noch andere Rechte, als die, die in der Verfassung ständen. Er gebe die Hoffnung nicht auf, daß die Krisis, wie sie auch enden möge, zum Wohle des Landes ausschlagen werde. Der Konflikt werde sich wohl noch auf verfassungsmäßigem Wege erledigen. [...]

Wir haben zu heißes Blut, wir haben die Vorliebe, eine zu große Rüstung für unsern schmalen Leib zu tragen; nur sollen wir sie auch utilisieren (gebrauchen). Nicht auf Preußens Liberalismus sieht Deutschland, sondern auf seine Macht; Bayern, Württemberg, Baden mögen dem Liberalismus indulgieren (nachgeben), darum wird ihnen doch keiner Preußens Rolle anweisen; Preußen muß seine Kraft zusammenfassen und zusammenhalten auf den günstigen Augenblick, der schon einige Male verpaßt ist; Preußens Grenzen nach den Wiener Verträgen sind zu einem gesunden Staatsleben nicht günstig; nicht durch Reden und Majoritätsbeschlüsse werden die großen Fragen der Zeit entschieden – das ist der große Fehler von 1848 und 1849 gewesen – sondern durch Eisen und Blut [...]

Aus: O. v. Bismarck, Gesammelte Werke, Berlin 1928, Bd. 10, S. 138f.

MATERIAL 3

Bismarck über die Rolle der deutschen Nationalbewegung

Ich habe nie in der Überzeugung geschwankt, daß Preußen, gestützt nur auf die Waffen und Genossen von 1848, öffentliche Meinung, Landtage, Vereine, Freischaren und die kleinen Kontingente in ihrer damaligen Verfassung, sich auf ein hoffnungsloses Beginnen eingelassen und unter den großen Mächten nur Feinde gefunden hätte, auch in England.

Ich hätte den Minister als Schwindler und Landesverräter betrachtet, der in die falsche Politik von 1848, 49, 50 zurückgefallen wäre [...] Sobald aber Österreich mit uns war, schwand die Wahrscheinlichkeit einer Koalition der andern Mächte gegen uns.

Wenn auch durch Landtagsbeschlüsse, Zeitungen und Schützenfeste die deutsche Einheit nicht hergestellt werden konnte, so übte doch der Liberalismus einen Druck auf die Fürsten, der sie zu Koncessionen für das Reich geneigter machte. [...]

Aus: Gedanken und Erinnerungen von Otto Fürst von Bismarck, Stuttgart und Berlin 1915, Bd. 2, S. 26.

1. **Erläutern und beurteilen Sie anhand von Bismarcks Äußerungen die Grundsätze, Wertvorstellungen und Mittel seiner Politik.**
2. **Welche Rolle schreibt er dem Liberalismus zu? Erläutern Sie die Konsequenzen von Bismarcks Politik für den deutschen Liberalismus.**

Denkmäler als Geschichtsquellen

Das 19. Jahrhundert und besonders das Deutsche Reich von 1871 war in Deutschland die große Zeit der Nationaldenkmäler, von denen viele das 20. Jahrhundert überdauert haben. In jüngster Zeit wurde das Wort Denkmal in einem Wortspiel „Denk mal" geschrieben, um die Betrachter davor zu warnen, den Denkmalstiftern eventuell allzu naiv auf den Leim zu gehen. Wir müssen bei der Untersuchung eines Denkmals also fragen, wer wen an was erinnern will und was er damit bezweckt.

Die historische Forschung unterscheidet mehrere Typen von National-Denkmälern:

- Das Denkmal der „großen Männer", in denen die geeinte Nation symbolisiert ist. Die zahlreichen Denkmäler der Hohenzollern, vor allem aber die Bismarck-Denkmäler sind diesem Typ zuzurechnen.
- Das „Denkmal der Bildungs- und Kulturnation", das sich vor allem an die Gebildeten richtet und die geistigen Grundlagen der Nation darstellt. Hierzu gehören die zahlreichen Denkmäler von Dichtern und Denkern wie Goethe, Schiller, Luther und anderen. Die bayerische Walhalla an der Donau sollte nach dem Willen ihres Stifters, des Königs Ludwig I. von Bayern, bewirken, „daß teutscher der Teutsche aus ihr trete, besser als er gekommen".
- Das demokratische Nationaldenkmal. Ein solches Denkmal war in Deutschland nicht möglich, solange die demokratische Nationalbewegung eine verfolgte Opposition war. Der Revolution von 1848/49 wurden erst gegen Ende des 19. Jahrhunderts Denkmäler gesetzt. Ein Freiburger Denkmal des großen badischen Liberalen Karl von Rotteck verschwand 1850 für lange Zeit auf einem Hinterhof. Die Beteiligung des Volkes an der nationalen Einigung war nur in Verbindung mit der monarchischen Nationalidee darstellbar.
- Das „Denkmal der nationalen Sammlung", ein Typ, dem zwar das nationale, nicht aber das demokratische Element eigen ist. Hierzu gehört vor allem das 1913 vollendete Völkerschlachtdenkmal in Leipzig.
- Das 20. Jahrhundert hat wiederum eigene Denkmaltypen hervorgebracht, vor allem Kriegerdenkmäler für die Gefallenen der beiden Weltkriege und erst für die Führer, später dann für die Opfer totalitärer Systeme.

Wir müssen bei der Interpretation folgende Fragen stellen:

- Ist ein Zweck des Denkmals (Legitimation von Herrschaft, Repräsentation, Totenklage) erkennbar?
- Wo steht das Denkmal? Am Ort des Geschehens (Schlachtfeld) oder an einem mythisch befrachteten Ort (Kyffhäuser), auf einem belebten Platz oder am Stadtrand, auf einem Friedhof oder auf einer einsamen Bergeshöhe? Was wollten die Erbauer mit der Wahl des Platzes ausdrücken?
- Sind auf dem Denkmal Menschen dargestellt oder symbolische/allegorische Gestalten? In welcher Haltung sind sie dargestellt, wohin geht ihr Blick? In welcher Kleidung sind diese Menschen dargestellt, in der ihrer eigenen Epoche oder einer anderen (Ludwig XIV. in antiker Kleidung, Bismarck in Ritterrüstung). Ist der Dargestellte zu Pferde? Dies ist in der Regel dem Fürsten vorbehalten.
- Finden wir Schrifttexte auf dem Denkmal? Welchen Informationsgehalt haben diese?
- Drückt das Denkmal ein Feindbild aus? Gegen wen richtet es sich? Die Himmelsrichtung (nach Westen!) von kämpferischen Denkmälern ist meistens gewollt.
- Im günstigsten Fall könnten archivalische Quellen herangezogen werden, die Auskunft darüber geben, wer das Denkmal gestiftet hat, was bei der Einweihung gesprochen wurde.

Denkmal für den Sieg über Frankreich in Freiburg, Entwurf von Friedrich Moest, 1872.

Bismarckdenkmal in Hamburg, Skulptur von Hugo Lederer, 1902–1906.

Hermannsdenkmal im Teutoburger Wald: Links Entwurf von Karl Friedrich Schinkel und Christian Daniel Rauch, 1839. Rechts: Das von Ernst von Bandel entworfene Denkmal, fertiggestellt 1875.

MATERIAL

4 Ein Historiker über den Platz des Kaiserreichs in der deutschen Geschichte

Das Neue Reich wurde gegen die Tradition des Alten gegründet – auch wenn die Gründungsmythen, die den jungen Nationalstaat durch ein hohes Alter zu adeln suchten, erfolgreich das Gegenteil ins kollektive Gedächtnis der Deutschen bis heute einschrieben.

Eine solche Zentralisierung herrschaftlicher Macht, wie sie der Nationalstaat seit 1871 ermöglichte, hatte es jedoch in der deutschen Geschichte nie zuvor gegeben. Den Konzentrationsprozess frühneuzeitlicher Staatsbildung hatte unter dem Dach des Alten Reiches eine schier unüberschaubare Zahl unterschiedlichster Herrschaftsgebilde überlebt. [...]

Diese staatenbündisch-föderale Tradition des Alten Reiches endete erst mit dem Nationalstaat – ein Wort, das noch in der Revolution von 1848/49 in der politischen Sprache der Deutschen nicht gängig war. Die Staatenvielfalt, in der sich die deutsche Nation bis dahin eingerichtet hatte, ging in einen innerstaatlichen Föderalismus über. Er trug wesentlich dazu bei, den Bruch mit der Geschichte in der Gestalt des Nationalstaats für die Menschen erträglich zu machen.

Den Blick auf diese Zäsur zu lenken bewahrt davor, das bis heute wirkungsmächtige Geschichtsbild, das den Nationalstaat als die Erfüllung deutscher Geschichte preist, für bare Münze zu nehmen.

Zeitgenossen, vor allem diejenigen, die nationale Einheit nicht in dieser staatlichen Form gewollt hatten, fassten die Veränderungsgewalt des Neuen in die Formel „Revolution von oben". Deutschland schrumpfte territorial, indem Österreich, die alte deutsche Kaisermacht, aus der deutschen Geschichte ausschied. Was heute kaum mehr erwähnenswert erscheint, wurde damals als eine radikale Trennung von der eigenen Geschichte empfunden. Deutschland wurde mit diesem militärisch erzwungenen Ausscheiden Österreichs protestantischer, als es je gewesen war. Die Katholiken gerieten zu einer Minderheit, die den Verlust des Alten nur langsam überwand, [...] während viele Protestanten den Nationalstaat als die staatliche Vollendung der Reformation feierten. [...]

Auf dem Weg zum Nationalstaat löschte Preußen einige traditionsreiche deutsche Staaten aus. Auch dies ist im heutigen Geschichtsbewusstsein nicht mehr aufbewahrt. Damals war es jedoch ein verstörender Einschnitt.

Zudem endete die Geschichte der bürgerlichen Demokraten als einer eigenständigen parteipolitischen Kraft neben Liberalen und Konservativen mit der Gründung des Nationalstaats abrupt und dauerhaft. Die bürgerlichen Demokraten, 1848/49 zur stärksten politischen Kraft in Deutschland geworden, hatten ihren Schwerpunkt im Süden und Südwesten, wo sie sich in den sechziger Jahren als unerbittliche Gegner einer „Verpreußung" Deutschlands profilierten. Der emotionalen Überwältigung durch den Einigungskrieg gegen Frankreich hatten sie jedoch nichts entgegenzusetzen. [...] Von dieser Niederlage haben sich die bürgerlichen Demokraten nie wieder erholt.

Die Widerstände gegen einen preußisch geführten kleindeutschen Nationalstaat konnten bei vielen erst durch den emotionalen Zwang zur Einigkeit im Krieg gegen Frankreich gebrochen werden. Es war eine Resignation vor der Geschichte. Deren Ergebnis haben sehr viele nicht gewollt, weil es mit der Haupttradition deutscher Geschichte brach. Als die Würfel gefallen waren, akzeptierten sie es jedoch schnell. Möglich war dies nur, weil das Neue als Erfüllung der Geschichte gedeutet wurde.

Aus: Dieter Langewiesche, War da was vor 1871? FAZ 12.12.2000, S. 54.

1. Stellen Sie die Mächte und Gruppen zusammen, die Grund hatten, mit der Reichsgründung unzufrieden zu sein.
2. Welche Rolle schreibt der Autor der Geschichtswissenschaft im Kaiserreich zu?

2.2 Die Verfassung des Deutschen Reiches

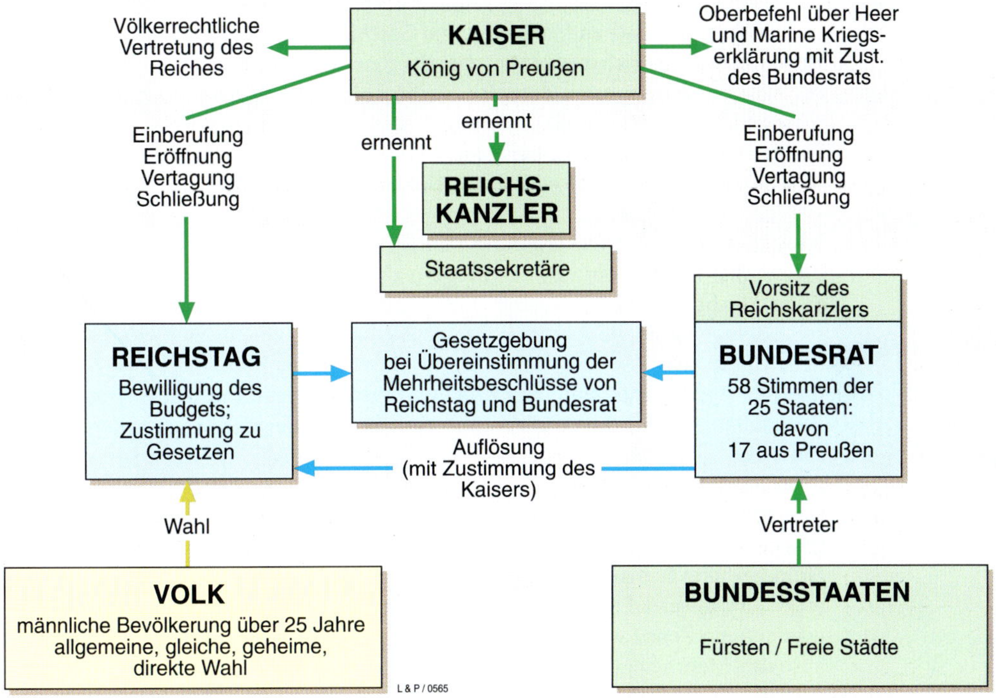

Die Verfassung des Deutschen Reiches von 1871.

Im Bündnis mit den deutschen Fürsten, aber auch mit der bürgerlichen nationalen und liberalen Bewegung hatte Preußen die deutsche Einheit zustande gebracht. Wie würde es gelingen, diese heterogenen Gruppen in einer Verfassung zu integrieren? Wie föderalistisch, wie national, wie monarchisch, wie liberal, wie demokratisch, wie preußisch-konservativ würde das neue Deutsche Reich werden? Die Verfassung von 1871 war ein Versuch, diese verschiedenen Elemente zu verbinden, ins Gleichgewicht zu bringen oder gegeneinander auszuspielen. Nach der Präambel war das Reich ein Bund der 22 souveränen Fürsten und der drei freien Hansestädte; die Staatsgewalt ging nicht aus der Souveränität des Volkes hervor. *Fürstenbund*

Föderales Organ war der Bundesrat, in dem weisungsgebundene Vertreter der Fürsten an der Legislative teilnahmen. Er beschloss über die „dem Reichstage zu machenden Vorschläge und die von demselben gefassten Beschlüsse". Er konnte den Reichstag mit Zustimmung des Kaisers sogar auflösen, diente also auch als Bollwerk gegen den Parlamentarismus. Als solches war er in seiner Stellung unangreifbar, durch keine Wahl und kein Misstrauensvotum zu beeinflussen. Zugleich war er aber auch ein Instrument der preußischen Hegemonie. Mit 17 von 58 Stimmen hatte Preußen zwar scheinbar nur wenige Vertreter – es stellte mehr als zwei Drittel der deutschen Ein- *Bundesrat* wohner – doch genügten 14 Stimmen als Sperrminorität gegen jede Verfassungsänderung. Ein Zusammenschluss der übrigen Länder gegen Preußen war ohnehin in der Praxis kaum vorstellbar. Gesetzesinitiativen des Bundesrats stammten häufig aus den preußischen Ministerien, die in Berlin parallel zu den Reichsämtern fungierten; Letztere wurden nicht von Ministern, sondern von Staatssekretären geleitet, die gleichzeitig häufig zu preußischen Ministern ohne Geschäftsbereich ernannt wurden. Preußens Hegemonie zeigte sich auch darin, dass der Reichskanzler, der den Vorsitz im Bundesrat führte, fast immer mit dem preußischen Ministerpräsidenten identisch war. Bismarck und Mitglieder der Reichsleitung traten im Reichstag meistens als Sprecher des Bundesrats auf. Durch das Übergewicht Preußens mit seinen vormodernen, feudalen Strukturen war dem Reich eine schwere Hypothek auferlegt.

Stellung des Kaisers

Integrationsfigur und Verkörperung der Reichseinheit war der Kaiser – zugleich immer preußischer König – der von den Bürgern als der wahre Souverän angesehen wurde. Seine Macht war an Verfassung und Rechtsstaatlichkeit gebunden, doch reichten seine Befugnisse an die vorkonstitutioneller Monarchen heran. Er ernannte nach eigenem Gutdünken den Reichskanzler und die Staatssekretäre, hatte den Oberbefehl über die Armee, entschied über Krieg und Ausnahmezustand und vertrat das Reich nach außen. Sein Vertrauen allein trug den Reichskanzler, der den Kurs der Politik bestimmte.

Reichstag

Das nationale und demokratische Element verkörperte der Reichstag, der zugleich ein gesamtstaatliches Gegengewicht gegen den Föderalismus darstellte. Aus taktischen Gründen hatte Bismarck das allgemeine, gleiche, direkte und geheime (Männer-) Wahlrecht durchgesetzt. Er erwartete, dass die Unterschichten konservativ wählen würden, während ein Zensuswahlrecht die besitzbürgerlichen Liberalen bevorzugt hätte. Das absolute Mehrheitswahlrecht und die Wahlkreiseinteilung begünstigten allerdings einseitig die ländlichen Wahlkreise; sozialdemokratische Kandidaten in Industriestädten benötigten ein Mehrfaches der Stimmen zum Mandatsgewinn. Abgeordnetendiäten konnten erst 1906 durchgesetzt werden.

Gesetzgebung

Budgetrecht

Nur im Zusammenwirken mit dem Bundesrat übte der Reichstag die Gesetzgebung aus; gegen den Bundesrat und den Kaiser konnte er keine Gesetze durchsetzen, diese allerdings auch nicht gegen ihn. Auch sein grundsätzlich anerkanntes Budgetrecht war eingeschränkt. Auf der Ausgabenseite war festgelegt, dass die Militärausgaben – der weitaus größte Posten im Reichshaushalt – nur alle sieben (später fünf) Jahre bewilligt wurden, eine Kürzung faktisch also nicht möglich war. Auf der Einnahmeseite gab es auch wenig Spielraum, da sich das Reich aus indirekten Steuern, Zöllen und Beiträgen der Einzelstaaten finanzierte, die nur schwer zu verändern waren. Auch hatte der Reichstag das Recht, die Reichsleitung um Rechenschaft zu ersuchen, doch hatte dies keine Konsequenzen für den Verbleib der Staatssekretäre oder des Kanzlers im Amt.

Trotzdem war der Reichstag der Ort der Diskussion, der Integration divergierender Interessen und Strömungen. So konnte er seine Stellung langfristig ausbauen. Auf Dauer war keine Regierung gegen die Reichstagsmehrheit möglich. Die Stärke der Exekutive war indes so groß, dass schon zeitgenössische Kritiker von „Scheinkonstitutionalimus" oder „Semiabsolutismus" sprachen. Erst im Angesicht der drohenden Niederlage im Ersten Weltkrieg wurde die Reichsverfassung reformiert, das Reich für wenige Tage eine parlamentarische Monarchie (→ S. 185 ff.).

MATERIAL 5

Karikatur aus dem Kladderadatsch (1878): Friss, Vogel, oder stirb!

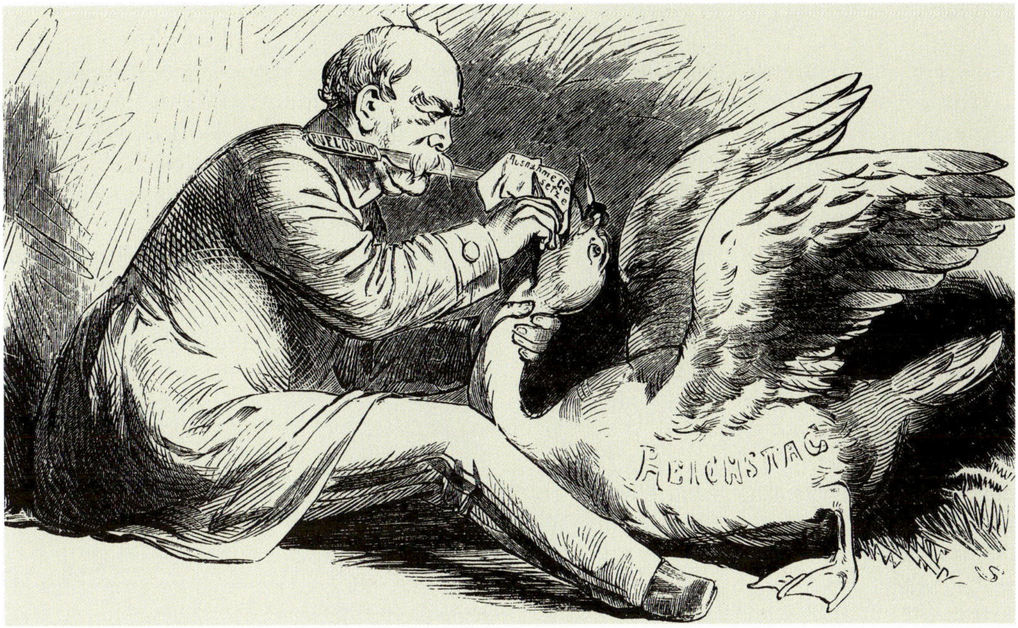

MATERIAL 6

Liberale Bilanz nach zehn Jahren Reichstag. Der badische Nationalliberale Julius Jolly

[...] Verhältnismäßig den geringsten Erfolg hatten bisher die Versuche des Reichstags, auf den Gang der Regierung als solcher (abgesehen vom Budget und der Gesetzgebung) einzuwirken. Bei der Besetzung der obersten politischen Reichsämter kamen, weit entfernt von den leisesten Anfängen des sog. parlamentarischen Systems, Wünsche und Bestrebungen des Reichstags so wenig zur Berücksichtigung, dass er regelmäßig über Grund und Ziel eingetretener Personalveränderungen nicht einmal irgend eine Auskunft erhielt [...]

Es versteht sich so ziemlich von selbst, dass bei dieser Lage der Verhältnisse dem Reichstag eine Einflussnahme auf die Leitung der auswärtigen Politik, auch wenn er eine solche ernstlich versucht hätte, höchst wahrscheinlich nicht gelungen wäre; es ist aber bekannt, dass das deutsche Volk gerade auf diesem Gebiet dem Reichskanzler ebenso unbedingtes Vertrauen schenkt, wie es ihm zu unbegrenztem Danke verpflichtet ist, und von dieser Gesinnung ließen auch alle Partheien des Reichstags so sehr sich leiten, dass selbst das Zentrum es nicht weiter als zu gelegentlichen Bemängelungen brächte. [...]

Einen weit umfassenden und tief eingreifenden Einfluss hat der Reichstag von dem ersten Tage seines Bestehens auf die Gesetzgebung ausgeübt. Auch in dieser Beziehung bietet allerdings die junge Praxis des deutschen Reiches manche Erscheinung dar, welche mit den vorherrschenden konstitutionellen Anschauungen und Gebräuchen nicht immer in Einklang stehen. Man kann eine ziemliche Anzahl von Gesetzentwürfen der Regierung aufzählen, welche von dem Reichstag zum Teil fast einstimmig abgelehnt wurden, andere von diesem kraft seiner Initiative beschlossene, welchen umgekehrt zum Teil trotz ihrer öfteren Wiederholung die Regierung keine Folge gab. [...]

Aus: J. Jolly, Der Reichstag und die Partheien, Berlin 1880, S. 23 ff.

MATERIAL

7 Ein konservativer Reichstagsabgeordneter zum Verhältnis von militärischer und ziviler Gewalt

[...] Der Aufbau des Bismarck'schen Reiches zeigt zwei ganz getrennte Seiten, eine zivile, demokratische und eine militärische, autokratische. Die erste Seite hatte ihre stärkste Verkörperung in dem aufgrund des allgemeinen, gleichen und geheimen Wahlrechts gewählten Reichstage. Die zweite bestand aus der Krone und dem Heer. Die Verbindung zwischen Krone und Heer bildete die kaiserliche Kommandogewalt. [...] Mit ihr war der Kaiser, der die Verfassung ja nicht beschworen hatte, jederzeit imstande, natürlich nur im Notfall, durch einfachen Befehl an die Armee die Staatsordnung wiederherzustellen. [...]

Diese Dinge kannten die Linken und im Zentrum die Leute um Erzberger sehr genau. Sie wussten, was sie taten, wenn sie mit ihren Angriffen auf die Abschaffung der kaiserlichen Kommandogewalt abzielten. Umso mehr hielt ich es für meine Aufgabe, für ihre Erhaltung mit aller Entschiedenheit einzutreten.

Die Gelegenheit bot sich anlässlich einer großen gegen die kaiserliche Kommandogewalt gerichteten Rede, die der freisinnige Abgeordnete Müller-Meiningen (1910) hielt. [...]

Der Abgeordnete Müller-Meiningen war geschickt genug, um seinen Angriff gegen die kaiserliche Kommandogewalt in einen Angriff gegen das Offizierskorps überhaupt einzuhüllen. Zur Verteidigung dieses Offizierskorps sagte ich damals in der vollen Öffentlichkeit einer Reichstagssitzung: „Wie ist es jetzt? Wenn ein Leutnant an einer Ecke laut hustet, hat er die Besorgnis, dass es im Reichstag zur Sprache kommt. Das ginge ja noch. Aber wir wollen doch dafür sorgen, dass er nicht die Besorgnis haben muß, daß nun auf das Urteil des Reichstages ein Gewicht gelegt wird, was früher nicht der Fall war.

Meine Herren, darunter leidet der Offiziersstand. Er muss darunter leiden, ein Stand, der persönlich mit dem allerhöchsten Kriegsherrn zusammenhält, und den im Übrigen die Öffentlichkeit nichts angeht! [...] Ja, meine Herren, das ist auch eine preußische Tradition, und dass Ihnen diese Tradition nicht passt, das glaube ich Ihnen sehr gern. Der König von Preußen und der deutsche Kaiser muss jeden Moment imstande sein, zu einem Leutnant zu sagen: Nehmen Sie zehn Mann und schließen Sie den Reichstag!" [...]

Das Wort vom Leutnant und den zehn Mann erregte großes Aufsehen. [...] Zu meinem eigenen Erstaunen hatte dieses Wort auch bei der Masse gezündet. Denn als wenige Tage später eine neue Reichstagssitzung stattfand, war der Platz vor dem Wallotbau (= *Reichstagsgebäude*) schwarz vor Menschen. Es gelang mir aber, ohne erkannt zu werden, in den Reichstag hineinzukommen. Drinnen hörte ich dann von den Fraktionsgenossen, man habe irgendeinen Unbekannten für mich gehalten und verdroschen.

Aus: Erinnerungen des Reichstags-Abgeordneten Oldenburg-Januschau, in: G. A. Ritter (Hrsg.), Historisches Lesebuch 2 (1871–1917), Frankfurt 1968, S. 88 ff.)

1. Vergleichen Sie die Verfassung von 1871 mit der von 1849 (→ S. 91) unter folgenden Aspekten: Stellung der Volksvertretung; Befugnisse der Exekutive; Befugnisse des Bundesrats. Stellen Sie auch fest, inwieweit liberale, demokratische, föderative, hegemoniale, zentralistische Prinzipien verwirklicht sind.
2. Erläutern Sie die Darstellungsabsicht der Karikatur und vergleichen Sie deren Aussage mit den Bestimmungen der Reichsverfassung.
3. Welche Defizite des parlamentarischen Lebens stellt der Liberale Jolly (M 6) fest? Wie ist seine persönliche Einstellung dazu?
4. Erläutern Sie das Politik- und Verfassungsverständnis des Abgeordneten Oldenburg-Januschau (M 7).
   Welche Folgen für die politische Kultur des Kaiserreiches ergeben sich daraus?

2.3 Integrieren oder ausgrenzen – die politische Kultur des Kaiserreichs

Um 25 Staaten mit 41 Millionen Einwohnern zu einer Nation zu vereinigen, musste der äußeren Reichsgründung von 1871 eine „innere" folgen. Diese Integrationsleistung wurde bis zur Jahrhundertwende vor allem auf wirtschaftlichem und rechtlichem Gebiet erbracht:

- Ein einheitlicher Währungsraums, in dem die Mark sieben verschiedene Währungen ersetzte, wurde errichtet.
- In den Deutschen Zollverein wurden nun auch die Seestädte einbezogen.
- Ein neues Reichsstrafgesetzbuch, das Bürgerliche Gesetzbuch (BGB, 1896) und die Gründung des Reichsgerichts vereinheitlichten das Rechtswesen.

Wie weit aber gelang die Integration der Bevölkerung in den Staat? Gab es einen Grundkonsens, mit dem sich die politische Ordnung legitimieren konnte?

Liberalismus

Die deutschen Liberalen hatten sich 1866 im Streit um die „Indemnität" der Regierung Bismarck, die Straflosigkeit für die mehrjährige Regierung ohne Budget, gespalten: Unter dem Eindruck des Erfolgs gegen Österreich hatte sich die Nationalliberale Partei abgespalten und trug nun Bismarcks Politik bis 1879 mit, während die Linksliberalen als Fortschrittspartei in der Opposition blieben (→ S. 107). Beide waren einem langfristigen Wählerschwund ausgesetzt. Das Ziel der Einigung war erreicht, an den Einheitsgesetzen waren liberale Politiker maßgeblich beteiligt. Aber ihr zweites großes Ziel, die Parlamentarisierung des Reiches, wurde nicht verwirklicht.

„Entschieden ist er – und ein gewaltiger Redner, das muss man ihm lassen." Die Karikatur aus der Wiener Zeitschrift „Figaro" zeigt Reichskanzler Bismarck vor dem Reichstag des Norddeutschen Bundes (1870).

Zudem war ihre soziale Basis nach der Gründung der Arbeiterparteien auf das Bürgertum beschränkt. Die „konservative Wende" von 1878/79, die man sogar eine „zweite Reichsgründung" genannt hat, machte allen liberalen Hoffnungen ein Ende.

Konservative Die Politik des Jahres 1866 hatte auch zur Spaltung der Konservativen geführt. Während die altpreußischen Legitimisten Bismarcks Annexionen als Verstoß gegen göttliches Recht verurteilten, unterstützte ihn die neue Freikonservative Partei ohne Vorbehalt. 1876 erst gründeten auch die Altkonservativen eine Partei, die Deutschkonservative Partei. Obwohl beide zusammen nie mehr als 26% der Wählerstimmen erreichten, ging ihr Einfluss weit über den anderer Parteien hinaus.

Eliten Zur Struktur des Kaiserreichs gehörte die informelle Herrschaft nichtparlamentarischer Eliten. Hier hatten die adligen Konservativen ihre Bastion. Ihre Stellung im ostelbischen Grundbesitzeradel, in der Bürokratie, in der evangelischen Kirche und im Militär war unangreifbar. Vor allem die verfassungsmäßige Sonderstellung des Militärs, seine direkte Unterstellung unter den kaiserlichen Oberbefehl, das Fehlen einer wirksamen parlamentarischen Kontrolle – es gab keinen Reichskriegsminister – führte zu einer Verselbstständigung. Auch das gesellschaftliche Prestige des Offiziersberufs, der seit den Einigungskriegen zum Leitbild geworden war, entsprach dieser Sonderstellung. Eine bürgerliche Karriere in Staat oder Wirtschaft war ohne den Reserveoffiziersgrad nicht mehr vorstellbar. Aber auch Bauern und Arbeiter sollten über die allgemeine Wehrpflicht, die „Schule der Nation", integriert, diszipliniert und gegen sozialdemokratische Tendenzen immunisiert werden. Der Soldat müsse, so Kaiser Wilhelm II., im Falle „sozialistischer Umtriebe" sogar die eigenen Brüder und Eltern niederschießen. Mitgliederstarke Kriegervereine trugen das militärische Denken weiter und führten zu einer Militarisierung der Gesellschaft, die sich in der Episode des „Hauptmanns von Köpenick" entlarvte und lächerlich machte. Schließlich war auch der Tag von Sedan (2. September), nicht der Tag der Reichsgründung, der eigentliche Nationalfeiertag. Nur die Sozialdemokraten feierten unter sich den 18. März als Gedenktag des Berliner Aufstands von 1848.

Militarismus

Beamte „Staatstragende" Funktion hatte im Obrigkeitsstaat auch das Beamtentum; der Zugang dieser Laufbahn wurde, vor allem unter dem preußischen Innenminister von Puttkamer (1881–1888), mit strenger Gesinnungskontrolle verbunden. Liberalen und Katholiken waren die oberen Ränge in der Regel versperrt, die Zugehörigkeit zur Sozialdemokratie führte zum Ausschluss.

Verbände Zu den modernen Zügen des Kaiserreichs, in denen sich die Zugeständnisse an die Bedürfnisse der Industriegesellschaft zeigen, gehört die Entstehung von Verbänden. Vor allem der „Centralverband deutscher Industrieller" (1876) und der „Bund der Landwirte" (1893) übten großen Einfluss aus. In der langen Wirtschaftskrise von 1873 bis 1896, die zugleich eine Agrarkrise und eine industrielle Wachstumskrise war, führte ihr Druck zur Abkehr von der Freihandelspolitik und zum Protektionismus. Die „Allianz von Rittergut und Hochofen" wurde von Bismarck als ein Gegengewicht zu den parlamentarischen Parteien gefördert.

Im „Bund der Landwirte" wie auch besonders in der 1878 gegründeten „Berliner Bewegung" des Hofpredigers Stoecker machte sich im Lauf der Wirtschaftskrise ein lautstarker Antisemitismus vernehmbar; 1890 wurde sogar eine Antisemitische Volks-

Antisemitismus

partei gegründet. Die Juden setzten sich rechtlich und propagandistisch gegen den Antisemitismus entschieden zur Wehr, sie verteidigten ihre Bürgerrechte, das Ideal der Assimilation wollten sie nicht aufgeben.

Minderheiten

Bismarcks Politik in diesem vielfältigen Kräftefeld war ein Balanceakt, ein Regieren mit wechselnden Mehrheiten, ein Ausspielen der verschiedenen Gruppen gegeneinander. Integration der Mehrheit wurde oft durch Diskriminierung von Minderheiten erkauft, durch die Konfrontation „staatstragender" Gruppen mit „Reichsfeinden" oder „vaterlandslosen Gesellen", zu denen neben den ethnischen Minderheiten wie Dänen und Polen auch Elsässer, Lothringer und Welfen (Anhänger des Hauses Hannover), schließlich Katholiken, Linksliberale, Sozialisten und Gewerkschafter gehörten. Diese wurden nicht nur politisch, sondern auch gesellschaftlich vielfach benachteiligt. Auch Frauen waren aus dem öffentlichen Leben weitgehend ausgeschlossen. Die einzige Partei, die das Frauenwahlrecht forderte, war die SPD im Erfurter Programm von 1891. Aber auch in dieser Partei konnten sich Politikerinnen nur schwer behaupten. Verwirklicht wurde das Frauenwahlrecht aber erst durch die Novemberrevolution 1918 (→ S. 185 ff.). Zur Ideologie des Kaiserreichs gehörte aber die Vorstellung von der Überparteilichkeit des Kaisers und der Staatsorgane. Ein Kritiker nannte dies später die „Lebenslüge des Obrigkeitsstaates".

Frauen

MATERIAL 8

Politische Rechte für Frauen? Spitzelbericht über ein Gespräch in einer Hamburger Arbeiterkneipe (10. 5. 1902)

In der Zeit von 9.40 h bis 10.25 h besuchte ich die Gastwirtschaft von Kelling, gelegen Süderstraße Nr. 5. Daselbst befanden sich elf Arbeiter, welche an Tischen verteilt saßen, und einer sagte Folgendes: „Es wird immer darauf hingewirkt, dass die Frauen den Männern im öffentlichen sowie im politischen Leben gleichgestellt werden sollen. Meiner Ansicht nach ist dieses nicht richtig, da eine Frau niemals das richtige Verständnis für dieserlei Sachen hat, vielmehr stets von dem Manne muss geleitet werden, kann sie auch niemals demselben gleichgestellt werden. Es gibt zwar Frauen, die Energie und Einsicht besitzen, jedoch sind dies nur so wenige, dass sie nicht in Betracht kommen. Besser wäre es, wenn mehr darauf hingewirkt würde, dass Frauen dem öffentlichen Leben ganz und gar entzogen und in häuslichen Arbeiten beschäftigt würden."

Ein anderer Arbeiter sagte: „Es gibt eine Menge Frauen, die sich sehr gut für das öffentliche Leben eignen. Dieses sieht man am besten daran, dass sie sich beinahe in alle Berufe eingedrängt haben. Allerdings sind es nur die Berufe, wo keine allzu schwere körperliche Arbeit verlangt wird [...] Dagegen ist ihre Zahl in anderen Berufen so groß, dass man sie dem Manne gleichsetzen kann, welches dann nur eine Gerechtigkeit der Frau gegenüber wäre, die dieselbe schon lange genießen sollte."

Ein anderer sagte: „Wir müssen alle hier für die Gleichstellung der Frau mit dem Manne eintreten. Der Vorteil, der uns daraus erwächst, ist bedeutend größer als der Nachteil, den wir davon haben. Werden die Frauen auch im politischen Leben dem Mannes gleichgestellt, so vergrößert sich unsere Partei mindestens um das Doppelte. Ob dieselben ein Verständnis dafür haben oder nicht, bleibt sich ganz gleich, die Hauptsache ist, dass die Mehrzahl der Stimmen, die bei Wahlen und dergleichen gebraucht wird, da ist. Dass die Arbeiterschaft den Reichen gegenüber bedeutend besser wegkommt, liegt klar, und dieses ist auch der Hauptverweigerungsgrund, aus welchem sie sich dagegen sträuben, die Gleichberechtigung der beiden Geschlechter anzuerkennen."

Aus: R. J. Evans (Hrsg.), Kneipengespräche im Kaiserreich. Stimmungsberichte der Hamburger Politischen Polizei 1892–1914. Reinbek 1989, S. 164 f.

MATERIAL

9 Karikatur aus dem Simplicissimus, 1897: „Der – Die – Das“

MATERIAL 10

Ergebnisse der wichtigsten Parteien in Reichstagswahlen 1871–1912

Jahr	*Konservative**		*National-Liberale*		*Linksliberale***		*Zentrum*		*Sozialdemokratie*	
	a	*b*	*a*	*b*	*a*	*b*	*a*	*b*	*a*	*b*
1871	23,0	94	30,0	125	9,3	47	18,6	63	3,2	2
1874	14,1	55	29,7	155	9,0	50	27,8	91	6,8	9
1877	17,7	78	27,2	128	8,5	39	24,8	93	9,1	12
1878	26,6	116	23,1	99	7,8	29	23,1	94	7,5	9
1881	23,7	78	14,6	47	23,1	115	23,2	100	6,1	12
1884	22,0	106	17,6	51	19,3	74	22,6	99	9,7	24
1887	25,0	121	22,3	99	14,1	32	22,1	98	7,1	11
1890	19,1	93	16,3	42	18,0	76	18,6	106	19,7	35
1893	19,2	100	13,0	53	14,3	48	19,0	96	23,3	44
1898	15,4	79	12,5	46	11,1	49	18,9	102	27,2	56
1903	13,4	75	13,9	51	9,3	36	19,7	100	31,7	81
1907	13,6	84	14,4	54	11,0	49	19,4	105	29,0	43
1912	12,2	57	13,7	45	12,3	42	16,4	91	34,8	110

* Deutsche Konservative Partei und Deutsche Reichspartei (Freikonservative).
** Liberale Vereinigung (1893 Freisinnige Vereinigung, 1910 Fortschrittliche Volkspartei), Deutsche Fortschrittspartei (1893 Freisinnige Vereinigung), Deutsche Volkspartei.
a = Stimmenanteil in v. H.; b = Zahl der Mandate.

MATERIAL 11

Deutschland und der nächste Krieg (1912). Konzept eines Militärschriftstellers.

[...] Haben wir in den letzten großen Kriegen um unsere nationale Einigung und damit um unsere europäische Machtstellung gekämpft und gerungen, so stehen wir heute vor der größeren Entscheidung, ob wir uns auch zu einer Weltmacht entwickeln, als solche behaupten und deutschem Geist und deutscher Lebensauffassung die ihnen gebührende Beachtung auf der weiten Erde verschaffen wollen, die ihnen heute noch versagt sind. [...]
Ob wir die Spannkraft in uns fühlen, diesem großen Ziele nachzustreben; ob wir zu den Opfern bereit sind, die uns ein solches Streben zweifellos kosten wird; ob wir zurücktreten wollen vor den feindlichen Gewalten [...]; das ist der Inhalt dieser Entscheidung.
„Sein oder Nichtsein?", lautet die Frage, die heute an uns herantritt, verschleiert freilich durch das scheinbare Gleichgewicht der einander entgegenstehenden Interessen und Kräfte, durch das trügerische Ränkespiel der Diplomatie und das amtliche Friedensbedürfnis aller Staaten, aber unerbittlich in ihrer geschichtlichen Logik. [...]
Einen Stillstand gibt es nicht in der Völkergeschichte. Alles ist ein Werden und eine Entwicklung. Die Dinge auf dem Status quo zu erhalten, wie das von der Diplomatie so vielfach angestrebt wird, ist unmöglich [...]
Dass es also auch für uns keinen Stillstand, kein Gesättigtsein geben kann, sondern nur ein Vorwärts oder ein Zurück, und dass es dem Zurück gleichkommt, wenn wir uns mit unserer augenblicklichen europäischen Machstellung begnügen, während alle unsere Mitbewerber mit rücksichtsloser Energie selbst auf Kosten unserer Rechte nach Machterweiterung streben, darüber müssen wir uns völlig klar sein. [...]

Würde uns aber ein Krieg unter für uns ungünstigen Bedingungen von überlegenen Feinden aufgezwungen, dann könnte bei unglücklichem Verlauf unsere politische Niederlage sehr bald herbeigeführt werden, und wir würden einen raschen Sturz erleben. Dann wäre die Zukunft des Deutschtums preisgegeben, eine selbstständige deutsche Kultur würde sich auf die Dauer nicht behaupten können, und für lange Zeiten würden die Güter, für die deutsches Blut in Strömen geflossen ist, der Menschheit verloren sein: geistige und sittliche Freiheit und der tiefe und hochfliegende Idealismus des deutschen Gedankens. Wenn wir die Verantwortung für eine solche Entwicklung der Dinge, wie billig, nicht auf uns nehmen wollen, müssen wir den Mut haben, eine unseren Ansprüchen angemessene Machterweiterung mit allen Mitteln anzustreben, selbst auf die Gefahr hin eines Krieges gegen numerisch überlegene Gegner. [...]

Aus: F. von Bernhardi, Deutschland und der nächste Krieg, in: W. Mommsen (Hrsg.) Imperialismus. Seine geistigen, politischen und wirtschaftlichen Grundlagen, Hamburg 1977, S. 151 f.

MATERIAL

12 Ein Kritiker in der Rückschau auf die „Erbschaft Bismarcks“ (Max Weber 1918)

Was war infolgedessen [...] Bismarcks politisches Erbe? Er hinterließ eine Nation *ohne alle und jede politische Erziehung*, tief unter dem Niveau, welches sie in dieser Hinsicht zwanzig Jahre vorher schon erreicht hatte.

Und vor allem eine Nation *ohne allen und jeden politischen Willen*, gewohnt, dass der große Staatsmann an ihrer Spitze für sie die Politik schon besorgen werde.

Und ferner, als Folge der missbräuchlichen Benutzung des monarchischen Gefühls als Deckschild eigener Machtinteressen im politischen Parteikampf, eine Nation, daran gewöhnt, unter der Firma der „monarchischen Regierung“ fatalistisch *über sich ergehen zu lassen*, was man über sie beschloss, ohne Kritik an der politischen Qualifikation derjenigen, welche sich nunmehr auf Bismarcks leer gelassenem Sessel niederließen und mit erstaunlicher Unbefangenheit die Zügel der Regierung in die Hand nahmen. An diesem Punkt lag der bei weitem schwerste Schaden. Eine politische Tradition dagegen hinterließ der große Staatsmann *überhaupt nicht*. Innerlich selbstständige Köpfe und vollends Charaktere hatte er weder angezogen noch auch nur ertragen. [...]

Demgegenüber nun als rein negatives Ergebnis seines gewaltigen Prestiges: *ein völlig machtloses Parlament*. Er selbst hat sich bekanntlich dessen als eines Fehlers angeklagt, als er nicht mehr im Amte war und die Konsequenzen an seinem eigenen Schicksal erfahren hatte. Jene Machtlosigkeit bedeutete aber auch: ein Parlament mit tief herabgedrücktem geistigen Niveau. [...]

Denn darauf: ob große Probleme in einem Parlament nicht nur beredet, sondern maßgeblich entschieden werden – ob also etwas und wie viel *darauf ankommt, was im Parlament geschieht*, oder ob es nur der widerwillig geduldete Bewilligungsapparat einer herrschenden Bürokratie ist, darauf stellt sich die Höhe oder Tiefe seines Niveaus ein.

Aus: M. Weber, Parlament und Regierung im neugeordneten Deutschland, in: Gesammelte politische Schriften, hrsg. von J. Winckelmann, 4Tübingen 1980, S. 319.

1. Kennzeichnen Sie die Einstellung und Argumente der Hamburger Arbeiter zur Frauenrolle. Vergleichen Sie auch die Materialien S. 133 ff.
2. Erläutern Sie die Aussage der Karikatur M 12. Welches Bild der deutschen Gesellschaft vermittelt sie?
3. Erläutern Sie Weltbild und politische Grundeinstellung des Autors von Material 11. Welche Konsequenzen für die Außenpolitik ergeben sich daraus?
4. Erläutern Sie Max Webers Meinung über Bismarck (M 12). Was bezeichnet er als das negative Erbe, das Bismarck hinterlassen hat?

2.4 Der Kulturkampf – nur Modernisierungseifer?

Kulturkampf

Bald nach der Reichsgründung begann der Kulturkampf gegen die katholische Kirche. Er wurde vor allem in Preußen ausgetragen, dessen Behörden zeitweilig alle katholischen Bischöfe verhafteten oder des Landes verwiesen und die Besetzung zahlreicher Pfarrerstellen behinderten. Aber auch im liberal regierten Baden kam es bezeichnenderweise zu erheblichen Auseinandersetzungen zwischen Staat und katholischer Kirche. Weitere Schauplätze waren Bayern und Hessen.

Verhältnis von Kirche und Staat

Die Konfrontation zwischen Staat und katholischer Kirche im letzten Drittel des 19. Jahrhunderts war keineswegs ein spezifisch deutsches, sondern ein gesamteuropäisches Phänomen. Kern des Konflikts war das Verhältnis von Staat und Kirche. Der moderne Nationalstaat war seinem Selbstverständnis nach ein säkularisierter Staat und daher an keine Religion oder Konfession gebunden. Zugleich beanspruchte er ein Monopol bei der Regelung der öffentlichen Angelegenheiten. Dieser Anspruch kollidierte mit dem Anspruch der katholischen Kirche, christliche Wertvorstellungen auch für Staat und Gesellschaft verbindlich zu machen. Insbesondere auf das Schulwesen und das Familienrecht hatte die Kirche von jeher erheblichen Einfluss ausgeübt. Seit der französischen Revolution und der Säkularisation verbreitete sich unter den Katholiken jedoch das Gefühl zunehmender Einflusslosigkeit.

Reaktion des Papstes

Papst Pius IX. (1846–1878) reagierte auf diese Entwicklungen, indem er die Unterschiede zwischen katholischer Glaubenslehre und den Weltanschauungen der modernen Zeit klar und prägnant benannte und so den Katholiken Orientierungshilfen bot. Der Papst wandte sich insbesondere gegen den vom Geist der Aufklärung durchdrungenen Liberalismus, den er in seiner 1864 veröffentlichten Enzyklika „Syllabus Errorum" als Irrlehre der Zeit geißelte. Heftig bekämpfte er auch die Ansicht, die Leitung der öffentlichen Schulen stünde allein dem Staat zu. Mit dem vom 1. Vatikanischen Konzil 1870 verkündeten so genannten Infallibilitätsdogma sollte die päpstliche Lehrautorität gestärkt werden: Das Dogma stellte die Unfehlbarkeit des Papstes fest, wenn er sich lehrend zu Glaubens- und Sittenfragen äußert. Solche „ex cathedra" verkündeten Lehrsätze der Päpste sind seither für alle Katholiken zum verbindlichen Glaubensgut erklärt.

Motive der Liberalen

Für die antiklerikal gesinnten deutschen Liberalen war das Unfehlbarkeitsdogma ein Anschlag auf die Gewissensfreiheit. Entschlossen wollten sie „das Individuum in seiner Freiheit gegen den Missbrauch der Gewalt der Kirche" schützen. In polemischer Anspielung auf den jenseits der Alpen (lat. „ultra montes") residierenden Papst verunglimpften sie den von Rom aus hierarchisch organisierten Katholizismus als „Ultramontanismus". Ihr Kampf gegen diesen wurde zum „Kulturkampf" stilisiert, der sich „aus der großen Entwicklung der Jahrtausende" ergebe, wie es einer der führenden Liberalen, der Arzt Rudolf Virchow, formulierte. Ziel des Kulturkampfes war, den kirchlichen Einfluss aus dem öffentlichen Leben zu verbannen. Paradoxerweise fanden die Liberalen im konservativen Kanzler Bismarck ihren wichtigsten Verbündeten gegen die katholische Kirche.

Motive Bismarcks

Die Motive Bismarcks und der Liberalen für den Kulturkampf waren jedoch unterschiedlich. Zum einen war der staatskonservative Kanzler stets darauf bedacht, die von ihm verkörperte Staatsautorität gegenüber allen gesellschaftlichen Gruppen, also auch gegenüber der Kirche, durchzusetzen. Das allein erklärt aber nicht die Schärfe, mit der er gegen die katholische Kirche vorging. Für ihn war der Kulturkampf eine Art Präventivkrieg gegen den politischen Katholizismus und insbesondere gegen die 1870 gegründete katholische Zentrumspartei, mit der sich die Katholiken als Minderheit im neuen Reich politisch behaupten wollten.

„Reichsfeind" Zentrum

Während die Liberalen die Parteigründung als Massenmobilisierung des Antimodernismus deuteten, erblickte Bismarck in der föderalistisch und weitgehend großdeutsch orientierten Partei einen gefährlichen Gegner für das kleindeutsch-preußische Reich, zumal das Zentrum mit den nichtdeutschen katholischen Minderheiten im Reich, den Polen und Elsässern, verbündet war. Darüber hinaus wählte es in der Person von Ludwig Windthorst einen Anhänger der 1866 durch Preußen aus Hannover vertriebenen Welfen zum Vorsitzenden. Bismarck hielt die Bildung einer antipreußischen Koalition der großdeutsch gesonnenen Katholiken mit Österreich und Frankreich sowie der nationalpolnischen Bewegung für möglich. Deshalb bekämpfte er das Zentrum. Die Partei durfte zwar an Wahlen teilnehmen, doch wurde sie als „reichsfeindlich" eingestuft und so moralisch diffamiert. In den Parlamenten wurde sie von den anderen Fraktionen weitgehend boykottiert.

Maßnahmen gegen die Kirche

Mit dem Kampf gegen die Kirche wollte Bismarck diese zwingen, zum Zentrum auf Distanz zu gehen. Sein Kirchenkampf hatte zwei Stoßrichtungen. Einerseits ging es um die Trennung von Kirche und Staat und darum, die Kirche aus dem öffentlichen Leben herauszudrängen: Die Kirche verlor im Wesentlichen ihre Funktion in der Schulaufsicht; die Zivilehe wurde obligatorisch – damit wurden auch die rechtlichen Voraussetzungen zur Ehescheidung geschaffen, während die Kirche an der Unauflöslichkeit der Ehe festhielt; die Möglichkeit des Kirchenaustritts wurde gesetzlich geregelt; im „Kanzelparagraph" wurde den Geistlichen unter Strafandrohung untersagt, in Ausübung ihres Amtes die Politik der Regierung zu kritisieren. Zum anderen griff der Staat aber auch in die inneren Angelegenheiten der Kirche ein. Reichsweit wurde der Jesuitenorden verboten, in Preußen auch fast alle übrigen katholischen Ordensgemeinschaften. Der Klerus wurde der staatlichen Aufsicht unterstellt; verschärfte Strafgesetze gaben dem Staat die Möglichkeit zu Polizeiaktionen und Verhaftungen.

Scheitern des Kulturkampfes

Mit seinen Maßnahmen erreichte Bismarck aber nur, dass die Autorität des Klerus bei den Gläubigen wuchs, dass die Katholiken die Zentrumspartei als „ihre" Partei betrachteten und dass sich innerparteilich ein beachtliches Maß an Solidarität und Zusammenhalt entwickelte. Als das Zentrum – als zweitgrößte Fraktion – für die Gesetzgebungstätigkeit bald unentbehrlich wurde, musste Bismarck sich schließlich ein Scheitern seiner Politik des Kulturkampfes eingestehen. Gegen den Widerstand der prinzipientreuen Liberalen verständigte er sich mit dem neuen Papst Leo XIII. (1878–1903), der diplomatisch weitaus geschmeidiger als sein Vorgänger war. Nach und nach wurden die Kulturkampfgesetze aufgehoben; allerdings wurde an der staatlichen Schulaufsicht und an der Zivilehe festgehalten. Einmal mehr hatte sich gezeigt, dass geistig-religiöse Überzeugungen nicht mit Polizeimaßnahmen zu bezwingen waren. Der Kulturkampf Bismarcks bewirkte aber, dass viele Katholiken zum preußisch-kleindeutschen Kaiserreich in eher kritischer Distanz verharrten.

MATERIAL

13 Verein der deutschen Katholiken, Aufruf 1872

Wir leben in Zuständen, welche man Verfolgung der Kirche zu nennen berechtigt ist. [...] Damit wir [...] über die Tragweite der kirchenfeindlichen Anstrengungen nicht länger im Unklaren bleiben, entzieht man der Kirche ihr heiliges tausendjähriges Recht auf die Schule, deren Gründerin sie ist; man tastet sogar ihre göttliche Mission auf die Erziehung überhaupt an. Daneben werden Ausnahmegesetze gegen den Klerus erlassen [...] und zum Hohne allen Rechts die ehrwürdigen Orden der katholischen Kirche verfolgt. [...]
Der Staat, das heißt jener Staat, wie ihn die Gegner der geoffenbarten Religion und der Kirche sich mit Willkür konstruieren und mit Leidenschaft zur Geltung zu bringen suchen, leidet keine günstige Macht in seinem irdischen Bereiche, welche ihm die Wahrheit sagt, wenn er irrt, sein Unrecht rügt, wenn er frevelt.

Wir dagegen stehen fest in unseren kirchlich-politischen Grundsätzen, welche uns Vernunft und Glauben lehren. Wir halten daran, dass es auf Erden zwei Gewalten gebe, die von Gott zum Heile des Menschengeschlechts bestellt sind; dass es aber der Wille Gottes ist, [...] beide Ordnungen nicht getrennt zu sehen. [...] Das richtige Verhältnis von Staat und Kirche aber erkennen wir aus den Zielen, welche beiden gesteckt sind: dort ein Ziel in der Irdischkeit, das sich notwendigerweise dem höheren ewigen Ziele des Menschen unterordnet, hier dieses ewige Ziel, das unendlich weit über dieses endliche Dasein hinausreicht und zu welchem sich jenes verhält wie das Mittel zum Zweck. Darum halten wir fest an der Weisung des göttlichen Stifters unserer heiligen Religion, dem Kaiser zu geben, was des Kaisers, und Gott, was Gottes ist.

Aus: H. Fenske (Hrsg.), Im Bismarckschen Reich 1871–1890, Darmstadt 1978, S. 83–86.

MATERIAL

Bismarck über den Kulturkampf 14

Rede im preußischen Herrenhaus (1873):

Die Frage, in der wir uns befinden, wird meines Erachtens gefälscht, wenn man sie als eine konfessionelle, kirchliche betrachtet. Es ist wesentlich eine politische, es handelt sich nicht um den Kampf, wie unseren katholischen Mitbürgern eingeredet wird, einer evangelischen Dynastie gegen die katholische Kirche, es handelt sich nicht um den Kampf zwischen Glauben und Unglauben, es handelt sich um den uralten Machtstreit zwischen Königtum und Priestertum [...] Es handelt sich um die Verteidigung des Staates, es handelt sich um die Abgrenzung, wie weit die Priesterherrschaft und wie weit die Königsherrschaft gehen soll, und diese Abgrenzung muss so gefunden werden, dass der Staat seinerseits dabei bestehen kann. Denn in dem Reiche dieser Welt hat er das Regiment und den Vortritt.

Rede im preußischen Abgeordnetenhaus (1872):

Ich habe [...] die Bildung dieser Fraktion (des Zentrums) nicht anders betrachten können als im Lichte der Mobilmachung der Partei gegen den Staat. [...] Wir hatten gehofft, an einer streng kirchlichen Partei eine Stütze für die Regierung zu gewinnen, die dem Kaiser gibt, was des Kaisers ist, die die Achtung vor der Regierung auch da, wo man glaubt, dass die Regierung irrt, in allen Kreisen, namentlich in den Kreisen des politisch weniger unterrichteten gemeinen Mannes, zu erhalten sucht. Ich musste mit Betrübnis und Befremden hören, dass die Wahlreden [...] gerade an die Leidenschaft der unteren Classen, der Masse, appellierten, um sie zu erregen gegen die Regierung.

Aus: O. v. Bismarck, Die gesammelten Werke, Bd. 11, Berlin 1929, S. 298, S. 225 ff.

1. Vergleichen Sie die in beiden Texten zum Ausdruck kommenden Auffassungen über den Kulturkampf sowie zum Verhältnis von Staat und Kirche.

MATERIAL
15 Karikatur aus dem Kladderadatsch

MATERIAL
16 Der Historiker Thomas Nipperdey beschreibt die Folgen des Kulturkampfes

Der Kulturkampf hat die politische Situation in Deutschland wesentlich beeinflusst, vor allem die Position seiner drei Protagonisten. Bismarck hatte seine eigenen Motive, er wollte das Zentrum ausschalten. Aber er ist darüber auch zum Protagonisten einer liberalen Sache geworden. Gewiss hat er damit, eine durchaus erwünschte Nebenfolge, die Liberalen an sich gebunden und sich verpflichtet, aber Bindung und Verpflichtung galten auch umgekehrt. Er, der Konservative, wurde zum Wortführer einer modernen Sache gegen die Tradition, gegen konservative Mächte – das ist paradox genug. Das trennte Bismarck noch einmal scharf von seiner Herkunftspartei, den Konservativen. Das wieder intensivierte umgekehrt sein Bündnis mit den Liberalen und kam deren Einfluss zugute. […]

Dann die Liberalen, zumal die Nationalliberalen. Sie stürzten sich in den Kulturkampf, er wurde ihnen zur Herzenssache. […] Im Kulturkampf entwickelten die Liberalen ein geradezu manichäisches* Weltbild, vom Kampf zwischen Licht und Finsternis, Fortschritt und Stagnation. […] Aber darüber verschob sich ihr Ziel, ihre Priorität. An die Stelle der Veränderung der Machtstruktur rückte die Veränderung der Kultur. Sie haben sich in der Dialektik ihrer Ziele und Mittel verfangen, als sie Prinzipien der Toleranz und die Grundrechtsfreiheiten zugunsten polizeistaatlicher Maßnahmen, sei es auch im Namen der Geistesfreiheit und der Emanzipation vom klerikalen Joch, hintan stellten, nationale Identität und kulturelle Gleichartigkeit vor die Pluralität und das Recht auf Andersheit, Verschiedenheit setzten, ihr elitäres Aufklärungs- und Bildungsbewusstsein gegen die Dumpfheit und Verführtheit abergläubischer Massen.

Im Namen der Freiheit wurden sie, wie so viele vor und nach ihnen, zu Anwälten des starken Staates und seiner konkreten Freiheitsbeschränkungen. Das band sie an den Staat. Die Frage einer Erweiterung der parlamentarischen Macht trat zurück. Kurz, die liberalen „Siege im Kulturkampf" waren Einbußen an verfassungspolitisch liberaler Substanz. Der Kulturkampf stärkte zwar,

einstweilen, die Liberalen, aber er schwächte die Position des Reichstages. [...]
Die wichtigste Folge [...] ist die innere Integration des katholischen Volksteils, die Bildung eines geschlossenen katholischen Milieus, die absolute Loyalität gegenüber der eben noch von der Vaticanum-Krise** erschütterten Kirche, die Solidarität mit der einen katholischen Partei, dem Zentrum. [...] Zugleich verschärfte sich für die Katholiken die Erfahrung der Ausgrenzung und Isolierung, des Gegensatzes zu den anderen, sie waren die „Reichsfeinde", ausgeschlossen aus der einen und wahren Nation. [...] Sie gerieten in ein Ghetto und haben sich darin – mit einer gewissen Leidenschaft – eingerichtet, abgegrenzt gegen die gefährlichen „anderen". Was 1870 im Ansatz da war, hat sich gewaltig noch intensiviert und verfestigt.
Das führt [...] zu einem Blick auf die langfristigen Tiefenwirkungen für die deutsche Politik und ihre Lebensgrundlagen.

1. Die tiefe Erbitterung des Kulturkampfes, die staatliche Verfolgung, die Stigmatisierung*** von Oppositionskräften als Reichsfeinde, die Moralisierung der politischen Auseinandersetzung, die Tendenz, ganz unterschiedliche Gegner zu parallelisieren, die rote und die schwarze Internationale z. B. [...], das bestimmt lange den politischen Stil, zwischen Obrigkeitsstaat und Bürgern, Regierung (und Regierungsparteien) und Oppositionsparteien, zumal, weil es sich dann in der Auseinandersetzung mit den Sozialdemokraten wiederholt. Das bleibt ein Erbe Bismarcks.

2. Die Milieus bleiben lange, auch nach dem Ende des Kulturkampfes, wirksam, gegeneinander abgeschottet: „wir" und „sie". Das Volk zerfällt in zwei Nationen, wenn man von der dritten, den Sozialdemokraten, absieht. Das anti-katholische und das anti-liberale Sentiment überdauern in vielen und kruden Formen, aufgeladen von Emotionen und gern von Prinzipienreitern und Taktikern angeheizt bis zum Konfessionshass. Mit dem Hineinwachsen neuer Generationen hätten sich die Milieugrenzen und -gegensätze ändern können. Aber die Kulturkampfjahre blieben – über viele Institutionen und Ideen und Emotionen – nicht nur die prägenden Erinnerungen sondern auch die prägenden Erfahrungen der nachkommenden Generationen. Brückenschläge gab es an der Spitze, kaum im täglichen Leben.

3. Die Stabilisierung der Zentrumspartei ist für die Geschichte der Parlamentarisierung in Deutschland eine Blockade und ein Unglück gewesen. Das Zentrum war eine permanente Minderheit, die zugleich Rechte wie Linke in Deutschland Minderheit blieben ließ. Die Bildung jedenfalls von handlungsfähigen Mehrheiten war gewaltig erschwert. Das beließ das Schwergewicht der Politik bei der nichtparlamentarischen Regierung und die Parteien richteten sich dabei ein. Das Zentrum wollte auf die Dauer nicht Macht, sondern Einfluss im fortdauernden konstitutionellen System, das entsprach, so schien es, dem katholischen Interesse. Systempolitisch wurde es, paradox genug, zum Stabilisierer des Bismarck'schen Systems der Regierung über den Parteien.

* Manichäismus: Eine in der Spätantike weit verbreitete Religion, die den ewigen Gegensatz zwischen guten Lichtwesen und bösen Mächten der Finsternis lehrte.
** Vaticanum-Krise: Abspaltung der Alt-Katholiken von der römischen Kirche während des ersten Vatikanischen Konzils.
*** Von Stigma: Wundmal, Zeichen (Plural: Wundmale Christi). Stigmatisierung: Brandmarkung, abwertende Kennzeichnung.

Aus: T. Nipperdey, Deutsche Geschichte 1866–1918, Bd. 2, Machtstaat vor der Demokratie, München 1992, S. 380 f.

1. Die zeitgenössische Karikatur zeigt Bismarck und Papst Pius IX. beim Schachspiel. Deuten Sie die Überlegungen und Schachzüge der Kontrahenten. Informieren Sie sich über den Ausgang dieses Schachspiels.
2. Legen Sie die Auffassung des Historikers Thomas Nipperdey über den Kulturkampf dar (Motive Bismarcks und der Liberalen, unmittelbare Folgen und langfristige Tiefenwirkungen der Auseinandersetzung).

2.5 Die Unterdrückung der Arbeiterbewegung – das Sozialistengesetz

Wirtschaftliche und soziale Krise

Ebenso wie in der katholischen Kirche, gegen die er den Kulturkampf führte, sah Bismarck auch in der sozialdemokratischen Arbeiterpartei Oppositionelle, die er als „Reichsfeinde" diffamierte. In der langen Wirtschaftskrise seit 1873 (→ S. 118) spitzte sich die wirtschaftliche und soziale Lage der Arbeiter krisenartig zu und es kam zu Streiks und Demonstrationen. Zwei den Sozialdemokraten zu Unrecht angelastete Attentate auf Kaiser Wilhelm I. im Mai und Juni 1878 – beim zweiten wurde der Kaiser schwer verletzt – boten Bismarck dann den Anlass für repressive Maßnahmen gegen die Sozialdemokratie.

Sozialistengesetz

Bismarck nutzte die allgemeine Erregung, um den Reichstag aufzulösen und im neu gewählten Reichstag mit den Stimmen der Konservativen und der Mehrheit der Nationalliberalen ein „Gesetz gegen gemeingefährliche Bestrebungen der Sozialdemokratie" (Sozialistengesetz) durchzubringen. Es sollte die politische Arbeiterbewegung zerschlagen: Alle sozialdemokratischen, sozialistischen Vereinigungen, Versammlungen und Druckschriften wurden verboten; Zuwiderhandlungen konnten mit Haft- oder Geldstrafe geahndet, der Agitation Verdächtigte ausgewiesen werden. Das Gesetz blieb zwölf Jahre lang in Kraft.

Das Sozialistengesetz erreichte seine Ziele nicht; die Solidarität der in den Untergrund getriebenen Parteimitglieder wuchs. Die Reichstagswahlen offenbarten, dass trotz des Verbots der Partei die Zahl ihrer Anhänger zunahm: Aufgrund des Mehrheitswahlrechts mussten nämlich keine Parteilisten aufgestellt werden und in den Wahlkreisen konnten sozialdemokratische Einzelbewerber kandidieren. Nach der Aufhebung des Sozialistengesetzes 1890 kam es zu einem sprunghaften Anstieg der Reichstagsmandate, ihr Stimmenanteil verdreifachte sich fast; 1912 wurde die SPD stärkste Fraktion im Reichstag (→ S. 121). Dennoch wurden die Sozialdemokraten weiterhin bei vielen Gelegenheiten politisch und gesellschaftlich benachteiligt und als „vaterlandslose Gesellen" diskriminiert. So war im besonders obrigkeitsstaatlichen Preußen die Zugehörigkeit zur Sozialdemokratie unvereinbar mit dem beruflichen Status des Beamten, auch der unbedeutendste Staatsdiener musste mit seiner Entlassung rechnen, wenn er Sozialdemokrat war.

Polizeieinsatz gegen streikende Arbeiter um 1910.

MATERIAL

Adolf Damaschke über die sozialen Verhältnisse im frühen Kaiserreich 17

Adolf Damaschke (1865–1935), Sohn eines Tischlermeisters, lernte als Lehrer in den Arbeitervierteln Berlins die soziale Bedeutung der Wohnungsfrage kennen. Später leitete er den „Bund deutscher Bodenreformer".

Am 10. Mai wurde der Friede (mit Frankreich) geschlossen. Am 1. Oktober musste die Polizei feststellen, dass allein in Berlin 10 600 Menschen obdachlos auf der Straße lagen. Wie groß die Verzweifelung der Obdachlosen war, zeigen die Barrikadenkämpfe am 25.–27. Juli 1872. Sie entstanden, als Obdachlose durch die Blumenstraße zogen und dort gerade ein Tischler aus seiner Wohnung zwangsweise entfernt wurde. 600 Schutzleute in Uniform und ebenso viel in Zivil konnten mit Mühe die Unruhe unterdrücken.
1917 erzählte mir der König von Württemberg, er habe in jener Zeit beim Militär in Potsdam gestanden und wisse noch, wie der Befehl kam, sich marschbereit zu halten wegen der Unruhen in Berlin. Es wäre ein fürchterliches Gefühl gewesen, unter Umständen gegen wohnungslose Volksgenossen, zum Teil heimgekehrte Kriegskameraden, kämpfen zu sollen! [...]

Auf der einen Seite ein Massenelend furchtbarster Art, auf der anderen Seite ungeheure Gewinne ohne jede volkswirtschaftliche Gegenleistung.

Da entstand das bekannte Lied von Georg Herwegh, das in Arbeiterkreisen bald von Mund zu Mund ging:

> Achtzehnhundertsiebzig und drei:
> Reich der Reichen, da stehst du, juchei.
> Aber wir Armen, verkauft und verraten,
> Denken der Proletariertaten.
> Noch sind nicht alle Märze vorbei.

[...] Es wuchs bald in Hunderttausenden von Arbeiterherzen ein Zweifeln, ein Verzweifeln an diesem vor kurzem noch mit höchster Begeisterung begrüßten Deutschen Reich, und enttäuschte Liebe wird ja stets bitterster Hass. Die Wende zeigt eine Zahl. Im sechsten Wahlkreis Berlin, d. h. im ausgesprochensten Arbeiterviertel, erhielten die Lassalleaner noch 1871 nur 82 Stimmen, 1874 aber schon 2 523, und die Sozialdemokratie trat auf in einer Form, wie sie heute kaum noch in den radikalsten kommunistischen Kreisen gedacht werden kann. Johann Most, der spätere Anarchistenführer, wurde der Liebling der Berliner Arbeiter.

Die alte deutsche Bildungsschicht aber, die auf dem Wirtschaftsgebiete im Wesentlichen dem Liberalismus huldigte, sah auf diese Arbeiterbewegung zwar mit befremdlichen Grauen, aber doch ohne sonderliche Sorge. Einmal hielt man das Kaisertum für unerschütterlich und das kaiserliche Heer für die letzte Versicherung für die „Heilighaltung" allen Eigentums. Dann aber fühlte sich das gebildete Bürgertum in dem Herrschaftskreis, in dem es sich zumeist betätigte, in den Gemeinden, durchaus sicher. Das Grundbesitzer-Vorrecht, das in den Städten die Hälfte, in den Landgemeinden zwei Drittel aller Sitze den glücklichen Bodenbesitzern vorbehielt, schien im Verein mit dem Dreiklassenwahlrechts dieser Herrschaft ewige Dauer zu verbürgen, und man ließ sich auch nicht beirren, als die Ergebnisse des Dreiklassenwahlrechts immer grotesker wurden. [...] Wahrlich, aus Eigennutz brauchte die Bildung sich keine Gedanken zu machen, ob die „Masse" zufrieden wäre oder nicht, solange der Besitz solche Sicherheit genoss. Denn Besitz und Bildung hingen ja aufs engste zusammen. Der „ordentliche" Weg zur Bildung war nur dem Besitz geöffnet, und die wenigen, die auf selbst gebahnten Wegen in der Bildungsschicht emporstiegen, konnte man wohl durch irgendwelche Anteile an der Herrschaft gewinnen. Die Kölnische Zeitung hatte Recht mit ihrem viel angeführten Wort von den „durch Besitz und Bildung maßgebenden Schichten".

Herrschaft aber bedeutet Verantwortung. Wie stand es damit an der Wiege des neuen Deutschen Reiches? Der Sieg von 1871 führte – zum Teil durch die bis dahin unerhörten Geldquellen der Kriegsentschädigung – zu einer treibhausmäßigen Entfaltung des deutschen Wirtschaftslebens. In künstlicher Treibhauswärme gedeiht aber auch allerlei Giftkraut. Solange es Kriege gibt, spielen schnell reich gewordene Kriegslieferanten dabei eine einflussreiche, gefährliche Rolle.

Die Neureichen jener Zeit brachten Lebensgewohnheiten auf und trugen sie mit all dem verletzenden Hochmut der „Parvenus" zur Schau, der auf die arbeitenden Klassen nur verbitternd wirken konnte. [...] Unser Volk zerfiel immer mehr in zwei Nationen, die getrennt waren durch verschiedene Welt- und Staatsauffassungen, die verschiedene Feste feierten, verschiedene Ideale im Herzen trugen. Und die Kluft wurde größer von Tag zu Tag.

Aus: A. Damaschke, Aus meinem Leben, Zürich/Leben 1925, Bd. 2, S. 50 ff.

MATERIAL

18 Gesetz gegen die gemeingefährlichen Bestrebungen der Sozialdemokratie vom 22. Oktober 1878

Wir, Wilhelm, von Gottes Gnaden Deutscher Kaiser, König von Preußen etc. verordnen im Rahmen des Reichs, nach erfolgter Zustimmung des Bundesrats und des Reichstags, was folgt:

§ 1 Vereine, welche durch sozialdemokratische, sozialistische oder kommunistische Bestrebungen den Umsturz der bestehenden Staats- oder Gesellschaftsordnung bezwecken, sind zu verbieten. Dasselbe gilt von Vereinen, in welchen sozialdemokratische, sozialistische oder kommunistische auf den Umsturz der bestehenden Staats- oder Gesellschaftsordnung gerichtete Bestrebungen in einer den öffentlichen Frieden, insbesondere die Eintracht der Bevölkerungsklassen gefährdenden Weise zu Tage treten. Den Vereinen stehen gleich Verbindungen jeder Art.

§ 7 Aufgrund des Verbots sind die Vereinskasse sowie alle für Zwecke des Vereins bestimmten Gegenstände in Beschlag zu nehmen. [...]

§ 9 Versammlungen, in denen sozialdemokratische, sozialistische oder kommunistische auf den Umsturz der bestehenden Staats- oder Gesellschaftsordnung gerichtete Bestrebungen zu Tage treten, sind aufzulösen. [...]

Den Versammlungen werden öffentliche Festlichkeiten und Aufzüge gleichgestellt. [...]

MATERIAL

19 Bismarcks Reichstagsrede zum Sozialistengesetz vom 9. Oktober 1878

Die sozialdemokratischen Organisationen haben den Charakter einer feindlichen Armee in unserer Mitte [...], die über den Eigentümer, den Kapitalisten, der etwas anlegen will, Gericht halten möchte, um ihm das wohlerworbene Eigentum zu entziehen oder zu beschränken. [...] Solange die sozialistischen Bestrebungen diese bedrohliche Form haben wie jetzt, wird aus Furcht vor der weiteren Entwicklung das Vertrauen und der Glaube im Innern nicht wiederkehren, und deshalb wird die Arbeitslosigkeit auch so lange, wie die Sozialdemokratie uns bedroht [...], anhalten.

Aus: O. v. Bismarck, Die Gesammelten Werke, Berlin 1929, Bd. 12, S. 15.

1. Damaschke kontrastiert die äußere Reichseinigung mit den zwei Nationen im Innern: In welchen Verhaltensweisen und Einstellungen äußert sich dem Text zufolge der Grundwiderspruch von Bürgertum und Arbeiterschaft? (M 17)
2. Erschließen Sie aus dem Text Merkmale der politischen Kultur des Kaiserreiches.
3. Mit welchen Mitteln versuchte das Sozialistengesetz die zwei von Damaschke genannten „Nationen" zu einen? (M 18)
4. Erläutern Sie die Begründung Bismarcks für das Sozialistengesetz. (M 19)
5. Arbeiten Sie die Interessengebundenheit der verschiedenen Argumentationen heraus.

MATERIAL

20 August Bebel über das Sozialistengesetz

Binnen weniger Tage war fast die gesamte Parteipresse unterdrückt. Das gleiche Schicksal teilte die Gewerkschaftspresse [...]
Ebenso verfielen der Auflösung die zahlreichen lokalen sozialdemokratischen Arbeitervereine, nicht minder die Bildungs-, Gesangs- und Turnvereine, an deren Spitze Sozialdemokraten standen. Da die gleichen Maßnahmen wie in Berlin und Leipzig fast überall gegen uns getroffen wurden, hatten wir im Lauf von wenigen Monaten für Hunderte von Existenzen und deren Familien zu sorgen. [...]
Die Unterbringung der Ausgewiesenen in eine Arbeitsstelle wurde uns sehr schwer gemacht. Die wirtschaftliche Krise befand sich noch auf voller Höhe [...] War es einem Ausgewiesenen geglückt, eine Stelle zu erhalten, flugs erschien die Polizei und denunzierte den armen Teufel seinem Arbeitgeber, der den eben erst angenommenen Arbeiter entließ. Der musste jetzt aufs Neue zum Wanderstab greifen. Für Männer in vorgeschrittenen Jahren ein hartes Los. [...]
Durch die Verfolgung aufs äußerste verbittert, zogen sie von Stadt zu Stadt, suchten überall die Parteigenossen auf, die sie mit offenen Armen aufnahmen, und übertrugen jetzt ihren Zorn und ihre Verbitterung auf ihre Gastgeber, die sie zum Zusammenschluss und zum Handeln anfeuerten. Dadurch wurde eine Menge geheimer Verbindungen geschaffen, die ohne Agitation der Ausgewiesenen kaum entstanden wären.

Aus: A. Bebel, Aus meinem Leben, Teil 3, Stuttgart 1914, S. 20 ff.

Parteigenossen!

Nachdem ich Berlin verlassen habe, drängt es mich, Euch noch ein Wort des Abschieds zu sagen.

Die Polizei hat mich auf Befehl des Ministers des Innern ausgewiesen.

Ich bin ausgewiesen, weil ich die Thätigkeit des Spitzelthums aufgedeckt habe und ich mußte dem Ausnahmegesetz zum Opfer fallen, weil man Leute, die ehrliche durchdringende Verbesserung der Lage des arbeitenden Volkes fordern und welche die **Scheinreform der Regierung** unerbittlich bekämpfen, die Haltlosigkeit derselben nachweisen, in Berlin nicht duldet.

Man zwingt mich, die Stätte meiner Wirksamkeit zu verlassen. Es ist nicht gelungen, mir das Vertrauen der Genossen zu rauben, es ist **trotz der gehäßigsten Verläumdungen** nicht möglich gewesen, meine Wähler zu beeinflussen.

Parteigenossen! So wie Ihr stets darauf rechnen könnt, mich für die Befreiung der Menschheit von politischem und wirthschaftlichem Joch kämpfen zu sehen, so rechne auch ich fest darauf, daß Ihr unserer Fahne treu und ergeben bleibt und daß Ihr mannhaft zusammensteht, wenn es gilt, unsere heilige Sache zu fördern.

Laßt Euch – dies rufe ich Euch warnend zu – **durch keine Provokationen, welche nicht ausbleiben werden, verleiten, den Gegnern gefällig zu sein, behaltet die Köpfe klar!**

Stets das erhabene Ziel im Auge, laßt die Frucht 'reifen, auch für uns kommt die Zeit der Ernte!

Bis dahin unaufhörlichen Kampf gegen die Feinde' auf allen Gebieten; wir müssen und werden siegen unter dem Rufe:

Hoch die Sozialdemokratie!

Paul Singer.

Flugblatt des Reichstagsabgeordneten Singer nach seiner Ausweisung, 1886.

1. „Das Sozialistengesetz wirkte kontraproduktiv." Überprüfen Sie die Berechtigung dieser These anhand der Ausführungen Bebels und des Flugblattes des Reichstagsabgeordneten Singer.
2. Welches Selbstverständnis und welche Zukunftserwartungen der Sozialdemokraten dokumentiert das Flugblatt?

MATERIAL
21 Karikatur aus dem Wahren Jakob (1890)

* Anmerkung: Wilhelm Oechelhäuser war ein Unternehmer und nationalliberaler Reichstagsabgeordneter, der mit der Zulassung von Arbeiter-Vertretungen Betätigungen der SPD in seinem Betrieb verhindern wollte.

1. Welches Selbstverständnis der Partei dokumentiert die Karikatur aus dem Jahr 1890?

2.6 „Dem Reich werb' ich Bürgerinnen" – die erste deutsche Frauenbewegung

Anfänge der Frauenbewegung in Deutschland

In Deutschland beteiligten sich Frauen erstmals im Vormärz, in den 1830er und 40er Jahren, an den revolutionären Bewegungen. Demokratische Frauenvereine unterstützten die Aufständischen, veröffentlichten Flugblätter, sammelten Spenden. Neben den Männern kämpften zahlreiche Frauen auf den Barrikaden. Sie setzten sich für die Forderungen nach Freiheit und Gleichheit ein und machten erstmals auf ihre gesellschaftliche und politische Unterdrückung aufmerksam. Nach dem Scheitern der Revolution von 1848/49 wurden die Ansätze einer organisierten Frauenbewegung zunächst zunichte gemacht. Das 1850 verabschiedete preußische Vereinsgesetz, das bis 1908 Gültigkeit hatte, untersagte „Frauenspersonen, Schülern und Lehrlingen" die Mitgliedschaft in politischen Vereinen und die Teilnahme an politischen Veranstaltungen. Louise Otto-Peters ergriff im Oktober 1865 erneut die Initiative und berief die erste deutsche Frauenkonferenz in Leipzig ein. Es war zugleich die erste große öffentliche Versammlung, die von einer Frau geleitet wurde. Etwa 150 Frauen aus verschiedenen Bundesstaaten beschlossen die Gründung des Allgemeinen Deutschen Frauenvereins (ADF). Die Zielsetzung des ADF beinhaltete „das Recht der Frauen auf Erwerb", auf die Förderung der Bildung und auf die freie Berufswahl. Politische Forderungen wurden zurückgestellt.

Forderungen der bürgerlichen Frauen

Die bürgerliche Frauenbewegung stellte im Wesentlichen drei Forderungen: die Reform des höheren Mädchenschulwesens, die Zulassung von Frauen zur Universität und eine verbesserte Lehrerinnenausbildung. Die bürgerlichen Frauen erreichten beachtliche Erfolge: 1890 wurden, zunächst auf privater Basis, „Real-„ oder „Gymnasialkurse" eingerichtet, die Mädchen auf ein Hochschulstudium vorbereiten sollten. Im Jahre 1896 bestanden die ersten sechs Frauen das Abitur am königlichen Luisen-Gymnasium in Berlin. Im selben Jahr wurden Frauen als Gasthörerinnen an einigen Universitäten zugelassen. Noch fünf Jahre zuvor hatte der Antrag auf Zulassung von Frauen zum Hochschulstudium im Reichstag allgemeine Heiterkeit hervorgerufen. In Frankreich dagegen waren Frauen erstmals 1861 immatrikuliert worden, 1868 folgte die Schweiz. Einige Jahre später konnten auch in Italien (1876) und England (1878) Frauen ein Studium aufnehmen. Als erstes Land im Deutschen Reich verlieh Baden den Frauen 1900 das Recht zur Immatrikulation an den Universitäten Freiburg und Heidelberg. Die anderen Länder des Deutschen Reiches folgten bis 1908, teilweise gegen erheblichen Widerstand der Professoren. Anfang 1920 wurden Frauen zur Habilitation zugelassen und im März 1923 erhielt Margarethe von Wrangell als erste Frau in Deutschland eine ordentliche Professur.

Bund Deutscher Frauenvereine (BDF)

Zu Beginn der neunziger Jahre wurde mit dem Bund Deutscher Frauenvereine (BDF) nach amerikanischen Vorbild ein Dachverband geschaffen, dem sich bis 1905 190 Verbände und Vereine mit rund 100 000 Mitgliedern anschlossen. Die einzelnen Vereine unterschieden sich in ihrer Zielsetzung allerdings sehr, sodass der BDF nach außen eine Politik des kleinsten gemeinsamen Nenners vertrat: Er wolle die „gemeinsame Idee der Kulturaufgabe der Frau" verwirklichen. Innerhalb des BDF kristallisierten sich jedoch schnell heftige Kontroversen zwischen konservativen und konfessionellen Frau-

Internationaler Frauenkongress in Berlin, 1896, organisiert vom BDF.

envereinen auf der einen Seite und radikal-fortschrittlichen Frauenvereinen auf der anderen Seite heraus. Stellten erstere die gesellschaftlichen Strukturen nicht grundsätzlich infrage und vertraten die Idee von der „Mutterschaft" als grundlegendem Wesenszug der Frauen, so griffen letztere gesellschaftliche Tabuthemen auf und forderten eine grundlegende Veränderung der Geschlechterbeziehungen sowie politische Rechte für die Frauen. „Wegen politischer Tendenzen" weigerte sich der bürgerlich dominierte BDF darüber hinaus von Anfang an, auch Arbeiterinnenvereine aufzunehmen. Es kam zu einem offenen Bruch zwischen den bürgerlichen und den proletarischen Frauen.

Proletarische Frauenbewegung

Die Arbeiterinnenvereine kämpften an zwei Fronten: Sie setzten sich für eine Verbesserung der Lage der Arbeiterin ein und lehnten sich gegen den verbreiteten „proletarischen Antifeminismus" in der frühen Arbeiterbewegung auf. Frauen wurden dort oftmals als so genannte „Schmutzkonkurrenz" des Mannes, als „Lohndrückerin" gesehen. Zur Überwindung dieser frauenfeindlichen Haltung trug August Bebel mit seinem Buch „Die Frau und der Sozialismus" (1879) entscheidend bei.

Frauenwahlrecht

Die politische Forderung der Frauenbewegung nach dem Stimmrecht wurde erst nach dem Zusammenbruch des Kaiserreiches erfüllt. Im November 1918 erhielten die Frauen in Deutschland durch den Rat der Volksbeauftragten das aktive und passive Wahlrecht. Die Weimarer Verfassung bestätigte diesen Beschluss des revolutionären Organs: Sie gewährte in § 109 den Frauen die staatsbürgerliche Gleichheit. Die Wahlbeteiligung der Frauen an den Wahlen zur verfassungsgebenden Nationalversammlung betrug 82 %. 9,6 % aller Abgeordneten in der Nationalversammlung waren Frauen.

MATERIAL
Die konservativ-bürgerliche Frauenbewegung 22

a) Helene Lange: Petition an das preußische Unterrichtsministerium (1887):

Diese Petition enthielt die nachfolgenden beiden Anträge:
1. dass dem weiblichen Element eine größere Beteiligung an dem wissenschaftlichen Unterricht auf Mittel- und Oberstufe der öffentlichen höheren Mädchenschulen gegeben und namentlich Religion und Deutsch in Frauenhand gelegt werde.
2. dass von Staats wegen Anstalten zur Ausbildung wissenschaftlicher Lehrerinnen für die Oberklassen der höheren Mädchenschulen mögen errichtet werden. [...]

Auszüge aus der Begleitschrift:
Solange die Frau nicht um ihrer selbst willen, als Mensch und zum Menschen schlechtweg, gebildet wird, solange sie [...] in Deutschland nur des Mannes wegen erzogen werden soll, solange konsequenterweise die geistig unselbstständigste Frau die beste ist, da sie am ersten Garantie dafür bietet, den Interessen ihres zukünftigen Mannes, deren Richtung sie ja unmöglich voraussehen kann, „Wärme des Gefühls" entgegenzubringen, so lange wird es mit der deutschen Frauenbildung nicht anders werden. [...]. Aber: Die Frau ist nicht nur die Frau ihres Mannes, sie ist auch die Mutter ihrer Kinder. Und: Nicht alle Frauen sind zur Heirat berufen, fast ausnahmslos aber haben sie in irgendwelcher Weise mit der Erziehung der Jugend zu tun. Aus diesen Sätzen gewinnen wir Klarheit darüber, dass sie zur selbstständigen Persönlichkeit entwickelt werden muss. [...] Schafft uns bessere Lehrerinnen, und wir werden bessere Mütter und durch diese bessere Menschen haben.
Die Petition wurde zurückgewiesen.

b) Hedwig Dohm: Das Stimmrecht der Frauen (1893)

Die Frauen fordern das Stimmrecht als ein ihnen natürlich zukommendes Recht. Sie fordern es als ein Mittel zur Versittlichung der menschlichen Gesellschaft. Sie fordern es als ihr Recht. Warum soll ich erst beweisen, dass ich ein Recht dazu habe? Ich bin ein Mensch, ich bin Bürgerin des Staats, ich gehöre nicht zur Kaste der Verbrecher, ich lebe nicht von Almosen, das sind die Beweise, die ich für meinen Anspruch beizubringen habe. [...] Die Gesellschaft hat keine Befugnis, mich meines natürlichen politischen Rechts zu berauben. [...] Die Logik der Politik ist absolut. Entweder ist das Volk souverän und mithin auch die Frauen, oder Untertanen eines oder mehrerer Herren sind wir alle. Wir können nur zurück zur Despotie oder vorwärts zum rein demokratischen Staat, wo von Frauenrechten keine Rede mehr sein wird, weil sie selbstverständlich sind. [...] Ihr Frauen, erhebt die Stirnen! Erhebt die Seelen! Keine Höhe ist zu hoch für euch! Keine Ferne zu fern! Fordert freie Bahn für euren Flug! [...] In jeder größeren Stadt Englands und der Vereinigten Staaten bestehen Stimmrechtsvereine für Frauen. Nicht so in Deutschland. Will die deutsche Frau, das immermüde Dornröschen, ewig schlafen? Erwachet, Deutschlands Frauen, wenn ihr ein Herz habt, die Leiden eurer Mitschwestern zu fühlen, mögt ihr selbst im Schoß des Glückes ruhen. Erwachet, wenn ihr Grimm genug habt, eure Erniedrigung zu fühlen, und Verstand genug, um die Quellen eures Elends zu erkennen. Fordert das Stimmrecht!

Aus: E. Frederiksen (Hrsg.), Die Frauenfrage in Deutschland 1865–1915, Stuttgart 1981, S. 207, 212 f., 374 f., 381.

MATERIAL
Die radikal-bürgerliche Frauenbewegung 23

a) Helene Stöcker: Zur Reform der sexuellen Ethik (1905):

Wenn Mann und Frau beide zu einem Beruf erzogen werden, der sie pekuniär unabhängig voneinander macht, dann erst kann das sittliche Verhältnis zwischen ihnen rechte Weihe erhalten. Denn was heute überall herrscht, das sind die traurigen Kehrseiten eines glücklichen Sexuallebens: Prostitution und Geschlechtskrankheiten, Geldheirat und Askese der Frau. [...] Wenn nun diese Askese als Heilmittel für die sexuellen Schäden in Wirklichkeit fortfällt und die Ehe aus

Plakat der englischen Frauenbewegung, 1910. 1893 erhielten die Frauen in Belgien das Wahlrecht, 1918 in Deutschland, Österreich und im revolutionären Russland, 1920 in den USA. 1929 folgte Großbritannien (eingeschränkt: 1918), 1945 Frankreich, 1946 Italien.

wirtschaftlichen Ursachen noch nicht möglich ist, so bleibt das „Verhältnis". Sicherlich: So wie es heute besteht, ist es auch nur eine mildere Form der Prostitution: Der weibliche Teil wird für seine Dienste entlohnt. Der Mann der höheren Stände kann sich eine Frau der unteren Stände kaufen.

Diese brutale Tatsache, die nur durch eine radikale Änderung der wirtschaftlichen Lage der Frau ganz auszurotten ist, kann wenigstens schon gemildert werden, wenn wir darauf hinwirken, den kameradschaftlichen Verkehr zwischen Mann und Frau zu mehren. Wenn wir einerseits die Frau pekuniär unabhängig machen, sie intellektuell schulen, wenn Mann und Frau auf gleicher Stufe stehen, dann erst kann ein würdiges Verhältnis zwischen Mann und Frau beginnen. [...]
Daher die Notwendigkeit der Berufstätigkeit der Frau, der pekuniären Bewertung ihrer hauswirtschaftlichen Verwaltung in der Ehe sowie die Anbahnung der staatlichen Mutterschaftsversicherung. Hier ist die sittliche Grundlage zu schaffen, die unserem heutigen ethischen Empfinden Genüge tut.

b) Die Gründung des Bundes für Mutterschutz und Sexualreform: Die Satzung vom 26. April 1908:

§1 Zweck des Bundes ist es, die Stellung der Frau als Mutter in rechtlicher, wirtschaftlicher und sozialer Hinsicht zu verbessern, insbesondere unverheiratete Mütter und Kinder vor wirtschaftlicher und sittlicher Gefährdung zu bewahren und die herrschenden Vorurteile gegen sie zu beseitigen.
§2 Zu diesem Zwecke erstrebt der Bund insbesondere (a) eine reichsgesetzliche Mutterschaftsversicherung, (b) rechtliche und soziale Gleichstellung der unehelichen Kinder mit den ehelichen, (c) Ehereformen auf wirtschaftlichem, sittlichem und rechtlichem Gebiete, (d) Achtung vor den Mutterschaftsleistungen der Frau.

Aus: B. Löhr (Hrsg.), Frauen in der Geschichte. Grundlagen, Anregungen, Materialien für den Unterricht, Band 2, Tübingen 1994, S. 212.

MATERIAL

24 August Bebel und Clara Zetkin: Das sozialistische Emanzipationsideal

a) August Bebel veröffentlichte 1879 das Buch „Die Frau und der Sozialismus", in dem er die Rolle der Frau diskutierte. Es entwickelte sich zu einem Bestseller und erschien bis 1909 in 50 Auflagen und 15 Sprachen.

Von unserem Standpunkt fällt die Frauenfrage zusammen mit der Frage, welche Gestalt und Organisation die menschliche Gesellschaft überhaupt annehmen muss, damit anstelle von Unterdrückung, Ausbeutung, Not und Elend in zahlloser Gestalt die physische und soziale Gesundheit der Individuen und der Gesellschaft tritt. Die Frauenfrage ist also für uns nur eine Seite der allgemeinen sozialen Frage. [...]

Nimmt man den durchaus nicht unmöglichen Fall an, dass die Vertreter der bürgerlichen Frauenbewegung alle ihre Forderungen für Gleichberechtigung mit den Männern durchsetzen, so wäre damit weder die Sklaverei, die für unzählige Frauen die heutige Ehe bietet, noch die Prostitution noch die materielle Abhängigkeit der großen Mehrzahl der verheirateten Frauen von ihren Eheherren aufgehoben.

Für die große Mehrzahl der Frauen ist es auch gleichgültig, ob einige Tausend oder Zehntausend ihrer Geschlechtsgenossinnen, die den günstiger situierten Schichten der Gesellschaft angehören, in das höhere Lehrfach, die ärztliche Praxis oder in irgendeine wissenschaftliche oder Beamtenlaufbahn gelangen, da hierdurch an der Gesamtlage des Geschlechts nichts geändert wird.
Das weibliche Geschlecht in seiner Masse leidet in doppelter Beziehung: Einmal leidet es unter der sozialen und gesellschaftlichen Abhängigkeit von der Männerwelt und zum Zweiten durch die ökonomische Abhängigkeit, in der sich die Frauen im Allgemeinen und die proletarischen Frauen im Besonderen, gleich der proletarischen Männerwelt, befinden.
Es handelt sich also nicht nur darum, die Gleichberechtigung der Frau mit dem Manne auf dem Boden der bestehenden Staats- und Gesellschaftsordnung zu verwirklichen, wie das als Ziel die bürgerlichen Frauenrechtlerinnen erstreben, sondern darüber hinausgehend alle Schranken zu beseitigen, die den Menschen vom Menschen, also auch das eine Geschlecht von dem anderen, abhängig machen. Diese Lösung der Frauenfrage fällt also mit der Lösung der sozialen Frage vollkommen zusammen.

b) Clara Zetkin hielt 1889 auf dem Pariser Kongress der II. Internationale eine Rede „Für die Befreiung der Frau“:

Diejenigen, welche auf ihr Banner die Befreiung alles dessen, was Menschenantlitz trägt, geschrieben haben, dürfen nicht eine ganze Hälfte des Menschengeschlechts durch wirtschaftliche Abhängigkeit zu politischer und sozialer Sklaverei verurteilen.

Wie der Arbeiter vom Kapitalisten unterjocht wird, so die Frau vom Manne; sie wird unterjocht bleiben, solange sie nicht wirtschaftlich unabhängig dasteht. Die unerlässliche Bedingung für diese ihre wirtschaftliche Unabhängigkeit ist die Arbeit. Will man die Frauen zu freien menschlichen Wesen, zu gleichberechtigten Mitgliedern der Gesellschaft machen wie die Männer, nun, so braucht man die Frauenarbeit weder abzuschaffen, noch zu beschränken, außer in gewissen, ganz vereinzelten Ausnahmefällen.

Die Arbeiterinnen, welche nach sozialer Gleichheit streben, erwarten für ihre Emanzipation nichts von der Frauenbewegung der Bourgeoisie [...]. Sie sind durchaus davon überzeugt, dass die Frage der Frauenemanzipation keine isoliert für sich bestehende ist, sondern ein Teil der großen sozialen Frage. Sie geben sich vollkommen klar Rechenschaft darüber, dass diese Frage in der heutigen Gesellschaft nun und nimmermehr gelöst werden wird, sondern erst nach einer gründlichen Umgestaltung der Gesellschaft. [...] In Erwägung dieser Tatsachen bleibt den Frauen, denen es mit dem Wunsche ihrer Befreiung ernst ist, nichts anderes übrig, als sich der sozialistischen Arbeiterpartei anzuschließen, der einzigen, welche die Emanzipation der Arbeiter anstrebt.

Vergleichen Sie auch S. 219, M 8.

Aus: a) A. Bebel, Die Frau und der Sozialismus, Berlin 1879, S. 3, 6, 7f. und b) E. Frederiksen (Hrsg.), Die Frauenfrage in Deutschland 1865–1915, Stuttgart 1981, S. 97f.

1. Arbeiten Sie sich in drei Gruppen in das jeweilige Emanzipationsverständnis und die Forderungen der bürgerlichen, bürgerlich-radikalen und sozialistischen Frauen ein.
   Diskutieren Sie dann die unterschiedlichen Forderungen.
2. Welche Kritik würden Sie gegen die einzelnen Forderungen und Gleichstellungskonzepte vorbringen?

2.7 Parlamentarismus und Wahlrecht im Deutschen Reich

Wallots Reichstagsbau, 1894 eingeweiht, lag am Westrand des preußischen Regierungsviertels, das südlich der Straße Unter den Linden historisch gewachsen war. Er hatte baulich keine Beziehung zu den Zentren der Monarchie oder der Bürokratie. Der Reichstagsbau sollte nicht Berufsparlamentariern dienen – dafür fehlt es an Büroräumen. Er beherbergte ein Parlament, das sich anders als das britische nicht in regierende Mehrheit und opponierende Minderheit teilte, sondern insgesamt zu Füßen der Regierungsbank und der Redner verharrte. Bis 1894 tagte das Parlament in der ehemaligen königlichen Porzellanmanufaktur in der Leipziger Straße. Wallot hatte für den Eingang des Reichstags den Schriftzug „Dem Deutschen Volke" vorgesehen, dessen Anbringung Kaiser Wilhelm II. jedoch ablehnte. Erst 1916, nachdem die SPD den Kriegskrediten zugestimmt hatte und der Kaiser sich mit dem Parlament „versöhnt" hatte, wurde der Schriftzug auf Anregung des damaligen Reichskanzlers Theobald von Bethmann Hollweg angebracht.

Verfassung

Die in ihren wesentlichen Zügen von Bismarck entworfene Verfassung des Deutschen Reiches trug den zwiespältigen Tendenzen der Zeit Rechnung. Bismarck hatte den Wunsch vieler deutscher Fürsten abgelehnt, ein Oberhaus nach englischem Muster zu etablieren, in dem die Spitzen des deutschen Hochadels vertreten sein sollten. Genauso hatte er sich weitgehenden liberalen Forderungen nach einer Weiterentwicklung der Verfassung im parlamentarischen Sinne verweigert. Die komplizierten Mächteverhältnisse zwischen Reich und Bundesstaaten, die Durchsetzungsschwäche von Reichsrat und Reichsregierung gegenüber den Bundesstaaten waren abgestimmt auf einen mächtigen und machtbewussten Reichskanzler (→ S. 113 f.). Bismarck hat diese Position lange Jahre wahrgenommen. Danach war aber keiner seiner sieben Nachfolger mehr dazu in der Lage, zumal Kaiser Wilhelm II. ab 1890, nach der Entlassung Bismarcks, ein „persönliches Regiment" ausübte.

mächtiger Kanzler

Scheinkonstitutionalismus

Historiker haben die begrenzten Rechte des Parlaments mit anderen konstitutionellen Monarchien verglichen und das Herrschaftssystem des Deutschen Reiches als „Halb-" oder „Scheinkonstitutionalismus" bezeichnet, Michael Stürmer gar als „Spätabsolutismus". Wegen der nahezu unbeschränkten Rechte des Monarchen in militärischen Angelegenheiten sprach der Historiker Thomas Nipperdey von einem „extrakonstitutionellen Kern" der Verfassung.

Rechte des Reichstags

Das Bild eines zu Einflusslosigkeit und Untätigkeit verurteilten Parlaments gibt jedoch nicht die ganze Wahrheit wieder. Seine Legitimation vor der Öffentlichkeit gewann der Reichstag durch das allgemeine und gleiche Wahlrecht. Wenn auch direkte Kontrollmöglichkeiten der Exekutive durch das Parlament nicht gegeben waren, so konnte es doch durch parlamentarische Anfragen (Interpellationen) und Bittschriften (Petitionen) die Tätigkeit der Reichsregierung zum Gegenstand allgemeiner Diskussionen machen. Die Verfassung garantierte nämlich, dass die Verhandlungen des Reichstages öffentlich waren. Ausführliche Berichte über die Parlamentssitzungen und stenographische Wiedergaben der Reden stießen auf großes Interesse und wurden von allen überregionalen Zeitungen abgedruckt, die nicht zuletzt deshalb in hohen Auflagen verbreitet wurden. Als nach 1878 die sozialdemokratische Partei verboten war (→ S. 128 ff.), mussten die Reden der Reichstagsabgeordneten der SPD, die weiter tätig bleiben durften, in den Parlamentsberichten wiedergegeben werden. Selbst eine Auflösung des Reichstages durch Kaiser und Bundesrat war gegen die öffentliche Meinung nicht problemlos durchsetzbar, wie etwa die Auseinandersetzungen um die Sozialistengesetze zeigten.

Allgemeines Wahlrecht

Das allgemeine, direkte, gleiche und geheime Wahlrecht, das der Bevölkerung im Deutschen Reich von 1871 zugestanden wurde, war für die damalige Zeit ungewöhnlich. In den meisten Teilstaaten Deutschlands wie auch in anderen Ländern Europas war das Zensuswahlrecht üblich. So galt in Preußen in Anlehnung an die drei Steuerklassen ein Drei-Klassen-Wahlrecht. Dieses garantierte den Reicheren einen größeren Einfluss auf die Zusammensetzung des Abgeordnetenhauses als ihnen nach ihrem Anteil an der Bevölkerung zugekommen wäre. Die Einführung des allgemeinen und gleichen Wahlrechts im Deutschen Reich bedeutete, dass das Gewicht der einzelnen Wählerstimmen nicht mehr vom Steuereinkommen abhängig war, sondern dass jede Stimme gleich zählte. Allerdings waren Frauen vom Wahlrecht ausgeschlossen, ebenso Männer unter 25, Angehörige des Militärs, Strafgefangene sowie Empfänger öffentlicher Armenunterstützung. Gewählt wurde zunächst alle drei Jahre, nach 1893, als das Parlament deutlich an Gewicht gewann, alle fünf Jahre.

Das allgemeine und gleiche Wahlrecht hatte Bismarck bereits in der Verfassung des Norddeutschen Bundes von 1867 verankert. Er hatte auf die ärmeren Wählerschichten ländlicher Gebiete gesetzt, von denen er zu Recht annahm, dass sie häufig die konservativen Kandidaten gegen die liberalen unterstützen würden. Bis zum Aufstieg der Sozialdemokraten zu Ende des Jahrhunderts ging diese Rechnung auf. Nach 1890 aber, nach Aufhebung der Sozialistengesetze, entfielen die weitaus meisten Stimmen auf die SPD. Erst 1912 allerdings stellten die Sozialdemokraten die stärkste Fraktion des Reichstags. Bei der Reichstagswahl von 1907 waren zwar 29 % der abgegebenen Stimmen auf die SPD entfallen – sie stellten aber nur 11 % der Parlamentarier. Die Diskrepanz rührt vom reinen Mehrheitswahlrecht her, das im Reich galt. Ursprünglich waren die Wahlkreise so zugeschnitten worden, dass in ihnen jeweils 100 000 Menschen lebten. Dies ergab zunächst eine Gesamtzahl von 382 Abgeordneten, nach 1873

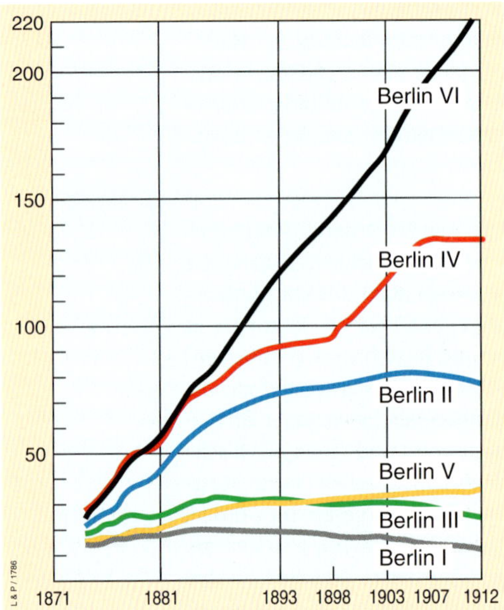

Entwicklung der Zahl der Wahlberechtigten in den sechs Berliner Wahlkreisen 1871 bis 1912. Die Zahlen geben die Zahl der Wahlberechtigten in Tausend an.

durch Einbeziehung von 15 elsässisch-lothringischen Wahlkreisen 397. Bei dieser Einteilung der Wahlkreise blieb es bis 1918. Durch das rasche Wachsen der städtischen Ballungsräume infolge der Industrialisierung sowie der Landflucht wurden die ländlichen Landkreise mit ihrer geringeren Einwohnerzahl und der konservativen Wählerschaft mehr und mehr bevorzugt.

Das Verhältnis von Reichstag und Reichsregierung blieb bis 1918 ein Dauerthema der Innenpolitik. Die konkrete Handhabung der durch die Verfassung verbrieften Mitwirkungs- und Kontrollmöglichkeiten und ihre Erweiterung haben Historiker unter dem Stichwort einer „Parlamentarisierung" des Reiches zusammengefasst. Davon kann allerdings höchstens für das beginnende 20. Jahrhundert die Rede sein. Doch auch wenn der Reichstag nur begrenzte Kompetenzen hatte, so stieg die Wahlbeteiligung dennoch von 50,7 % bei der ersten Wahl im Jahr 1871 zu 84,5 % bei der letzten Wahl vor dem Ersten Weltkrieg. Historiker sprechen deshalb von einer „Fundamentalpolitisierung". Der Zwang, im Reichstag Mehrheiten finden zu müssen, führte angesichts des allgemeinen und gleichen Wahlrechts zu Kompromissen der Interessensgruppen und zu zunehmender Pluralität der Entscheidungen. Der Reichstag trug so zu einer ständigen Weiterentwicklung der politischen Kultur des Deutschen Reiches und letztlich zu seiner Modernisierung bei.

MATERIAL

25 Wahlkreise für die Reichstagswahlen und Wahlberechtigte in ausgewählten Ländern

Land/ Wahlkreise	*1871: Einwohner/ Wahlberechtigte*	*1903: Einwohner/ Wahlberechtigte*	*1912: Einwohner/ Wahlberechtigte*
Preußen: 235	24 653 897 4 744 831	34 472 509 7 641 896	40 165 219 8 890 149
Sachsen: 23	2 556 244 472 874	4 202 216 909 846	4 809 661 1 055 921
Braunschweig: 3	311 764 60 191	464 333 104 741	494 339 112 216
Schaumburg-Lippe: 1	32 059 6 403	43 132 9 556	46 652 10 709
Deutsches Reich: 397	41 010 150 7 656 205	56 367 178 12 531 248	54 925 993 14 441 436

Nach Zahlen aus: G. A. Ritter, Wahlgeschichtliches Arbeitbuch. Materialien zur Statistik des Kaiserreichs, 1871–1918, München 1980.

Die Eröffnung des Reichstages im Weißen Saal des Berliner Schlosses durch Wilhelm II. am 25. Juni 1888. Gemälde des Hofmalers Anton von Werner. Wilhelm II. hatte den Reichstag in das Berliner Stadtschloss einberufen, um zu demonstrieren, dass der zweimalige Thronwechsel in diesem Jahr ohne Auswirkungen auf die Stabilität der monarchischen Spitze des Reiches geblieben war.

MATERIAL

Das allgemeine Wahlrecht 26

a) Bismarck begründete 1867 die Einführung des allgemeinen und gleichen Wahlrechtes im Norddeutschen Bund (1871 wurde dieses Wahlrecht in die Reichsverfassung übernommen):

Das allgemeine Wahlrecht ist uns gewissermaßen als ein Erbteil der Entwicklung der deutschen Einheitsbestrebungen überkommen [...], und ich kann nur sagen: Ich kenne wenigstens kein besseres Wahlgesetz. Es hat ja gewiss eine große Anzahl von Mängeln, die machen, dass auch dieses Wahlgesetz die wirklich besonnene und berechtigte Meinung eines Volkes nicht vollständig photographiert und en miniature wiedergibt. [...]

Was wollen denn die Herren an dessen Stelle setzen? Etwa das preußische Dreiklassensystem? Ja, meine Herren, wer dessen Wirkung und die Konstellationen, die es im Lande schafft, etwas in der Nähe beobachtet, muss sagen, ein widersinnigeres, elenderes Wahlgesetz ist nicht in irgend einem Staate ausgedacht worden (*Unruhe und Bravo*).

Ein Wahlgesetz, das alles Zusammengehörige auseinander reißt und Leute zusammenwürfelt, die nichts miteinander zu tun haben, in jeder Kommune mit anderem Maße misst, Leute, die in irgend einer Gemeinde weit über die erste Klasse hinausreichen und diese allein ausfüllen würden, in einer benachbarten Kommune in die dritte Klasse wirft [...]

Eine ähnliche Willkürlichkeit und zugleich eine Härte liegt in jedem Zensus, eine Härte, die am fühlbarsten wird, wo dieser Zensus abreißt, wo die Ausschließung anfängt. Wir können es dem Ausgeschlossenen gegenüber doch wirklich schwer motivieren, dass er deshalb, weil er nicht dieselbe Steuerquote wie sein Nachbar zahlt – und er würde sie gern bezahlen, denn sie bedingt ein größeres Vermögen, das er aber nicht hat – er gerade Helot (= *Staatssklave im antiken Sparta*) und politisch tot in diesem Staatswesen sein solle. [...]

Dann habe ich den Eindruck, dass wir bei dem direkten Wahlrechte bedeutendere Kapazitäten in das Haus bringen als bei dem indirekten. Um gewählt zu werden bei dem direkten Wahlrechte, muss man in weiteren Kreisen ein bedeutenderes Ansehen haben, weil das Gewicht der lokalen Gevatterschaft bei dem Wählen nicht so zur Hebung kommt, in den ausgedehnten Kreisen, auf die es bei direkter Wahl ankommt.

b) Der nationalliberale Historiker Heinrich von Sybel erörterte in einem Beitrag für die britische Zeitschrift „Fortnightly Review" 1871 die Grundlagen des deutschen Wahlrechts:

Wenn die politische Bildung der Wähler die entscheidende Bedingung parlamentarischen Regiments ist, so wird die Aufgabe immer schwieriger mit jeder Ausdehnung des Wahlrechts auf weniger gebildete Klassen.
Nun geht die demokratische Strömung, welche die Welt erfüllt, auch durch Deutschland. Alle Ämter sind allen Ständen geöffnet; neun Zehntel alles Besitzes ist beweglich und teilbar; durch die Wahlgesetze sind unsere Volksvertretungen auf rein demokratische Basis gestellt. Auf der anderen Seite entwickelt sich der soziale Zustand des Landes durch unermessliche Fortschritte der Industrie, der technischen Wissenschaften, der Kommunikationsmittel, des militärischen Systems in immer größeren, immer verwickelteren Verhältnissen; die Aufgabe der Staatsverwaltung wird täglich weiter und tiefer, und fordert von jedem Beamten immer umfassendere Technik, immer speziellere Vorbildung.

Aus: a) H. Kraemer (Hrsg.), Reden des Fürsten Bismarck aus den Jahren 1847–1895, Bd. 2, Halle o. J., S. 138–141.
b) H. von Sybel, Das neue deutsche Reich, in: Vorträge und Aufsätze, 2. Auflage, Berlin 1875, S. 322–327.

MATERIAL

27 Bismarck im Reichstag über Monarchie und Republik (1884)

Was ist denn das unterscheidende Kennzeichen zwischen Republik und Monarchie? [...]
Ich unterscheide zwischen Monarchie und Republik auf der Linie, wo der König durch das Parlament gezwungen werden kann, irgendetwas zu tun, was er aus freiem Antriebe nicht tut. Ich rechne eine Verfassung diesseits der Scheidelinie noch zu den monarchischen, wo, wie bei uns, die Zustimmung des Königs zu den Gesetzen erforderlich ist, wo der König das Veto hat und das Parlament ebenfalls. Das Parlament hat das Recht, zu verhindern, dass Gesetze, die ihm nicht gefallen, die schädlich, oder die leichtfertig gemacht sind, zustande kommen; aber die monarchische Einrichtung hört auf, diesen Namen zu führen, wenn der Monarch gezwungen werden kann, durch die Majorität des Parlaments, sein Ministerium zu entlassen, wenn ihm Einrichtungen aufgezwungen werden können durch die Majorität des Parlaments, die er freiwillig nicht unterschreiben würde, denen gegenüber sein Veto also machtlos bleibt. [...]
Wo er gezwungen werden kann von seiten einer abstimmenden Majorität, da ist die Verfassung republikanisch, mag der Präsident ernannt sein oder nicht. Das ist meine persönliche Auffassung. Ich werde in meiner Auffassung über den König, die vollziehende Gewalt und erbliche Monarchie dieser die Freiheit zu bewahren wissen, dass sie nicht wieder Willen etwas zu tun gezwungen wird. In diesem Sinne lasse ich mir von der Majorität nicht imponieren. [...]

Aus: Verhandlungen des Reichstages, Bd. 12, S. 509.

1. Bringen Sie Wahlkreiseinteilung und Bevölkerungsentwicklung in Material 25 miteinander in Verbindung (beachten Sie auch die Grafik Seite 141). Welche Konsequenzen ergeben sich?
2. Erläutern Sie mit Hilfe der Materialien 26 und 26 die Diskussion um das allgemeine und direkte Wahlrecht.
3. Arbeiten Sie die Argumentation Bismarcks zugunsten einer monarchischen Verfassung heraus (Material 27). Erläutern Sie die Umsetzung dieser Auffassung in der Verfassung des Deutschen Reiches (vgl. auch Seite 113 ff. und die Abb. S. 141).

2.8 Großbritannien zwischen Revolution und Reform

Parlamentarische Tradition

Die Verhältnisse in Großbritannien, dem Mutterland der Industrialisierung mit seiner langen parlamentarischen Tradition, unterschieden sich grundlegend von denen in der Mitte Europas. Doch trotz der seit Mitte des 18. Jahrhunderts rasch voranschreitenden Industrialisierung war es zunächst bei den vorindustriellen Herrschaftsstrukturen geblieben und die politische Macht lag weiterhin bei den Großgrundbesitzern. Diese bestimmten auch die Zusammensetzung des Unterhauses. Am Wahlrecht zeigte sich der Reformbedarf am deutlichsten. Trotz Landflucht und rapidem Wachstum der städtischen Bevölkerung war die Einteilung der Wahlkreise seit Jahrhunderten gleich geblieben. Dies führte dazu, dass die „rotten boroughs" (= verrottete Flecken), ländliche Wahlkreise, die ganz dünn besiedelt oder fast entvölkert waren, die gleiche Zahl von Abgeordneten ins Parlament entsandten wie große Industriestädte. Bei den ersten Wahlen nach dem Wiener Kongress etwa entfielen von 658 Parlamentssitzen 424 auf die „rotten boroughs". Die neu entstandenen industriellen Ballungszentren – Liverpool und Manchester zum Beispiel – waren häufig durch keinen Parlamentarier im Unterhaus vertreten. Die erstarkten Mittelschichten und die anwachsende Arbeiterschaft forderten daher in den ersten Jahrzehnten nach 1800 ihre Vertretung im Parlament. Denn nicht nur das System der „rotten boroughs", sondern auch die Wahlrechtsvoraussetzungen benachteiligten sie. So durften vor 1832 nur Grundbesitzer wählen, deren Besitz eine – regional unterschiedlich definierte – Größe überschritt; gewählt wurde nicht geheim, sondern öffentlich. Alle Versuche einer Wahlrechtsreform scheiterten jedoch an Regierung und Krone.

Rotten boroughs

Proteste und Massendemonstrationen

Doch in den zwanziger Jahren des 19. Jahrhunderts geriet auch Großbritannien in eine lang anhaltende Krise. Die durch die Französische Revolution politisierten bürgerlichen Schichten protestierten gegen die Vorherrschaft der Grund besitzenden Oberschicht. Gleichzeitig gab es radikale Tendenzen: Verarmte Arbeiter hatten in den ersten Jahrzehnten des neuen Jahrhunderts die Maschinen ihrer Fabriken zerstört, denen sie die Schuld an ihrem Elend gaben. Die französischen Juli-Revolution von 1830 und Massendemonstrationen gaben den letzten Anstoß dafür, eine Wahlrechtsreform in Angriff zu nehmen. Reformbereite Kräfte in der seit Jahrzehnten ununterbrochen regierenden Tory-Partei (Konservative) und den Whigs (Liberalen) überzeugten König William IV. und das Parlament davon, dass Zugeständnisse gemacht werden müssten (→ M 28). So wurde am 7. Juni 1832 eine „Reform Bill" verabschiedet, die die Abschaffung der „rotten boroughs" und die Verleihung des Wahlrechts an neue städtische „boroughs" enthielt.

Reform Bill 1832

Ausweitung des Wahlrechts

Für das Kräfteverhältnis zwischen Stadt und Land war auch die Ausweitung des Zugangs zur Wahl folgenreich: Das allgemeine Wahlrecht, das seit der Französischen Revolution diskutiert worden war, wurde nach wie vor verworfen. Das Wahlrecht wurde jedoch nicht mehr nur an Grundbesitz gebunden, sondern auch an bewegliche Habe. So wurden in den ländlichen Bezirken auch die Pächter größerer Anwesen zugelassen, in den Städten erwachsene Männer, die aus ihrem Eigentum mindestens 10 Pfund jährlich erwirtschafteten. Die Zahl der Wahlberechtigten verdoppelte sich damit fast auf etwa 4,2 % der Bevölkerung. Hauptnutznießer waren die städtischen Mittelschichten („commercial and financial interest") und die von ihnen favorisierte Whig-

Partei, ohne dass allerdings die alte Grund besitzende Elite entscheidend an Einfluss einbüßte. Dazu trug in erheblichem Maß die öffentliche Stimmabgabe bei, die vor allem auf dem Land bei den Pächtern, die von ihren Grundherren abhängig waren, die Dominanz der „landed interest" sicherte.

Ablehnung des allgemeinen Wahlrechts

Den weiteren Gang der englischen Innenpolitik bestimmte in der Regierungszeit der Königin Victoria (1837–1901; geb. 1819) die Diskussion um eine Erweiterung des Wahlrechts. Die regierenden Parteien der Tories, der Konservativen, und der Whigs, der Liberalen (und die sie tragenden Grund besitzenden Oberschichten und bürgerlichen Mittelschichten) gewährten der rasch anwachsenden Arbeiterschaft weitere Partizipationsmöglichkeiten: Zunächst wurde in den vierziger Jahren das kommunale Wahlrecht reformiert und die Selbstverwaltung der Städte und Gemeinden gestärkt. Allerdings scheiterte 1848 die Reformbewegung der Chartisten (The Peoples Charter = die Satzung / der Freibrief des Volkes), die das allgemeine Wahlrecht für Männer, geheime Wahl und die Einführung von Abgeordnetendiäten gefordert hatten.

Wahlrechtsrefom von 1867

In den sechziger Jahren folgte ein zweiter Reformschub. 1866 brachte die Tory-Regierung auf Initiative ihres politischen Führers, Benjamin Disraeli eine Gesetzesvorlage ins Parlament ein, die die Ausdehnung des Wahlrechts auf einen größeren Kreis von Wählern vorsah. Die Beweggründe der Konservativen sind nicht völlig klar. Wahrscheinlich erhoffte Disraeli mit diesem „Sprung ins Ungewissen" eine Bindung der Arbeiter, denen er das aktive Wahlrecht verschaffen wollte, an seine Partei, was ihm langfristig bis zur Gründung der Labour-Partei auch gelang.

Diese Wahlrechtsreform von 1867 gewährte den städtischen Arbeitern, wenn sie ein Haus bewohnten, und den Inhabern von Wohnungen mit einer Jahresmiete von mindestens 10 Pfund das Wahlrecht. Arbeiter in den ländlichen Gebieten, den „counties", blieben dagegen bis 1884 ohne Wahlrecht. Zur Wahl zugelassen wurden aber auch Pächter kleinerer Anwesen. Die Zahl der Wahlberechtigten verdoppelte sich auf 2 Millionen, 1884 auf 5 Millionen. 60 % der Männer waren nun stimmberechtigt. Durch die Zugeständnisse und den Anspruch, an der Spitze der Reformbewegung zu stehen, sicherten die Herrschenden ihre Macht und vermochten die Entstehung einer Arbeiterpartei zu verzögern. 1885 wurde die politische Vertretung der Industriestädte durch eine Neueinteilung der Wahlbezirke, die das Verhältnis von Bevölkerungszahl und Abgeordneten berücksichtigte, nochmals gestärkt. So vertraten nach 1885 zweiundsechzig statt vorher zweiundzwanzig Parlamentarier die Stadt London.

Parlamentsreform 1911

Allgemeines Wahlrecht

Frauenstimmrecht

1911 genehmigte das Parlament erstmals Abgeordnetendiäten, so dass auch in Großbritannien Politik zum Beruf wurde und nicht mehr nur finanziell Unabhängige Parlamentarier waren. Zugleich verlor das Oberhaus sein Vetorecht in Finanzfragen und behielt in allen übrigen Fragen nur ein aufschiebendes Veto. 1918 erhielten alle Männer über 21 und selbstständige Frauen über 30 das Stimmrecht. Mit den Reformen von 1911 und 1918 hatte Großbritanniens die letzten Schritt in die Massendemokratie getan, die mit dem Aufstieg der parlamentarischen Vertretung der Arbeiter, der Labour-Party, die 1924 erstmals die Regierung stellte, und 1928 mit der rechtlichen Gleichstellung von Frauen erreicht war.

Die nur schrittweise erfolgende demokratische Partizipation in Großbritannien war aber kein Ausdruck einer mangelnden Parlamentarisierung der Regierung. Im Gegen-

Stärke des Parlaments

teil: Die Zusammenarbeit zwischen Parlament, Regierung und Krone hatte in England eine lange Tradition – im Bewusstsein der Zeitgenossen legitimierte sich der König durch die Zustimmung des Parlaments, das das britische Volk vertrat (→ S. 21). In den politischen Krisen des 19. Jahrhunderts versuchte der jeweilige Monarch wiederholt, eine Regierung zu halten, gegen die eine Mehrheit des Unterhauses Stellung bezog. Dies galt zwar grundsätzlich als Recht des Königs. Meist aber wurde der öffentliche Druck auf Krone und Exekutive zu groß und die Mehrheit des Parlaments einigte sich auf eine neue Regierung, die vom Monarchen bestätigt wurde. Mit der Zeit gewann das Parlament weitere Kompetenzen und drängte die Krone weiter zurück.

Parteiorganisation

Whips

Um die Jahrhundertmitte begannen die Parteien, feste Organisationen aufzubauen, die ganz auf ihre jeweiligen Führer wie Palmerston, Gladstone oder Disraeli ausgerichtet war. Je weiter das Wahlrecht ausgedehnt wurde, desto wichtiger wurden Wahlkämpfe – und damit die Wahlkampfstäbe der Parteien. 1870 etwa richteten die Tories, die nun meist Konservative genannt wurden, ein festes Parteibüro in der Hauptstadt ein. Die Abhängigkeit der Abgeordneten von den Parteien, deren Unterstützung im Wahlkampf sie ihre Wahl ins Parlament verdankten, stieg. Einpeitscher („whips") der Parteiführungen bestimmten die Politik der Parlamentarier. Die Mandatsträger wurden nicht mehr als Vertreter ihrer Wahlkreise gesehen, sondern als Vertreter ihrer Parteien. Politik war kein Ehrenamt mehr, sondern wurde zum Beruf – spätestens nachdem 1911 Abgeordnetendiäten eingeführt wurden. 1882 wurde die parlamentarische Geschäftsordnung neu geregelt, und Tagesordnung, Redezeit und Abstimmungsverhalten der Abgeordneten wurden von der jeweiligen Regierung bestimmt. Der Opposition verblieben nur noch geringe Einflussmöglichkeiten. „Wenn der Premierminister den Wunsch ausdrückt, es möchte gehen, dass es geht, folgt daraus, dass die Vorschriften, die Wünsche, die Politik des Premierministers in England durchschlagen", urteilte Bismarck mit dem Blick auf England im Mai 1878.

MATERIAL

Für und gegen die Ausweitung des Wahlrechts: Stimmen von 1832 und 1864 **28**

a) Thomas B. Macaulay (1767–1844), ein führender Parlamentarier der Whigs, begründete am 16. Dezember 1831 die Ausweitung der Wählerschaft bei gleichzeitiger Ablehnung des allgemeinen Wahlrechts:

Ich erhebe gegen die arbeitenden Klassen keine Anklage. Ich möchte ihnen nichts versagen, dessen Besitz ihnen Heil bringen könnte. Ich sehe mit Vergnügen, dass die Bestimmungen der Reform Bill den fleißigsten und achtbarsten unserer Arbeiter einen Anteil an der Regierung des Staates einräumen werden. Wenn ich den Arbeitern jenen größeren Anteil an der Gewalt verweigern möchte, welchen einige von ihnen fordern, so darum, weil ich überzeugt bin, dass ich, wenn ich ihn bewilligte, ihr Elend vermehren würde. Denn wenn sie zu ihrem Glück regiert werden sollen, dann dürfen sie nicht nach den Lehren regiert werden, die sie von ungebildeten, unfähigen, niedrig gesinnten Schmeichlern gelernt haben.
Aber die Tatsache, dass solche Lehren unter der Menge Verbreitung gefunden haben, ist ein starkes Argument für eine schleunige und wirksame Reform. Dass die Regierung angegriffen wird, ist ein Motiv, die Grundlagen der Regierung breiter tiefer und fester zu machen. Dass das Eigentum angegriffen wird, ist ein Motiv, alle Eigentümer in festerer Einigung einander zu verbinden.
Dass die durch die Reformfrage hervorgerufene Aufregung unwürdige Demagogen befähigt hat, ihre Ansichten mit einigem Erfolg zu verbreiten, ist ein Motiv, die Frage auf dem einzigen Weg, auf dem sie erledigt werden kann, schleunig zu ordnen. [...]

Die Mittelklasse Englands, mit der Blüte der Aristokratie an ihrer Spitze und mit der Blüte der arbeitenden Klassen in ihren Hinterreihen, hat als große Partei ihren unverrückbaren Standpunkt zwischen den Feinden jeder Ordnung und den Feinden jeder Freiheit eingenommen. Sie will Reform, nicht Revolution haben, sie will die politischen Missbräuche vernichten, sie will nicht dulden, dass die Rechte des Eigentums verletzt werden, sie will diejenigen, welche diese Partei von rechts und links mit widersprechenden Anklagen angreifen, ihnen selbst zum trotz retten, sie will zwischen ihnen die Schiedsrichterin sein.

b) Der liberale Whig-Politiker Palmerston (1784–1865) an den konservativen Tory-Politiker Gladstone im Mai 1864:

Sicher können viele Arbeiter genauso gut wählen wie die 10-Pfund-Männer (10 *Pfund war der Zensus*). Aber wenn wir der Arbeiterklasse die Tür öffnen, kann die Zahl der Eintretenden, so hoch sein, dass sie die Zahl der über ihnen Stehenden überschwemmt. [...] Und diese Arbeiter sind leider unter der Kontrolle der Gewerkschaften, die von einer kleinen Zahl von Agitatoren gelenkt werden. [...]
Sie legen in Ihrer Rede ausführlich die Lehre des allgemeinen Wahlrechts dar, die ich nicht akzeptieren kann. Es ist nicht richtig, dass jeder vernünftige Mann ein moralisches Recht hat zu wählen. Worauf jeder Mann – und auch jede Frau – ein Recht hat, ist: gut und mit gerechten Gesetzen regiert zu werden. Wer eine Veränderung vorschlägt, sollte erst beweisen, dass die derzeitige Organisation diese Ziele nicht erreicht.

c) Die Entwicklung der Zahl der Wahlberechtigten (Zahl der Wähler in Tausend)

Reform	*vor der Reform*	*nach der Reform*	*in % der Bevölkerung*
1832	435	752	4,2
1867	1050	2000	8,3
1884	2500	5000	14,0
1918	8400	21400	48,6

Aus: a) Geschichte in Quellen. Das bürgerliche Zeitalter 1815–1914, München 1980, S. 50 f. b) Ph. Guedalla (Hrsg.), The Correspondence of Lord Palmerston with Mr Gladstone, 1851–1865, o. O. 1928, 345. c) Nach Zahlen aus: B. R. Mitchell, British Historical Statistics, und H. Setzer, Wahlsystem und Parteienentwicklung in England, Frankfurt 1973, S. 268 f.

MATERIAL

29 Die Reformen des Britischen Wahlrechts im Urteil der Zeitgenossen

a) Eine anonyme Zuschrift an die Zeitung „Poor Man's Guardian" vom 19. März 1832 kritisiert die „Reform Bill":

Schließlich hoffen wir, dass diese Reform Bill nicht zum Gesetz erhoben werde [...]. Die Bill wird den Fortschritt wirklicher Reformen erheblich verlangsamen; die Mittelklassen werden durch die Annahme der Bill auf längere Zeit von den Volksmassen geschieden werden, was einen großen Verlust bedeuten wird, da, wenn beide in einer gemeinsamen Sache vereinigt sind, die Mittelklasse eher für diese die Öffentlichkeit gewinnen kann als das Volk.

b) In einem Artikel für die in New York erscheinende Wochenzeitung „Die Revolution" erläuterte der Sozialist Friedrich Engels 1852 die Auswirkungen der britischen Wahlrechtsreformen:

Während die große französische Revolution an der Eroberung Europas scheiterte, revolutionierte England mit der Dampfmaschine die Gesellschaft, eroberte den Weltmarkt, verdrängte mehr und mehr alle historisch überkommenen Klassen von der Herrschaft und bereitete das Terrain vor für den großen Entscheidungskampf zwischen dem industriellen Kapitalisten und dem industriellen Arbeiter. [...]
Während der Restaurationszeit auf dem Kontinent wurde in England jene stufenweise Unterminierung der Verfassung begonnen, die seitdem so ununterbrochen fortgeführt worden ist und die in sehr kurzer Zeit zu dem Punkte gelangen muss, wo das ganze morsche Gebäude mit lautem Krachen zusammenstürzt.

Aus: a) Geschichte in Quellen, s. o., S. 51. b) Karl Marx/Friedrich Engels, Werke, Bd. 8, Berlin 1982, S. 209.

MATERIAL

Die Reformen aus der Sicht eines modernen Historikers 30

Der Historiker Michael Maurer beurteilt die innenpolitischen Reformen des 19. Jahrhunderts im Überblick:

Großbritannien unterschied sich von den kontinentaleuropäischen Staaten im 19. Jahrhundert nicht zuletzt dadurch, dass ihm eine Revolution erspart blieb. Dies hängt mit der Flexibilität des Systems zusammen, aber auch mit der Haltung führender Politiker der Zeit.

Das Wahlsystem wurde, nachdem 1832 ein entscheidender Durchbruch erzielt worden war, immer wieder reformiert. Sogar die Unterprivilegierten konnten die Hoffnung nähren, es sei nur eine Frage der Zeit, bis alle volle politische Rechte erlangen würden und dann über die vorhandenen Institutionen der politischen Teilhabe via Gesetzgebung ihre Lebensbedingungen grundlegend verbessern könnten. Umgekehrt äußerten in der politischen Führungsschicht nicht wenige herausragende Führer eine wohlwollende, paternalistische Grundeinstellung: Wenn die Massen der Industriearbeiterschaft sich friedlich verhielten, auf Revolution verzichteten und verantwortungsvoll am politischen Leben teilnahmen, gab es keinen Grund, ihnen elementare politische Rechte zu verweigern. Man wünschte nur Sicherheit gegen radikale Elemente; man suchte die politischen Bestrebungen in die vorhandenen politischen Institutionen einzubeziehen, zu kanalisieren, zu domestizieren.

Die Reform von 1832: Über dem britischen Löwen thronen William IV. und die Whigs. Britannia streckt den Drachen der Reaktion nieder. Lithografie, 1832.

Aus: M. Maurer, Kleine Geschichte Englands, Stuttgart 1997, S. 389 f.

1. Arbeiten Sie aus M 28 die Argumente der Befürworter und Gegner der Wahlrechtsreformen heraus und erörtern Sie sie.
2. Legen Sie dar, wie die Zeitgenossen ihre Haltung zu den Wahlrechtsreformen begründen, und vergleichen Sie. (M 29)
3. Vergleichen Sie die Beurteilung der Reformen durch den Historiker Michael Maurer (M 30) mit den zeitgenössischen Urteilen in M 29.
4. Nehmen Sie zu Maurers Urteil Stellung. Berücksichtigen Sie dabei die Zahlen M 28 c und vergleichen Sie sie mit denjenigen von M 25 (S. 140).
5. Erläutern Sie am Beispiel Deutschlands und Englands den Unterschied zwischen demokratischer Partizipation und parlamentarischer Regierung. Legen sie in groben Zügen dar, welchen Entwicklungsweg beide Staaten im 19. Jahrhundert in diesen beiden Bereichen einschlugen.

2.9 Frankreich im 19. Jahrhundert – Regierungsformen und Wahlrecht

Am frühen Morgen des 2. September 1870 trafen sich der Kanzler des Norddeutschen Bundes, der preußische Ministerpräsident Otto von Bismarck, und der Kaiser der Franzosen, Napoleon III. im Häuschen eines Webers bei Sedan. Napoleon III. hatte um die Unterredung gebeten, denn seine Truppen, die seit vierundzwanzig Stunden gegen das deutsche Heer kämpften, waren hoffnungslos unterlegen. Eine knappe Stunde nur dauerte die Unterredung. Der Kaiser bat um mildernde Bedingungen für die unausweichliche Kapitulation der Franzosen, erreichte aber nur ausweichende Antworten Bismarcks. Wenige Stunden später wurden die von den deutschen Generälen diktierten Kapitulationsbedingungen unterschrieben.

Mit der Kriegsgefangenschaft Napoleons III. und seinem Sturz endete in Frankreich das Zweite Kaiserreich (1852–1870). Die Franzosen gaben sich wieder eine republikanische Staatsform, die dritte in der Geschichte Frankreichs nach der Ersten Republik (1791–1804), die mit der Kaiserproklamation Napoleons I., und der Zweiten Republik (1848–1852), die mit der Kaiserproklamation Napoleons III. geendet hatte. Wie kam es zum häufigen Wechsel der Staatsform im Frankreich des 19. Jahrhunderts?

Restauration

Nach der Absetzung Napoleons I. und seiner Verbannung im Jahr 1815 wurde die Herrschaft der Bourbonen restauriert: König Ludwig XVIII. (1814/15–1824), der Bruder des 1793 hingerichteten Ludwig XVI., erkannte aber, dass er nicht mehr nahtlos an die Zeit vor 1789 anknüpfen konnte. So stand die Verfassung, die er 1814 oktroyierte, die „Charte", in der Tradition der konstitutionellen Monarchie von 1791. Sie garantierte mit den Menschen- und Bürgerrechten wesentliche Errungenschaften der Französischen Revolution und beschränkte die Kompetenzen des Königs auf die Exekutive. Der ausführenden Gewalt standen zwei Gesetzgebungsorgane gegenüber, die Pairskammer, das französische Oberhaus, und die Deputiertenkammer, ein nach Zensuswahlrecht zustande gekommenes Unterhaus.

Charte 1814

Julirevolution 1830

Ludwigs jüngerer Bruder und Nachfolger, Karl X. (1824–1830), dagegen kehrte zu absolutistischer Herrschaft zurück und setzte die wichtigsten Bestimmungen der „Charte" außer Kraft. Dagegen erhob sich in der gesamten französischen Gesellschaft Widerstand. Karls Herrschaft wurde im Juli 1830 durch eine Revolution der Pariser Kleinbürger beendet. Diese forderten nun die Einführung der Republik. Doch die Bourgeoisie, das Großbürgertum und der Adel setzten die konstitutionelle Herrschaft Herzog Louis-Philippe von Orléans durch, der als „Bürgerkönig" bis 1848 regierte. Der Wahlzensus blieb hoch. Missernten, Hungersnöte und eine verheerende gesamteuropäische Wirtschaftskrise führten im Februar 1848 erneut zur Revolution.

Bürgerkönig Louis Philippe

Februarrevolution 1848

Nach dem Rücktritt Louis-Philippes bildeten die Revolutionäre eine provisorische Regierung, der Vertreter aller republikanischen Gruppierungen angehörten, Liberale und Demokraten und Sozialisten. Die Provisorische Regierung rief am 24. Februar 1848 die Republik aus, die zweite in der Geschichte Frankreichs. Große Begeisterung trug die neue Regierung und ihre ersten Maßnahmen: Gewerkschaften wurden zugelassen, der Zehnstundentag eingeführt. Das Recht auf Arbeit wurde verkündet und man gründete Nationalwerkstätten, in denen Zehntausende Arbeitslose beschäftigt wurden. Die Staatsaufträge leerten allerdings die Kassen Frankreichs, so dass die Arbeitsbeschaffungsmaßnahmen nach wenigen Monaten beendet werden mussten. Das Bündnis zwischen dem liberalen Bürgertum und den Kleinbürgern und Arbeitern zerbrach. So gewannen bei den Wahlen zur Verfassungsgebenden Versammlung, die im April 1848 nach allgemeinem (Männer-)Wahlrecht abgehalten wurden, die gemäßigten Republikaner die Mehrheit. Während die Anhänger der Monarchie mehr als ein Viertel der Stimmen auf sich vereinigten, landeten Demokraten und Sozialisten weit abgeschlagen auf dem dritten Platz. Darauf reagierten die hauptstädtischen Arbeiter mit dem Juni-Aufstand, der nach wenigen Tagen von den Ordnungskräften brutal niedergeschlagen wurde. Einige Tausend Pariser kamen dabei ums Leben, Zehntausende wurden ins Gefängnis geworfen oder nach Algerien deportiert. Der Arbeiteraufstand verstärkte die Neigung des französischen Bürgertums, die Anliegen des neu entstandenen „vierten Standes" der Proletarier nach politischer Teilhabe und sozialen Reformen abzuweisen. Auch die Kleinbürger und die Handwerker rückten von radikaldemokratischen Forderungen ab. Die Verfassung, die im November 1848 verkündet wurde, trug dieser Stimmung Rechnung. Das Parlament und der Präsident – eine Art Ersatzkönig auf Zeit – standen sich gleichberechtigt gegenüber, ohne dass die jeweiligen Kompetenzen genau abgegrenzt worden wären.

Juniaufstand 1848

Als erster Präsident der Zweiten Republik wurde mit überwältigender Mehrheit der bisher als Außenseiter geltende Louis Napoléon, ein Neffe Napoeons I., gewählt. Gestützt wurde seine Regierung vor allem von den Vertretern des Großbürgertums, der Bourgeoisie, sowie von der Landbevölkerung Frankreichs, die in ihm den Nachfolger seines noch immer verehrten Onkels sahen. Der Rechtsruck der französischen Politik setzte sich bei den ersten regulären Wahlen zur Nationalversammlung im Mai 1849 fort. Bei einer Wahlbeteiligung von nur noch 60 % verloren die liberalen Republikaner ihre Mehrheit an die Anhänger Napoleons, während die Demokraten und Sozialisten nur geringe Zuwächse erzielten. Ein deutliches Zeichen der neuen politischen Kräfteverhältnisse setzte das Parlament, als es im Mai 1850 das allgemeine Wahlrecht wieder einschränkte. Fast ein Drittel der wahlberechtigten 9,6 Millionen Franzosen verlor das Wahlrecht, vor allem Arbeiter und Tagelöhner.

Werbeplakat für die Präsidentschaftswahl 1848. Nach der Verbannung Napoleons I. hatte Louis Napoléon Bonaparte in Süddeutschland und in die Schweiz im Exil gelebt. Er wurde Offizier in der Schweizer Armee. Als politischer Schriftsteller vertrat er eine Mischung aus Sozialismus und Militarismus. Mehrmals beteiligte er sich an Aufständen und Revolten gegen die Vertreter der Restauration. Zwischen 1840 und 1846 war er inhaftiert. Die Februarrevolution von 1848 ermöglichte seine Rückkehr nach Frankreich.

Obwohl die Verfassung die Wiederwahl des Präsidenten nach vierjähriger Amtszeit untersagte, strebte Louis Napoléon nach einer Verlängerung seines politischen Mandats. Der Zustimmung der Monarchisten, der Konservativen und der Armee sicher und auf seine Popularität im Volk bauend,

Staatsstreich Louis Napoléons

ließ er am 2. Dezember 1851 die führenden Parlamentarier verhaften und setzte die Verfassung außer Kraft. Umgehend legte er eine neue Verfassung vor, die ihm autoritäre Vollmachten zubilligte und die Rolle des Parlaments auf ein Minimum reduzierte: Es sollte weder über Gesetze entscheiden noch den Staatshaushalt kontrollieren können. Das Wahlrecht wurde im Gegenzug wieder auf alle männlichen Franzosen ausgeweitet. Den Staatsstreich und die neue Verfassung ließ Louis Napoléon durch eine Volksabstimmung legitimieren (7,5 Millionen Ja-Stimmen bei 650 000 Gegenstimmen). Von vielen erwartet und begrüßt baute der Präsident seine Macht aus und

Napoleon III.

ließ sich im November 1852 als Napoleon III. zum Kaiser proklamieren. Auch dies ließ er durch eine Volksabstimmung legitimieren, bei der 7,8 Millionen zustimmten bei nur 200 000 Gegenstimmen.

Kaiserliche Diktatur

Bis zum Ende der fünfziger Jahre erhob sich kaum Widerstand gegen die Herrschaft Napoleons III. Seine Amtsführung war bei der Mehrheit der Franzosen äußerst populär. Erfolge im Krimkrieg, bei der italienischen Einigung, im Vorderen Orient (Suezkanal) und in Südostasien (Französisch Indochina) verschafften dem Kaiser außenpolitisches Prestige. Sozialpolitische Reformen und eine liberale Wirtschaftsförderung, die Frankreichs Hochindustrialisierung einleitete, stärkten sein Ansehen. Möglichen Widerstand erstickte die politische Polizei bereits im Keim. Als der Wirtschaftsaufschwung in den sechziger Jahren aber nachließ und die kaiserliche Außenpolitik Misserfolge zeitigte, begegnete Napoleon III. der wachsenden Kritik mit einer Liberalisie-

Empire libéral

rung seiner Herrschaft (→ M 33). Die Öffentlichkeit parlamentarischer Debatten wurde wiederhergestellt, der Presse größere Freiheiten zugestanden und der Nationalversammlung mehr Rechte gewährt. Der Kaiser musste dem Parlament, das seine neu gewonnenen Möglichkeiten nutzte, weitere Zugeständnisse machen und schließlich, Anfang 1870, den liberalen Mehrheitsführer Émile Ollivier zum Ministerpräsidenten ernennen. Auch diese neue Politik ließ Napoleon III. durch ein Plebiszit legitimieren. Seine Position im „Empire libéral" schien erneut konsolidiert. Der außenpolitische Erfolg jedoch, den der Kaiser im selben Jahr gegen den Norddeutschen Bund unter Preußens Führung suchte, führte zum Deutsch-Französischen Krieg (→ S. 107) und im September 1870 zum Zusammenbruch des Kaiserreichs.

Dritte Republik

Im Februar 1871 wählten die Franzosen ein Parlament, das sich auf den liberalkonservativen Adolphe Thiers als ersten Staatspräsidenten der Dritten Republik einigte. Die Staatsform sollte endgültig aber erst nach dem Abzug der Deutschen festgelegt werden. Gegen die rechte Parlamentsmehrheit richtete sich der Widerstand der Hauptstadt Paris. Als Thiers im März 1871 die aus der Revolution von 1789 stammende Pa-

Aufstand der Pariser Kommune

riser Nationalgarde durch Regierungstruppen entwaffnen lassen wollte, kam es zum Aufstand der Stadtgemeinde, der Pariser Kommune. Die Autorität der Regierung schien in Frage gestellt zu sein. So entschloss der Präsident sich zu einem massiven Truppeneinsatz. In wochenlangem blutigem Bürgerkrieg unterlagen die Kommunarden; 25 000 wurden getötet, Tausende zur Deportation in die Kolonien verurteilt.

Die Regierung hatte sich zwar durchgesetzt, doch die einstige Allianz von Liberalen, Demokraten und Sozialisten war zerbrochen. Die unterlegenen Linken spielten in den folgenden Jahren nur noch eine Außenseiterrolle. Eine weitere Folge des Kommuneaufstands bestand im gewachsenen Zutrauen der Franzosen zur Republik. Ihr trauten sie nunmehr – wie vorher dem Kaiser – zu, die ersehnte Ruhe in Frankreich herstellen zu können. So ist zu erklären, dass bei den folgenden Wahlen die Anhänger der Republik eine Mehrheit gewannen. Am 30. Januar 1875 votierte die Nationalversammlung mit denkbar knappster Mehrheit (353:352) endgültig für die Republik als Staatsform Frankreichs. Nach der im Laufe des Jahres 1875 verabschiedeten Verfassung kam wieder dem Präsidenten, der von beiden Kammern der Nationalversammlung – dem Senat und der Abgeordnetenkammer – gewählt wurde, eine überragende Rolle zu. Im Gegensatz zur Epoche Napoleons aber lag die eigentliche legislative Kompetenz bei der Nationalversammlung, deren beide Kammern durch das allgemeine Männerwahlrecht gewählt wurden. Als Zeichen des Sieges der Republik erklärte die Nationalversammlung 1879 den 14. Juli, den Tag des Bastille-Sturmes von 1789, zum Nationalfeiertag, die Trikolore zur Nationalflagge und die Marseillaise zur Nationalhymne.

Verfassung von 1875

MATERIAL

Die Februarrevolution von 1848: Die Arbeiter und das liberale Bürgertum 31

a) 1848 wurde der „Bürgerkönig" Louis-Philippe gestürzt. Alexis de Tocqueville (1805–1859), französischer Politiker und Historiker, analysierte die handelnden Gruppen der Revolution:

Obwohl die arbeitenden Klassen während der ersten Republik (1789 ff.) häufig die Hauptrolle spielten, waren sie niemals, weder in der Tat noch von Rechts wegen, die Führer und alleinigen Herren des Staates. […] Die Juli-Revolution 1830 wurde vom Volke gemacht, aber der Mittelstand hatte sie hervorgerufen und geführt und ihre hauptsächlichen Früchte eingeheimst.
Dagegen kam die Februar-Revolution ganz ohne die Bourgeoisie und gegen sie zustande. In diesem großen Zusammenstoß trennten sich die beiden Parteien, die in Frankreich zusammen den Hauptbestandteil der Gesellschaft gebildet hatten, völlig voneinander, und das Volk blieb, auf sich selbst gestellt, allein im Besitz der Macht. Dies war etwas ganz Neues in unserer geschichtlichen Entwicklung. […]
Als ich nach Paris zurückkam, war der Anblick finster und furchterregend. Ich fand in der Stadt hunderttausend Arbeiter, die bewaffnet, zu Regimentern vereinigt, arbeitslos und dem Hungertode nahe waren, aber den Kopf voll eitler Theorien und unsinniger Hoffnungen hatten. Die Gesellschaft war in zwei Teile zerfallen: Diejenigen, die nichts hatten, waren von einer gemeinsamen Begehrlichkeit, die noch etwas hatten, von einer gemeinsamen Angst besessen. Zwischen diesen beiden großen Klassen gab es keine Verbindung und keine Gemeinschaft mehr, beide wurden von der Vorstellung beherrscht, dass der Kampf unvermeidlich sei und nahe bevorstehe.
Eine düstere Verzweiflung hatte sich der unterdrückten und bedrohten Bourgeoisie bemächtigt, aber diese Verzweiflung wandelte sich unmerklich in Mut. Ich war immer der Ansicht, dass man nicht darauf hoffen dürfe, die revolutionäre Februar-Bewegung stufenweise und auf friedli-

Arbeiteraufstand in Paris im Juni 1848: Bald zerbrach das Bündnis der Provisorischen Regierung mit den Arbeitern: Im Juni 1848 schlugen Ordnungskräfte in ihrem Auftrag den Arbeiteraufstand nieder. Lithografie aus dem Neuruppiner Bilderbogen, 1848.

chem Wege in geordnete Bahnen zu lenken, sondern dass sie nur mit einem Schlage durch eine große Schlacht in den Straßen von Paris aufgehalten werden könne.

b) Aus einem Wahlaufruf der provisorischen Regierung für die Wahlen vom 23. April 1848:

Das provisorische Wahlgesetz, das wir erlassen haben, ist das weitgehendste, das jemals bei einem Volke der Erde die Bevölkerung zur Ausübung des höchsten Menschenrechts, nämlich seiner eigenen Souveränität aufforderte. Das Wahlrecht gehört allen ohne Ausnahme. Von diesem Gesetz an gibt es keine Proletarier mehr in Frankreich, Jeder erwachsene Franzose ist politischer Bürger, jeder Bürger ist Wähler. Jeder Wähler ist souverän. Das Recht ist gleich unbedingt für alle. Es gibt keinen Bürger, der dem andern sagen könnte: „Du bist mehr souverän als ich." Betrachtet eure Macht, bereitet euch vor, sie auszuüben, und seid würdig, von eurem Reich Besitz zu ergreifen. Das Reich des Volkes ist die Republik.

Aus: a) A. de Tocqueville, Erinnerungen, Übers. D. Forster, Stuttgart 1962, S. 155 ff., 239 ff.
b) A. Rosenberg, Demokratie und Sozialismus. Zur politischen Geschichte der letzten 150 Jahre, Frankfurt/M. 1962, S. 107.

MATERIAL

32 Der Staatsstreich Louis Napoléons vom 2. Dezember 1851

Der österreichische Botschafter in Paris Graf von Hübner resümierte in seinem Tagebuch einen Monat nach dem Staatsstreich Louis Napoléons dessen Ursachen:

Napoleon III. in Galauniform Gemälde von Franz Xaver Winterhalter, um 1860.

8. Januar 1852:
Das Land (*Frankreich*) sehnt sich nach Autorität, leert mit Wollust den Kelch, den ihm die Säbelherrschaft hinhält, und tröstet sich darüber, wenn es überhaupt eines Trostes bedarf, indem es sich sagt, es sei die Nation, die sich einen Herrn gegeben habe.

Die Parlamentarier suchen nicht, ihre Bestürzung zu verbergen, oder vermögen dies nicht. Gestern noch die Herrscher, kehren sie heute zum Nichts zurück. Und weil sie an die Souveränität des Volkes glauben, so haben sie, außer ihrem persönlichen Leid, noch die kränkende Überzeugung zu tragen, dass die erdrückende Majorität, die für Louis Napoleon gestimmt hat, die französische Nation darstellt und dass diese Nation Louis Napoleon freispricht, um die Parlamentarier zu verurteilen, die Louis Napoleon, dieser Meineidige, verjagen, einkerkern und in Schubwagen durch die Straßen von Paris schleppen ließ. Der Präsident ist somit Herr des Landes.

Bisher hat ihn sein Stern gut geleitet. Seine Macht stützt sich auf die Armee. „Mit ihr, durch sie und für sie" muss künftighin sein Wahlspruch sein.

Aus: Geschichte in Quellen. Das bürgerliche Zeitalter 1815–1914, München 1980, S. 379.

MATERIAL
Die Verfassungsreform von 1870: das „Empire libéral“ 33

a) Emile Ollivier (1825–1913), Wortführer der liberalen Opposition gegen Napoleon III. und seit 2. Januar 1870 französischer Ministerpräsident, begründete am 15. Januar 1870 in einer Rede vor dem Senat, was Napoleon III. zu den angekündigten liberalen Reformen bewog:

Seit 5 oder 6 Jahren disputierte man im ganzen Lande lebhaft über die Frage, ob das Kaiserreich freiere Institutionen als die von 1852 (➔ S. 149) gewähren solle oder nicht. Auf der einen Seite behauptete man, dass alle früheren Regierungen nur infolge von Konzessionen gestürzt worden seien. Man entgegnete, dass das Kaiserreich als die erste aus dem allgemeinen Stimmrecht hervorgegangene Regierung dadurch eine sichere Bürgschaft gegen die Gefahren habe, welchen alle ihre Vorgänger schließlich unterlegen seien, dass es also recht eigentlich berufen sei, durch kluge und wohl erwogene Zugeständnisse seine letzten Gegner zu entwaffnen. [...]
Nun, seit zwölf Jahren haben wir dasselbe gesagt und der kaiserlichen Regierung unaufhörlich den Rat gegeben, die vollkommenste Ausdehnung der öffentlichen Freiheiten zu gewähren. Die Sprache fand Gehör, und der Souverän gab das seltene Beispiel eines Mannes, welcher, nachdem er erst alles dem Autoritätsprinzip geopfert, dann großmütig für die liberalen Ideen Partei nimmt und eine konstitutionelle Regierung gründet.

b) Aus der Verfassung vom 21. Mai 1870:

Art. 12: Die Gesetzgebung wird vom Kaiser, vom Senat und vom Parlament gemeinsam ausgeübt.
Art. 13: Die Gesetzesinitiative liegt beim Kaiser, beim Senat und beim Parlament. [...] Über jedes Steuergesetz muss zuerst im Parlament abgestimmt werden.
Art. 19: Der Kaiser ernennt und entlässt die Minister, die unter seiner Leitung im Staatsrat sitzen. Sie sind dem Parlament rechenschaftspflichtig.
Art. 31: Die Abgeordneten des Parlaments werden durch das allgemeine Wahlrecht gewählt.
Art. 33: Das Parlament berät über die Gesetze und stimmt über sie ab.
Art. 35: Der Kaiser beruft das Parlament ein, vertagt es und löst es auf. Wenn er es auflöst, muss er innerhalb von sechs Monaten ein neues zusammenrufen.
Art. 36: Die Sitzungen des Parlaments sind öffentlich.

Aus: a) Geschichte in Quellen. Das bürgerliche Zeitalter 1815–1914, München 1980, S. 386.

MATERIAL
Die plebiszitäre Alleinherrschaft – Der Bonapartismus als Herrschaftsform 34

a) Bereits 1852 analysierte Karl Marx in einer Reihe von Zeitungsartikeln unter dem Titel „Der achtzehnte Brumaire des Louis Bonaparte“ den Staatsstreich Napoleons III. Marx und Engels bedienten sich später dieses Erklärungsansatzes, um die Herrschaftstechnik Bismarcks zu verstehen. Im 20. Jahrhundert wurde er von dem Historiker Eberhard Jäckel, weiterentwickelt, um die Herrschaft Hitlers zu erklären.

Die Bourgeoisie hatte offenbar keine andere Wahl, als Bonaparte zu wählen. Despotie oder Anarchie. Sie stimmten natürlich für die Despotie. [...] Bonaparte als die verselbstständigte Macht der Exekutivgewalt fühlt seinen Beruf, die „bürgerliche Ordnung“ sicherzustellen. Aber die Stärke dieser bürgerlichen Ordnung ist die Mittelklasse. Er weiß sich daher als Repräsentant der Mittelklasse und erlässt Dekrete in diesem Sinne.

Er ist jedoch nur dadurch etwas, dass er die politische Macht dieser Mittelklasse gebrochen hat und täglich von neuem bricht. Bonaparte weiß sich daher als Gegner der politischen Macht der Mittelklasse. [...] Er weiß sich zugleich gegen die Bourgeoisie als Vertreter der Bauern und des Volkes überhaupt, der innerhalb der bürgerlichen Gesellschaft die unteren Volksklassen beglücken will. Neue Dekrete, die die „wahren Sozialisten“ im Voraus um ihre Regierungsweisheit prellen. [...]

Diese widerspruchsvolle Aufgabe des Mannes erklärt die Widersprüche seiner Regierung, das unklare Hin- und Hertappen, das bald diese, bald jene Klasse bald zu gewinnen, bald zu demütigen sucht. [...] Bonaparte möchte als der patriarchalische Wohltäter aller Klassen erscheinen. Aber er kann keiner geben, ohne der anderen zu nehmen. [...]

Durch die widersprechenden Forderungen seiner Situation gejagt, zugleich wie ein Taschenspieler in der Notwendigkeit, durch beständige Überraschung die Augen des Publikums auf sich als den Ersatzmann Napoleons gerichtet zu halten, also jeden Tag einen Staatsstreich en miniature zu verrichten, bringt Bonaparte die ganze bürgerliche Wirtschaft in Wirrwarr.

b) Eberhard Jäckel: „Hitlers Herrschaft" (1986):

Wer eine derartige Regierung führt, die aus zwei gegensätzlichen Gruppierungen besteht, ist in Gefahr, eine von ihnen oder sogar beide zu enttäuschen und so ihre Unterstützung zu verlieren. Um das zu vermeiden, muss er sie beide befriedigen, und da das vollständig nicht möglich ist, muss er zwischen ihnen lavieren und sie gegeneinander ausspielen. Das erfordert eine besondere Regierungskunst und hat, mit Erfolg betrieben, eine besondere Regierungsform zur Folge, die zu einer mehr oder minder großen Unabhängigkeit des Herrschers von beiden Gruppierungen führt. Sein erstes und schwierigstes Problem aber ist, überhaupt an der Macht zu bleiben. [...]

Solche Herrschaftsformen sind selten, aber nicht ohne Vorgänger in der Geschichte. Karl Marx und Friedrich Engels, die sie gewissermaßen entdeckten und erstmals vorbildlich beschrieben, nannten diesen Typus Bonapartismus, begründeten ihn damit, dass eine aufsteigende und eine absteigende Klasse sich ungefähr das Gleichgewicht hielten, und fanden ihn in den westeuropäischen absoluten Monarchien seit dem 16. Jahrhundert sowie besonders bei Napoleon I., Napoleon III. und Bismarck. Mir scheint, dass Hitlers Herrschaft weithin diesem Typus entspricht.

Aus: a) K. Marx, Der 18. Brumaire des Louis Bonaparte, Frankfurt/M. 1965, S. 132 ff.
b) E. Jäckel, Hitlers Herrschaft. Vollzug einer Weltanschauung, Stuttgart 1986, S. 39 f., 156.

1. Zeigen Sie auf, wie Tocqueville M 31 a die Träger der Februarrevolution von 1848 darstellt und welche Haltung er zu den Vorgängen einnimmt.
2. Erläutern Sie die Argumentation zugunsten des allgemeinen Wahlrechts in M 31 b.
3. Verfassen Sie den Aufruf eines liberalen Anhängers des Zensuswahlrechts. Vergleichen Sie dazu mit M 28.
4. Wie stellte von Hübner in M 32 die Reaktion der Franzosen auf den Staatsstreich dar? Erläutern Sie, welche Bevölkerungsgruppen hinter den einzelnen Akteuren stehen.
5. Wem wollte, gemäß Ollivier in M 33 a, Napoleon mit seinen Reformen entgegenkommen? Beurteilen Sie die abgedruckten Artikel hinsichtlich der Partizipation der Franzosen an der Macht.
6. Erläutern Sie den Erklärungsansatz von Karl Marx und die Weiterentwicklung bei dem Historiker Eberhard Jäckel (M 34)
7. Versuchen Sie, den Marxschen Ansatz auf die Herrschaftstechnik des deutschen Reichskanzlers Otto von Bismarck zu übertragen. Arbeiten Sie dabei neben Gemeinsamkeiten besonders Unterschiede heraus.
8. Erörtern Sie die Plausibilität der Bonapartismus-These.

ZEITTAFEL

1814–1815: Wiener Kongress zur Neuordnung des europäischen Staatensystems: nach dem Zusammenbruch des napoleonischen Hegemonialsystems versucht der Kongress den Frieden durch ein multipolares Staatensystem zu sichern und diese Ordnung durch gemeinsame Garantien der Großmächte zu gewährleisten. Die alten Dynastien werden in Europa wieder eingesetzt. An die Stelle des früheren Heiligen Römischen Reiches Deutscher Nation tritt der Deutsche Bund.

1815–1848 Restauration: Das „System Metternich" unterdrückt im Deutschen Bund alle liberalen und nationalen Bestrebungen. In der Zeit des „Vormärz" (1830–1848) verschärfen sich die Gegensätze, zumal Missernten und Strukturkrisen der beginnenden Industrialisierung wachsende Armut hervorrufen.

1820–1821: Der nationale Aufstand der Carbonari in Italien wird durch die Intervention Österreichs niedergeschlagen.

1821–1829: Griechischer Befreiungskampf gegen die osmanische Herrschaft.

1830: Die französische Julirevolution führt zum Sturz der Bourbonen, Herzog Louis Philippe von Orléans wird zum König gewählt („Bürgerkönig").

1830–1831: Der polnische Aufstand gegen die russische Herrschaft wird von Russland niedergeschlagen.
Der Aufstand der südlichen Niederlande gegen das niederländische Königtum führt zur Gründung Belgiens, das sich eine liberale Verfassung gibt.

1832: Wahlrechtsreform in Großbritannien (Reform Bill)

Sept./Okt. 1847: Eine demokratische Volksversammlung beschließt ihr Programm in Offenburg, in Heppenheim geben sich die südwestdeutschen und rheinischen Liberalen ein Programm.

Februar 1848: Marx und Engels veröffentlichen in London das „Kommunistische Manifest".

24. 2. 1848: In Paris führt die „Februarrevolution" zum Sturz der Monarchie und zur Errichtung der zweiten Republik. Die revolutionäre Bewegung greift rasch auf weite Teile Europas über.

27. 2. 1848: Mannheimer Volksversammlung.

Märzrevolution: In fast allen Staaten des Deutschen Bundes werden die reaktionären Regierungen auf Druck der Straße durch liberale „Märzministerien" ersetzt, die den „Märzforderungen" der Revolution nachgeben.
13. 3. 1848: Sturz Metternichs in Wien.
18. 3. 1848: Barrikadenkämpfe zwingen den preußischen König zum Einlenken.
20. 3. 1848: Abdankung des bayerischen Königs.

31. 3.–3. 4. 1848: Das Vorparlament beschließt freie Wahlen zu einer Nationalversammlung.

April 1848: Die republikanische Aprilrevolution in Baden wird niedergeschlagen.

18. 5. 1848: Nach den Wahlen Anfang Mai Eröffnung der Verfassunggebenden Nationalversammlung in der Frankfurter Paulskirche.

Juni bis Dez. 1848: Niederschlagung republikanischer Aufstände in Frankfurt und Baden, Sieg der Gegenrevolution in Wien und Berlin.

10. 12. 1848: Louis Napoleon Bonaparte wird zum Präsidenten der zweiten französischen Republik gewählt.

23. 12. 1848: Die Grundrechte der Deutschen werden in Frankfurt verkündet.

27./28. 3. 1849: Die Nationalversammlung verabschiedet die kleindeutsche Reichsverfassung. Zum Kaiser wird der preußische König Friedrich Wilhelm IV. gewählt.

März 1849: Nachdem bereits 28 deutsche Staaten die Verfassung angenommen haben, lehnt der preußische König Verfassung und Kaiserkrone ab. Ab Mai schrittweise Auflösung der Nationalversammlung.

1850–1862 Reaktionszeit: Nach der Wiederherstellung der alten Ordnung werden liberale und demokratische Strömungen unterdrückt.

2.12.1851: Staatsstreich Louis Napoleons in Frankreich. Ein Jahr später lässt er sich zu Kaiser Napoleon III. proklamieren.

1859–1861: Krieg Piemonts gegen Österreich und von Garibaldi geleiteter Aufstand in Süditalien führt zur Gründung des Königreichs Italien unter König Viktor Emanuel.

1862: Otto von Bismarck wird preußischer Ministerpräsident. Im Verfassungsstreit um die Heeresreform ignoriert er die Weigerung der Liberalen, der Reform zuzustimmen, und regiert fortan mit nicht genehmigten Haushalten.

1864–1871: In den drei „Reichseinigungskriegen" führt Bismarck die nationale Einigung Deutschlands unter Preußens Führung herbei.
1864: Deutsch-dänischer Krieg, der mit dem Sieg Preußens endet. Dänemark muss darauf Schleswig und Holstein abtreten.
1866: Im „Deutschen Krieg" siegen die preußischen Truppen bei Königgrätz über Österreich und seine Verbündeten. Auflösung des Deutschen Bundes, Annexion von Hannover, Nassau, Hessen-Kassel und Frankfurt durch Preußen.
1867: Bildung des Norddeutschen Bundes unter Führung Preußens.
1870/71: Der deutsch-französische Krieg unter Beteiligung der süddeutschen Staaten führt zum unerwartet raschen deutschen Sieg.

1867/1872: Weitere Parlamentsreform in Großbritannien führen in der Herrschaftszeit Königin Victorias (1837–1901) zur Ausweitung des Wahlrechts.

Januar–Mai 1870: In Frankreich erlässt Napoleon III. Verfassungsreformen um damit den Forderungen nach Liberalisierung nachzukommen: Empire libéral.

Juli–September 1870: Die Niederlage im deutsch-französischen Krieg führt in Frankreich zum Sturz Napoleons III. und zur Ausrufung der dritten Republik.

März–Mai 1871: Arbeiteraufstand in Paris (Pariser Kommune), der von der Regierung niedergeschlagen wird.

18.1.1871: König Wilhelm I. von Preußen wird im Spiegelsaal von Versailles zum deutschen Kaiser proklamiert. Damit ist nach Verträgen mit den süddeutschen Staaten (außer Österreich) das (zweite) deutsche Kaiserreich gegründet.
Es steht unter der Hegemonie Preußens. Reichskanzler Bismarck kann in den folgenden beiden Jahrzehnten maßgeblich die Innen- und die Außenpolitik des Deutschen Reiches bestimmen.
Die Reichsverfassung sieht ein allgemeines Männerwahlrecht vor, enthält aber keinen Grundrechtskatalog.
Im Reich wird der Nationalismus zur Integrationsideologie, als „Reichsfeinde" werden z. B. Polen, Juden, Katholiken und Sozialisten ausgegrenzt.

Seit 1871/72: „Kulturkampf" des preußischen Staates gegen die katholische Kirche. Trotz aller Bemühungen gelingt es Bismarck nur teilweise, den Staatsanspruch gegen den politischen Katholizismus durchzusetzen. Vielmehr muss er 1878–1886 die Kampfgesetze wieder zurücknehmen.

1878–1890: Das Sozialistengesetz „gegen die gemeingefährlichen Bestrebungen der Sozialdemokratie" verbietet sozialdemokratische Vereinigungen und Veranstaltungen. Trotz ihrer Illegalität erhält die weiterhin im Reichstag vertretene Partei erheblichen Zulauf.

Seit 1883: Zur „positiven" Bekämpfung der SPD wird eine damals beispielhafte Sozialversicherung eingeführt. Sozialgesetze zur Kranken- (1883), Unfall- (1884), Alters- und Invalidenversicherung (1889) sollen die Arbeiter wirksam schützen und zugleich die Sozialdemokratie eindämmen.
erreicht.

Imperialistische Expansion und Erster Weltkrieg

1. Imperialistische Expansion und Erster Weltkrieg

MATERIAL

1 Michel Kayoya[1]: Das Selbstbewusstsein des „Kolonisierten“

In Berlin hatte man sich im Jahre 1885[2] unseren Kontinent aufgeteilt.
Ohne jemand zu fragen, hatte man sich unseres Elendes angenommen.
Man kam, um uns zu erziehen – Man kam, um uns zu zivilisieren.
Dieser Vertrag von Berlin hat mich lange gekränkt.
Jedesmal, wenn ich auf dieses Datum stieß, empfand ich dieselbe Verachtung.
Dass ein Mensch dich verachtet
Zugegeben
Einen Tag lang denkt man daran
Dann ist's vorüber.
Dass ein Volk euch verachtet – Euch – Euren Vater – Eure Mutter – Euer Volk
Das ist die Höhe!
Die Höhe der Entrüstung, die ein menschliches Herz „verdauen“ kann. [...]

Vor unseren unbeweglichen Gesichtern breitete man die Folgen aus:
Die Befriedung Afrikas
Die Wohltaten der Zivilisation in Afrika
Den Mut der Forscher
Den selbstlosen Humanismus.
Aber niemand
Absolut niemand wies hin auf die Beleidigung
Auf die Schmach, die uns überall begleitete.
Ein Mensch
Einer, der dir gleich ist
Mischt sich in deine Angelegenheiten
Ohne dich zu fragen
Das ist eine grobe Unhöflichkeit, die jedes empfindsame Herz verwundet. [...]

Das alles schrieb ich dem Imperialismus zu
Dem verhassten Imperialismus. [...]
Indessen lehrte man mich, ihm vor allen anderen Systemen den Vorzug zu geben.
Er garantiere die Rechte des Einzelmenschen
Jeder habe die Möglichkeit, sich zu entfalten
Ein „Ich“ zu werden. [...]
Man lehrte mich, diese Mentalität zu der meinen zu machen.
Alles, was mir eigen war, sollte sich entwickeln.
Man erklärte mir unser soziales System
Man brachte mir bei, wir hätten kein Privateigentum
Der Mensch braucht aber Privateigentum
Eigentum, das man mit Zäunen umgibt
Eigentum, indas man sich einsperrt. [...]

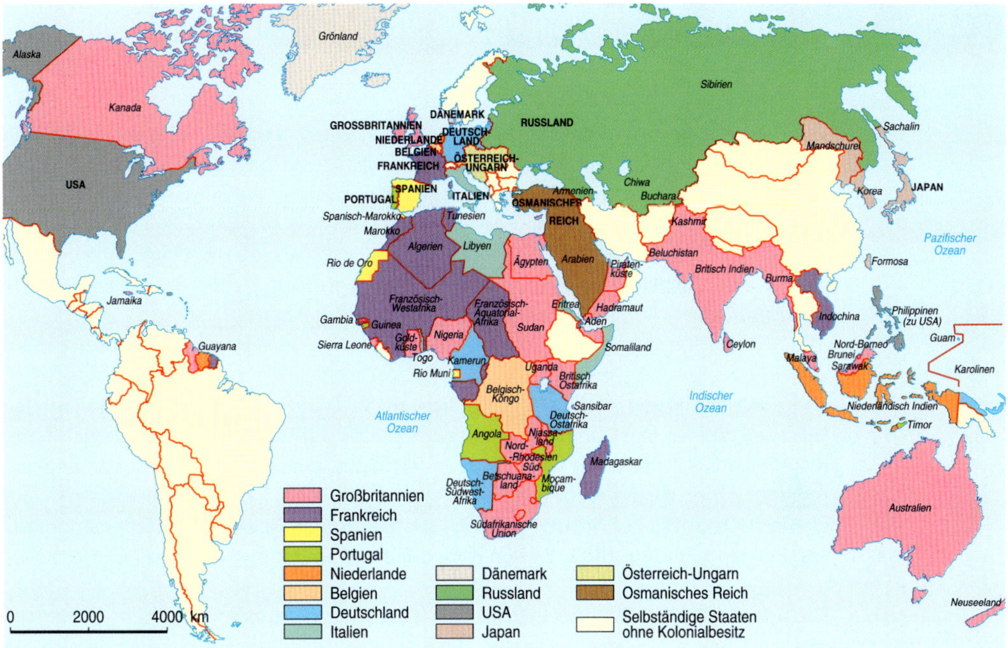

Die politische Aufteilung der Welt, 1914.

Mein Volk wurde zur Maschine. […]
Die menschliche Maschine, die mein Volk war, wurde aus der Ferne gesteuert.
Bei allem, was sie produzierte, wusste sie, dass sie für jemand anderen produzierte.
Diese Vorstellung war zur fixen Idee geworden.
Sie glaubte, sie lebte für jemand anderen.

Man sagte unserem Volk, es müsse für sich selbst leben
Aber es lebte kaum noch
Es war fast tot.
Erstorben war das Bewusstsein seiner Persönlichkeit
Mein Volk war kolonisiert.

---

[1] Michel Kayoya, katholischer Priester, Lehrer und Schriftsteller, wurde 1934 im heutigen Burundi geboren; er kam 1972 im dortigen Bürgerkrieg um. Burundi, einst ein Teil des „Schutzgebietes Deutsch-Ostafrika", war 1919–1962 belgisches Mandatsgebiet.
[2] Berliner Kongokonferenz: → S. 160

Aus: Michel Kayoya, Auf den Spuren meines Vaters, übers. von Fritz Reuter und Josef Ritter, Wuppertal 1973.

1. **Michel Kayoya erinnert sich in seinem Gedicht an eine schmerzliche Geschichtsstunde. In welchen Formen der Zerstörung und der Entfremdung äußert sich die Kolonisation in seinem Verständnis?**

1.1 Der Imperialismus – die Vormacht Großbritanniens

Verrät es nicht ein außerordentlich naives Rechtsbewusstsein, wenn sich in Berlin (auf der Kongokonferenz, s. u.) eine Anzahl von Deutschen, Engländern, Italienern, Franzosen, Belgiern, Nordamerikanern usw. hinsetzen, um sich gegenseitig Rechte auf ein Gebiet zuzugestehen, dessen Einwohner sie in keiner Weise bevollmächtigt haben, ja die nicht einmal um ihre Ansicht gefragt worden sind. Man denke sich doch einmal den Fall, dass sich z. B. China, Japan, Persien usw. zu einer Konferenz zusammentäten, um sich gegenseitig gleiche Rechte auf Deutschland einzuräumen. Wir würden das eine maßlose Frechheit nennen.

Jens Lauris Christensen (1885)

Die Kolonialisierung Afrikas vollzog sich als Wettlauf zwischen den europäischen Mächten, dessen Start ziemlich genau auf das Jahr 1881 zu datieren ist. Damals hatte Frankreich ein Protektorat über Tunesien errichtet, ein Jahr später besetzte England Ägypten, Deutschland erklärte 1884/85 Kamerun, Togo, Deutsch-Südwestafrika und Deutsch-Ostafrika zu „Schutzgebieten" des Deutschen Reichs und König Leopold II. von Belgien gründete 1883/84 den Kongo-Freistaat mit ihm als souveränen Herrscher.

Berliner Kongokonferenz 1885

Die aus diesem Wettlauf um Afrika resultierenden politischen Spannungen führten 1885 zur Berliner Kongokonferenz. Die Konferenzteilnehmer verständigten sich auf Bedingungen, unter denen territoriale Erwerbungen eines europäischen Staates in Afrika von den übrigen Unterzeichnerstaaten der Konferenzakte anerkannt werden sollten. Die Konferenz gab somit das Startsignal für weitere territoriale Besitzergreifungen und besiegelte die Aufteilung Afrikas. Die Kritik des sozialdemokratischen Schriftstellers Christensen an der Kongokonferenz (s. o.) entsprach zwar nicht dem herrschenden Zeitgeist, spiegelt aber Grundüberzeugungen der europäischen Linken, aber auch der britischen Liberalen wider.

Begriff „Imperialismus"

Die liberale Opposition in England war es auch, die erstmals den Begriff „Imperialismus" in seiner heutigen Bedeutung gebrauchte, als sie 1876 die Proklamation Königin Viktorias zur „Kaiserin von Indien" als „englischen Imperialismus" kritisierte. Im modernen Sprachgebrauch hat sich eingebürgert, eine auf Unterwerfung und Beherrschung fremder Territorien gerichtete Politik als imperialistisch zu bezeichnen – gleichgültig, ob sie durch direkte oder indirekte Mechanismen, durch politisch-militärische Macht oder durch wirtschaftliche Kontrollen ausgeübt wird. In diesem Sinn gab es Imperialismus auch schon vor dem ausgehenden 19. Jahrhundert und gibt es ihn auch noch heute. Wenn vom „Zeitalter des Imperialismus" gesprochen wird, ist jedoch die Epoche zwischen 1870 bis 1914 gemeint, in der die großen europäischen Kolonialreiche in Übersee entstanden sind. Die Geschichte der europäischen Expansion setzt allerdings schon viel früher ein. Man unterscheidet vier Phasen:

Raub- und Plünderungsimperialismus

- Der „Raub- und Plünderungsimperialismus" Spaniens während des 16. und 17. Jahrhunderts zielte vor allem auf die Ausbeutung des Gold- und Silberreichtums Lateinamerikas. Spanien gründete mehrere Vizekönigreiche mit zum Teil ausgedehnten europäischen Siedlungskolonien. Portugals Hauptinteresse hingegen zielte auf die Gebiete um den Indischen Ozean. Spanien und Portugal beanspruchten gleichermaßen für ihre überseeischen Gebiete Handelsmonopole.

Großbritannien erzwingt die Öffnung des chinesischen Marktes: Das britische Kriegsschiff Nemesis versenkt chinesische Kriegsschiffe vor der chinesischen Küste. Lithografie, 1841.

Handelsimperialismus

• Die Phase des „Handelsimperialismus" begann im 17. Jahrhundert mit dem Angriff der Niederlande, Frankreichs und Englands auf das spanisch-portugiesische Monopol im Überseehandel. Damals wurden als private Aktiengesellschaften die großen ost- und westindischen Handelskompanien gegründet. Ihr Vordringen nach Nordamerika, in die Karibik und die Gebiete um den Indischen Ozean entsprang privater Initiative und wurde von privatwirtschaftlichen Interessen geleitet. Obwohl die Gesellschaften in Nordamerika auch an der Gründung von Siedlungskolonien beteiligt waren, ging es ihnen weniger um Landerwerb als um finanziellen Gewinn. An den asiatischen Küsten errichteten sie Handelsniederlassungen („Faktoreien"). Noch im 18. Jahrhundert stieg Amsterdam zur führenden Handelsmetropole der Welt auf, büßte gegen Ende des Jahrhunderts aber diese Stellung zu Gunsten Londons ein. So eroberten die Briten die niederländischen Kolonien Neu-Amsterdam (New York) und Delaware in Nordamerika und schalteten im Siebenjährigen Krieg (1756–1763) Frankreich sowohl in Indien als auch in Nordamerika aus.

Freihandel

• Nachdem die 13 nordamerikanischen Kolonien Englands ihre Unabhängigkeit vom Mutterland erkämpft hatten, kam es in London zu einem Kurswechsel in der Überseepolitik. Freihandelsideen, nach denen freier Handel für alle vorteilhaft sei, bestimmten während der erstern Hälfte des 19. Jahrhunderts die Überseepolitik der nunmehr führenden Seemacht Großbritannien. Die handelspolitisch „offene Tür" wurde wichtiger als der Erwerb neuer Kolonien. So erzwang 1848 Großbritannien die Öffnung der Märkte Chinas (s. Abb. o.). Auch Westafrika, Teile der islamischen Welt und große Gebiete Lateinamerikas gerieten unter britischen Einfluss. Diese Gebiete wurden in ein zu Großbritannien komplementäres Verhältnis gebracht: als Rohstofflieferanten und Absatzgebiete für die aufstrebende englische Industrie.

Indien

Dass die Vorteile des Freihandels aber sehr einseitig waren, zeigt das Beispiel Indien. Im 17./18. Jahrhundert war das indische Textilgewerbe dem Europas weit überlegen. Dann aber ruinierte der Import billiger britischer Fabrikware das indische Textilgewerbe. Der zunehmende westliche Einfluss und die britische Einmischung in innerindische Angelegenheiten führten zu wachsenden Unruhen und schließlich in den Jahren 1857/58 zu einem Aufstand. Er bewirkte einen Wandel in der britischen Indien-

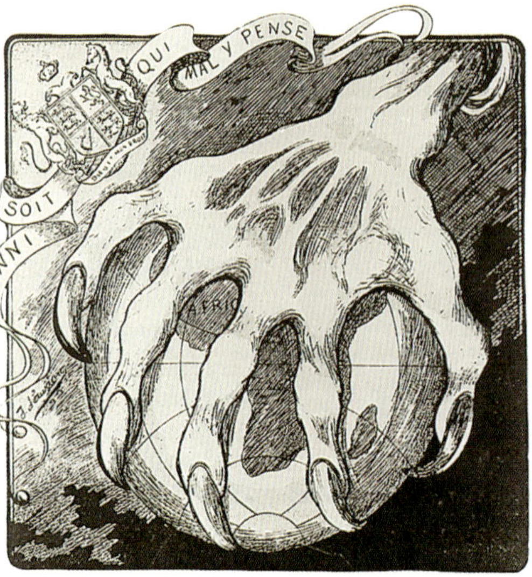

Französische Karikatur aus dem Jahr 1889. Die Inschrift gibt das Motto des englischen Hosenbandordens wieder: „Ein Schuft, wer Schlechtes dabei denkt".

politik. Die East India Company, die Indien faktisch regierte, wurde aufgelöst. Ein Generalgouverneur mit dem Titel Vize-König vertrat von nun an die britische Krone. Seine wichtigsten Machtstützen waren die Armee und der Indian Civil Service mit seinen eigens für die Kolonialverwaltung qualifizierten britischen Beamten. Teile Indiens wurden der Herrschaft eingeborener Fürsten überlassen; Basis waren Schutzverträge mit dem Generalgouverneur, in denen sie die Oberhoheit der britischen Krone anerkannten. Das Indien formal eine britische Kolonie geworden war, wurde symbolhaft mit der Proklamation der englischen Königin zur Kaiserin von Indien deutlich.

Hochimperialismus

Im „Hochimperialismus" im letzten Drittel des 19. Jahrhunderts entstanden die großen Kolonialreiche. Am Vorabend des Ersten Weltkrieges waren 84,4 % der Erdoberfläche unter europäischer Oberhoheit. Die mit Abstand bedeutendste Kolonialmacht war Großbritannien. In den britischen Kolonien lebten 2,5 mal mehr Menschen als in den Kolonien Frankreichs, der Niederlande, Deutschlands, Portugal, Russlands und der USA zusammen. Die Praxis Großbritanniens, mit außerordentlichen Vollmachten ausgestattete Handelsgesellschaften in bestimmten Gebieten aktiv werden zu lassen und erst danach die staatliche Herrschaft zu errichten („the flag follows the trade"), wurde im letzten Drittel zugunsten direkter politischer Aktionen aufgegeben. Auftakt für eine großangelegte Expansionspolitik Englands in Afrika war im Jahr 1882 die Besetzung Ägyptens. Ziel der britischen Afrikapolitik war eine territoriale Verbindung zwischen dem Kap im Süden und Kairo im Norden des Kontinents. Letztlich bezweckte sie die Absicherung der Kronkolonie Indien. In Verfolgung dieses Zieles kam es 1898 bei Faschoda am oberen Nil zu einer direkten Konfrontation mit Frankreich, das ein zusammenhängendes Kolonialreich in Nordafrika anstrebte. Die Faschoda-Krise entstand wegen des „Anspruchs" beider Staaten auf den Sudan.

New imperialism

Im Mutterland Großbritannien wurde dieser „new imperialism" durch eine wachsende Empire-Begeisterung getragen, man verglich gerne die eigene Nation mit dem Imperium Romanum der antiken Welt. Noch 1852 hatte Benjamin Disraeli, der später in den 70er-Jahren als Premierminister den kolonialen Imperialismus förderte, von den für England „elenden Kolonien" gesprochen und sie als „millstones round the neck" bezeichnet. Warum kam es zu diesem Meinungsumschwung?

Motive

Weithin unumstritten ist, dass der koloniale Imperialismus zwischen 1870 und 1914 keineswegs eine bloße Fortsetzung bisheriger kolonialer bzw. imperialistischer Tendenzen, sondern eine neuartige Erscheinung war, die mit der Industrialisierung in einem engen Zusammenhang stand. Für Europa war das „Zeitalter des Imperialismus" gekennzeichnet durch hohes Bevölkerungswachstum, sich verstärkende Wirtschaftskrisen und damit einhergehend starke soziale Spannungen. Es war zugleich eine Zeit, in der Rassismus und Nationalismus sich als neue Massenideologien ausbildeten.

Ziele der imperialistischen Politik jener Epoche war, durch die Schaffung neuer Märkte soziale Umwälzungen zu verhindern und die gesellschaftlichen und politischen Machtverhältnisse in den Mutterländern zu stabilisieren. Die Rivalität unter den europäischen Kolonialmächten heizte den Nationalismus noch mehr an wie umgekehrt dieser dem Kampf um den „Platz an der Sonne" einen besonders aggressiven Ton verlieh. Die Propagierung der rassistischen und kulturellen Überlegenheit des weißen Mannes schließlich diente der ideologischen Rechtfertigung des eigenen Vorgehens gegen fremde Völker.

MATERIAL

Wirtschaftliche Begründung des Imperialismus 2

Der liberale englische Publizist John A. Hobson (1858–1940) lieferte 1902 die erste umfassende wirtschaftliche Begründung für den englischen „new imperialism", den er zugleich kritisierte.

In der Tat konnte nachgewiesen werden, dass die jüngsten Annexionen tropischer Länder, unter großen Kosten erworben, nur arme und unsichere Märkte gebracht haben, dass unser gesamter Handel mit unseren Kolonie praktisch stagniert und dass unser gewinnbringendster und am meisten wachsender Handel mit den rivalisierenden Industrienationen besteht, deren Gebiet wir nicht annektieren wollen, deren Märkte wir nicht beherrschen können und deren aktiven Widerstand wir durch unsere expansive Politik hervorrufen. [...]

Hobson merkt an, aber noch so viele Fakten könnten nicht den Irrglauben beseitigen, dass der neue Imperialismus eine gesunde und notwendige Politik für ein fortgeschrittenes Industrieland wie Großbritannien darstellte. Er gibt im Folgenden dann die typische Argumentation eines Imperialisten:

Wir brauchen Märkte für unsere wachsende Industrieproduktion, wir brauchen Möglichkeiten für die Investitionen unseres Kapitalüberschusses und für die Energien unseres abenteuerlustigen Bevölkerungsüberschusses. Eine solche Expansion ist eine Lebensnotwendigkeit für eine Nation mit großer und wachsender Produktionskraft. Ein immer größerer Teil unserer Bevölkerung ist in Fabriken und städtischen Handelsgeschäften beschäftigt und sein Lebensunterhalt hängt deshalb von den Nahrungsmitteln und Rohstoffen fremder Länder ab. Damit wir diese Waren kaufen und bezahlen können, müssen wir unsere Waren draußen verkaufen. [...]
Solange England praktisch ein Monopol für bestimmte wichtige Industriewaren auf dem Weltmarkt besaß, war der Imperialismus überflüssig. Nach 1870 aber verschlechterte sich die Fabrikations- und Handelsüberlegenheit erheblich: Andere Nationen, vor allem Deutschland, die Vereinigten Staaten und Belgien machten rasante Fortschritte. Nachdem sie nicht unterdrückt werden konnten oder sogar mit dem Wachstum unseres Außenhandels Schritt hielten, wurde es immer schwieriger, den vollen Überschuss unserer Waren mit Gewinn abzusetzen. Das Vordringen dieser Nationen auf unsere alten Märkte, sogar in unsere eigenen Besitzungen, machte es dringend, energische Maßnahmen zur Sicherung neuer Märkte zu ergreifen.
Diese neuen Märkte müssen in bisher unentwickelten Ländern, vor allem in den Tropen, liegen, wo eine zahlreiche Bevölkerung lebt, mit wachsenden ökonomischen Bedürfnissen, die unsere Fabrikanten und Kaufleute befriedigen können. Unsere Konkurrenten nahmen in Besitz und annektierten Territorien für ähnliche Zwecke und schlossen sie für unseren Handel aus, als sie sie annektiert hatten. Diplomatie und Waffen Großbritanniens mussten gebraucht werden, um die Eigentümer der neuen Märkte zu zwingen, mit uns zu teilen.

Aus: J. A. Hobson, Imperialism, 1902, zit. nach W. Grütter und H. Brandt, der Imperialismus von 1870 bis 1914, Paderborn 1982, S. 7–9.

MATERIAL
3 Nationales Sendungsbewusstsein und Mächterivalität

a) Cecil Rhodes (1853–1902), 1884 britischer Finanzminister, 1890–1896 Premierminister der britischen Kapkolonie. Er erwarb in Südafrika ein großes Vermögen. Aus privater Initiative bewirkte er die Besetzung des Betschuanalands (heute: Betsuana) und des nach ihm benannten Rhodesien (heute Sambia und Simbabwe). Als Premierminister des Kaplandes versuchte er den Burenstaat Transvaal zu annektieren (1895):

Ich behaupte, dass wir die erste Rasse der Welt sind und dass es um so besser für die menschliche Rasse ist, je mehr von der Welt wir bewohnen. Ich behaupte, dass jedes Stück Land, das unserem Gebiet hinzugefügt wird, die Geburt von mehr Angehörigen der englischen Rasse bedeutet, die sonst nicht ins Dasein gerufen worden wären. Darüber hinaus bedeutet es einfach das Ende aller Kriege, wenn der größere Teil der Welt in unserer Herrschaft aufgeht. [...]
Da Gott offenkundig die englisch sprechende Rasse zu seinem auserwählten Werkzeug formt, durch welches er einen Zustand der Gesellschaft hervorbringen will, der auf Gerechtigkeit, Freiheit und Frieden gegründet ist, muss er offensichtlich wünschen, dass ich tue, was ich kann, um jener Rasse so viel Spielraum und Macht wie möglich zu geben. Daher denke ich, dass das, was er gerne von mir getan haben möchte, ist, so viel von der Karte Afrikas britisch rot zu malen.
Meine große Idee ist die Lösung des sozialen Problems. D.h. um die 40 Millionen Einwohner des Vereinigten Königreichs vor einem mörderischen Bürgerkrieg zu schützen, müssen wir Kolonialpolitiker neue Ländereien erschließen, um den Überschuss an Bevölkerung aufzunehmen und um neue Absatzmärkte zu schaffen für die Waren, die sie in ihren Fabriken erzeugen. Das Empire, das habe ich stets gesagt, ist eine Magenfrage. Wenn sie den Bürgerkrieg nicht wollen, müssen sie Imperialisten werden.

Englischer Nachmittagstee in Indien.

b) Lord Rosebery war 1894/95 englischer Premierminister:

Man sagt, dass unser Reich bereits groß genug sei und keiner Ausdehnung bedürfe. Das würde wohl wahr genug sein, wenn die Welt elastisch wäre, aber unglücklicherweise ist sie nicht elastisch, und wir sind augenblicklich dabei [...] Anspruch für die Zukunft darzutun. Wir haben in Betracht zu ziehen, welches Land entweder von uns oder von einer anderen Nation entwickelt werden muss, und wir haben uns zu erinnern, dass es einen Bestandteil unserer Verantwortlichkeit und unserer Erbschaft bildet, Sorge zu tragen, dass die Welt, soweit sie von uns geformt werden kann, den angelsächsischen und keinen anderen Charakter erhalte.

Aus: a) W. Mommsen, Imperialismus, Hamburg 1977, S. 48 f. und b) F. Salomon, Der britische Imperialismus, Leipzig/Berlin 1916, S. 189.

1. Erarbeiten sie aus den zeitgenössischen Äußerungen in M 2 und M 3 die Argumente, mit denen in Großbritannien der „new imperialism" gerechtfertigt wurde.
2. Setzen Sie sich mit der Argumentation im einzelnen auseinander.
3. Diskutieren Sie die These von Hobson (M2), der Irrglaube an die Nützlichkeit der imperialistischen Politik sei auch durch Fakten nicht zu erschüttern.

1.2 Der amerikanische Imperialismus

Göttlicher Auftrag

„Gott hat uns zu Oranisatoren der Welt bestimmt mit dem Auftrag, da Ordnung zu schaffen, wo das Chaos herrscht .... Und innerhalb unserer Rasse hat Gott das amerikanische Volk gekennzeichnet als sein auserwähltes Volk, das bei der Erneuerung der Welt die führende Rolle spielen soll. " Diese Sätze, die Senator Beveridge 1900 in einem Memorandum an den amerikanischen Kongress formulierte, können als Leitmotiv für die imperialistische Politik der USA gelten, die, durch göttlichen Auftrag bestärkt, ihre Handelsinteressen und strategischen Ziele verfolgten.

Pazifischer Raum

Die imperialistische Politik der USA schloss sich nahtlos an die Landnahme an. 1846 wurde ihnen der bis dahin auch von England beanspruchte Nordwesten zugestanden, 1848 annektierten sie nach dem Sieg über Mexiko den Südwesten. Damit grenzten die USA an den Stillen Ozean und begannen mit der Erschließung des pazifischen Raumes. 1854 gelang einem amerikanischen Geschwader unter Führung von Commodore Perry die Öffnung Japans: Das bis dahin streng abgeschlossene, noch in mittelalterlicher Rückständigkeit verharrende Kaiserreich musste einen Handelsvertrag mit den USA abschließen und mehrere Häfen für den Handel öffnen. Doch Japan reagierte anders als China, das nach dem verlorenen Opiumkrieg 1842 Hongkong abtreten und sich dem Handel mit Europa öffnen musste, wobei es seine Unabhängigkeit immer mehr verlor. Japan dagegen schaffte das bisherige Feudalsystem ab und begann mit politischen und wirtschaftlichen Reformen, um seine Unabhängigkeit zu bewahren und in den Kreis der Großmächte aufzusteigen. Weitere Erwerbungen der USA im pazifischen Raum waren 1875 der Erwerb des Stützpunktes Pearl Harbor auf Hawaii, 1897 die Annexion Hawaiis, 1898 der Erwerb der Philippinen und Guams nach dem Sieg über Spanien, 1899 der Konflikt um Samoa, das schließlich zwischen dem Deutschen Reich und den USA aufgeteilt wurde. Ziel dieser pazifischen Politik war letztlich die Erschließung der „unbegrenzten Märkte Chinas" für den amerikanischen Handel, wie es Senator Beveridge 1900 formulierte. Diese Politik erfolgte im großen und ganzen einvernehmlich mit den übrigen an China interessierten Mächten. Im Jahre 1900 beteiligten sich die USA mit England, Japan, Russland und anderen Staaten an der Niederwerfung des Boxeraufstandes, und 1905 vermittelten sie den Frieden zwischen Japan und Russland – ein deutliches Zeichen für die Bereitschaft, an einer Abgrenzung der Interessensphären mitzuwirken.

Öffnung Japans

Open Door Policy gegenüber China

Interventionspolitik in der Karibik und in Mittelamerika

Eine zentrale Rolle in der Außenpolitik der USA spielten die Karibik und Mittelamerika. Ein Aufstand in Kuba gegen die spanische Herrschaft und Berichte über Gräueltaten der Spanier gegen die Aufständischen waren für die USA Anlass und Vorwand zum bewaffneten Eingreifen. Nach der Vernichtung seiner Flotte in zwei Seeschlachten bei Luzón (Philippinen) und Kuba musste Spanien außer Guam und den Philippinen auch Kuba und Puerto Rico gegen eine Entschädigung abtreten. Kuba wurde zur Republik erklärt, doch behielten die USA dort Stützpunkte (bis heute noch Guantánamo) und ein Aufsichtsrecht. Einen Höhepunkt erreichte die Mittelamerikapolitik unter Präsident Theodore Roosevelt (1901 – 1909). Panama wurde nach einem von den USA finanzierten Aufstand von Kolumbien abgetrennt, nachdem ein 1903 mit Kolumbien geschlossener Vertrag über Gebietsabtretungen zum Ausbau des 1881 begonnenen Panama-Kanals auf Widerspruch gestoßen war. Militärische Interventionen

Panama-Kanal

Monroe-Doktrin · *war power*

in San Domingo (1905) und Nicaragua (1912) wurden stets unter Berufung auf die Monroe-Doktrin von 1823 gerechtfertigt: die innere Ordnung wiederherstellen, eine stabile Regierung durch das Volk gewährleisten, die Völker auf eine höheres Niveau heben. Stets wurde diese Interessenpolitik moralisch legitimiert, ging es lediglich um „unsere Bestrebungen als die eines christlichen, friedliebenden Volkes", wie es Präsident McKinley (1897 – 1901) einmal ausdrückte. Zugleich führte diese Politik zur Ausbildung der in der Verfassung nicht vorgesehenen „imperialen" Präsidentschaft. Zwar sind Kriegserklärungen durch den Kongress zu beschließen, doch kann der Präsident Konflikte bis zu einem Punkt eskalieren lassen, wo der Kongress seine Entscheidungsfreiheit verliert. Auch kann er executive agreements abschließen, Regierungsabkommen, die keiner parlamentarischen Zustimmung bedürfen.

MATERIAL

4 Der Panamakanal

Noch viel entschiedener nutzte Präsident Roosevelt die durch den Burenkrieg bedingte britische Lähmung. Er erkannte, dass die USA nur dann eine kraftvolle Politik zugleich in Ostasien und im karibischen Raum führen können, wenn ihre Flotte sich jederzeit rasch vom Atlantischen zum Pazifischen Ozean verschieben lässt, wenn also ein unter vereinsstaatlicher Kontrolle stehender Panamakanal die beiden Meere verbinde. Großbritannien musste 1901 zugestehen, dass dieser Kanal ausschließlich von den USA gebaut würde. Da sich das kolumbianische Parlament weigerte, einen Vertrag zu ratifizieren, durch den die Kanalzone faktisch vereinsstaatlicher Hoheit unterstellt worden wäre, zettelte Roosevelt einen Aufstand der Panamesen gegen Kolumbien an, schützte die Aufständischen durch Entsendung von Marineeinheiten, anerkannte sofort die junge Republik Panama und schloss knapp vierzehn Tage danach mit ihr den von Kolumbien verworfenen Kanalvertrag ab (alles im November 1903).

1912 *äußerte sich Roosevelt rückblickend über seine Maßnahmen zum Erwerb der Kanalzone (der Kanal wurde* 1914 *vollendet)*:

Ich nahm Panama; es war dies die einzige Möglichkeit, den Kanal zu bauen. Wenn ich hergebrachten konservativen Methoden gefolgt wäre, hätte ich dem Kongress ein ansehnliches Staatspapier von vermutlich zweihundert Seiten Umfang vorgelegt, und die Debatte darüber würde noch heute andauern. Aber ich nahm die Kanalzone und ließ den Kongress debattieren, und während die Debatte weitergeht, schreitet der Bau des Kanals ebenfalls voran.

Der Panamakanal.

Aus: J. Boesch, Weltgeschichte, Bd. 4: Die neueste Zeit, Zürich/Stuttgart 1960, S. 309 f.

MATERIAL

Die Monroe-Doktrin im Wandel 5

a) Erklärung des Präsidenten James Monroe (1823):

Aufgrund ihrer Freiheit und Unabhängigkeit, die sie erreicht haben und erhalten, sind die amerikanischen Kontinente in Zukunft von keiner europäischen Macht mehr als Ziel einer Kolonialpolitik zu betrachten. [...] Jeden Versuch europäischer Mächte, ihr System auf irgendeinen Teil dieser Hemisphäre auszudehnen, werden wir als Gefahr für unseren Frieden und unsere Sicherheit erachten.

b) Erklärung des Präsidenten Theodore Roosevelt zum Eingreifen der USA *in San Domingo* (1904):

Die USA könnten sich – wenn auch widerstrebend – genötigt sehen, zur Durchsetzung der Monroe-Doktrin die Aufgabe einer internationalen Polizeimacht zu übernehmen. [...] Ein Eingreifen in die Belange unserer Nachbarn im Süden käme nur als äußerste Maßnahme in Betracht, und auch nur dann, wenn es offenkundig wäre, dass ihre Unfähigkeit und ihr Mangel an Bereitschaft, im Innern und nach außen Gerechtigkeit zu üben, die Rechte der Vereinigten Staaten beeinträchtigt hätte oder zum Nachteil aller amerikanischen Staaten einen Angriff ausländischer Mächte herausfordern würde.

c) Erklärung des Präsidenten William Taft zum Eingreifen der USA *in Nicaragua* (1912):

In der Nähe des Panamakanals und im Bereich der karibischen See ist die Monroe-Doktrin lebenswichtiger als irgendwo sonst. [...] Es ist daher erforderlich, dass die Länder in diesem Bereich der Gefahren enthoben werden, die durch hohe Auslandsverschuldung und verworrene Staatsfinanzen entstehen und die ständig die Möglichkeit internationaler Verwirrungen aufgrund ihrer inneren Unordnung heraufbeschwören.
Mit Freude haben daher die Vereinigten Staaten die amerikanischen Bankleute ermutigt, die bereit waren, jene Länder bei der Sanierung ihrer Finanzen zu unterstützen. [...] Auf diese Weise ist mit einem Schlag die Bedrohung durch ausländische Gläubiger und durch revolutionäre Unruhen beendigt worden.

The Big Stick in the Carribbean Sea. Amerikanische Karikatur 1905.

Aus: Commager/Nevins (Hrsg.), The Heritage of America, Boston 1951, Bd. I: S. 236, Bd. II.: S. 33 und 76.

1. Beschreiben Sie die Darstellung des amerikanischen Präsidenten Roosevelt durch den Karikaturisten. Erörtern Sie, ob es sich um Kritik oder Billigung handelt.
2. Untersuchen Sie anhand der Karte in M 4 die wirtschaftliche und die strategische Bedeutung des Panamakanals.
3. Beschreiben und erklären Sie den Wandel der Monroe-Doktrin von 1823 bis 1912.
4. Wie erklären Sie das Bedürfnis amerikanischer Politiker, ihre Handlungen moralisch zu überhöhen und ihre Ziele als Doktrinen zu formulieren?

MATERIAL

6 Der amerikanische Imperialismus – zwei Einschätzungen

a) Der Historiker Hans-Ulrich Wehler erklärte 1971:

Im Bann des ungeheueren Erfolgs des [...] britischen Freihandelsimperialismus, der so lange wie möglich nur mittels Handelsverträgen, Konsuln und Kanonenbooten seine Märkte, Stützpunkte und Einflusssphären absicherte, aber durch die Bestimmung wichtiger Entscheidungen in den abhängigen Gebieten durchaus Herrschaft ausübte, hat auch die amerikanische kommerzielle Expansion das „Informal Empire" als Idealzustand angesehen. Es gewährte optimale ökonomische Chancen, ohne dass eine kostspielige militärische, finanzielle und politische Verantwortung übernommen werden musste. Blickt man auf das Verhältnis von Mitteleinsatz und Ertrag, so bildet es wohl tatsächlich die lukrativste Form imperialer Ausbreitung. Die amerikanische Politik hat es mit unleugbarem wirtschaftlichen Erfolg seit den 1840er-Jahren vor allem in Ostasien, später auch im Süden der westlichen Hemisphäre praktiziert.

b) Der Historiker und Journalist Peter Bender 2003:

Während des Krieges mit Spanien[1] war Theodore Roosevelt Marineminister und plante die Besitznahme von Manila. Amerikas Traum vom großen Chinahandel sollte als Fortsetzung von Hawaii und Guam in Manila einen letzten Stützpunkt und Umschlagplatz, ein amerikanisches Hongkong, erhalten. Aber die Stadt war allein nicht zu bekommen oder zu behaupten, die Amerikaner mussten die siebentausend Inseln der Philippinen mit ihren sieben Millionen Einwohnern ebenfalls okkupieren. Hätten sie sich zurückgezogen, wäre ein Vakuum entstanden, das vielleicht die Deutschen gefüllt hätten. So folgten sie der klassischen Rechtfertigung aller Eroberer: Wir mussten es nehmen, sonst hätte ein anderer es genommen.

Es war ein Traditionsbruch, zunächst politisch: Amerika engagierte sich weit außerhalb seines Kontinents in einer großen, durchaus fremden Region, die nicht Staat der Vereinigten Staaten werden konnte. Traditionsbruch militärisch: Amerika band sich an ein Gebiet, das es nicht verteidigen konnte. Traditionsbruch moralisch: Die ehemalige Kolonie wurde zur Kolonialmacht. Die Abweichung bestrafte sich in einem Kolonialkrieg, der mehr Zeit, Geld und Blut kostete als der Krieg gegen Spanien. Die Filipinos hatten sich gegen die Herrschaft der Spanier aufgelehnt, nun lehnten sie sich gegen die Herrschaft der Amerikaner auf. [...]

Die erste imperialistische Phase der Vereinigten Staaten hatte vor allem ökonomische Gründe, doch das war nicht alles. Die Wirtschaft brauchte Absatzmärkte außerhalb der eigenen Grenzen, aber auch die Phantasie brauchte neue Grenzen, nachdem der Mythos „Go West" am Pazifik an sein Ende gelangt war. Der politische Ehrgeiz, gewachsen aus politischer Stärke, verlangte in der Hochzeit des Kolonialismus ein Stück vom großen Kuchen, den sich die Europäer schon fast gänzlich aufgeteilt hatten. Die Politik schließlich zeugte einen Theodore Roosevelt, Amerikas Beitrag zum Imperialismus der Zeit.

[1] 1898: Krieg gegen Spanien, das Puerto Rico, Guam und die Philippinen abtreten muss.

Aus: a) H.-U. Wehler, Der amerikanische Imperialismus, in: W. J. Mommsen, Der moderne Imperialismus, Stuttgart 1971, S. 173 f.
b) P. Bender, Weltmacht Amerika. Das neue Rom, Stuttgart 2003, S. 51–53.

1. Erarbeiten Sie anhand des Textes den Unterschied zwischen dem Imperialismus der USA und dem der europäischen Mächte.
2. Inwiefern unterscheidet sich Peter Benders (b) Einschätzung von derjenigen Hans-Ulrich Wehlers (a)? Welche Motive nennt Bender für den Wandel?

1.3 Zwischen Kontinentalpolitik und Weltpolitik

Nachbar dreier Großmächte

Mit der Gründung des Deutschen Reiches war die alte Gleichgewichtsordnung der europäischen Großmächte zerbrochen. Auch gab es nun kein völkerrechtliches System mehr, dessen Normen allgemein anerkannt waren. An die Stelle des machtlosen, zersplitterten Mitteleuropa war ein starker Nationalstaat getreten, dessen Bevölkerung ständig wuchs, dessen Industrie der englischen den Rang abzulaufen begann, ein Staat mit der stärksten Armee des Kontinents. Trotz seiner „halbhegemonialen" Stellung war er aber aufgrund seiner geographischen Lage ständig gefährdet; als Nachbar dreier Großmächte war ein Zwei- oder gar Dreifrontenkrieg eine stets besorgniserregende Perspektive.

Kissinger Diktat

Obwohl Kaiser Wilhelm I. in der von Bismarck verfassten Kronrede schon 1871 verkündet hatte, dass das Deutsche Reich jetzt „saturiert" sei, erzwang erst eine europäische Krise 1875 die Entscheidung für eine behutsame Politik der Bewahrung des Status quo, die die Rivalitäten unter den anderen Großmächten ausnutzte und die Spannungen an die Peripherie des europäischen Mächtesystems abzuleiten suchte. Die Konsequenzen daraus formulierte Bismarck 1877 in seinem „Kissinger Diktat" (→ M 7).

Berliner Kongress

Spannungen auf dem Balkan führten 1877/78 zu einer zweiten Krise. Die Schwäche des Osmanischen Reiches hatte hier zu nationalen Erhebungen geführt, die von Russland – mehr und mehr im Sinne der panslawistischen Ideologie – unterstützt wurden. Hierdurch wurden auch englische und österreichische Interessen auf dem Balkan und im Mittelmeer berührt. Als der russisch-türkische Krieg mit einer Niederlage des Osmanischen Reiches endete, intervenierte England gegen ein weiteres russisches Vordringen auf dem Balkan. In dieser Lage suchte sich Bismarck als „ehrlicher Makler" ohne eigene Interessen einzuschalten. Der von ihm gelenkte Berliner Kongress (1878) war ein Versuch, zu einem Ausgleich aller Interessen auf dem Balkan zu kommen. Das Ergebnis entsprach aber eher den englischen als den russischen Vorstellungen:

- Rumänien, Serbien und Montenegro wurden ganz, Bulgarien teilweise vom Osmanischen Reich unabhängig.
- Die Verwaltung von Bosnien-Herzegowina wurde Österreich übertragen.
- England erwarb Zypern und festigte damit seine Position im östlichen Mittelmeer.

In Russland empfand man das Ergebnis des Berliner Kongresses als schwere Niederlage, die einer starken antideutschen Stimmung Auftrieb gab. In dieser gespannten Situation sah Bismarck die Notwendigkeit gekommen, die Zeit der Bündnislosigkeit zu beenden:

Bismarck als Weichensteller zwischen England und Russland (Punch 1878).

- Ein geheimer Zweibund mit Österreich-Ungarn sollte der Gefahr von seiten Russlands vorbeugen (1879).
- Italien, dass sich durch die französische Mittelmeerpolitik bedroht glaubte, verbündete sich 1882 im Dreibund mit Deutschland und Österreich.

Labiles System Das problematische Verhältnis zu Russland erfuhr durch den Dreikaiservertrag zwischen Deutschland, Österreich und Russland (1881) eine Verbesserung. Die dauernden Spannungen auf dem Balkan führten jedoch dazu, dass er 1887 nicht erneuert, sondern durch den geheimen Rückversicherungsvertrag ersetzt wurde. Für drei Jahre sollte dieser die russische Neutralität bei einem französischen Angriff auf Deutschland, die deutsche bei einem österreichischen Angriff auf Russland sichern. Ferner wurden die russischen Ansprüche auf die Meerengen unterstützt. Diese Verpflichtung stand wiederum im Widerspruch zu dem von Bismarck geförderten Mittelmeerabkommen zwischen England, Italien und Österreich, das die territoriale Integrität des Osmanischen Reiches gegen die russischen Expansionstendenzen sicherte. Dieses komplizierte, teilweise in sich widersprüchliche Vertragssystem sollte Bündnisse gegen Deutschland verhindern.

MATERIAL

7 Bismarcks Kissinger Diktat vom 15. Juni 1877

Ein französisches Blatt sagte neulich von mir, ich hätte „le cauchemear des coalitions"; diese Art Alp wird für einen deutschen Minister noch lange, und vielleicht immer, ein sehr berechtigter bleiben. Koalitionen gegen uns können auf westmächtlicher Basis mit Zutritt Österreichs sich bilden, gefährlicher vielleicht noch auf russisch-österreichisch-französischer; eine große Intimität zwischen zweien der drei letztgenannten würde der dritten unter ihnen jederzeit das Mittel zu einem sehr empfindlichen Drucke auf uns bieten. In der Sorge vor diesen Eventualitäten, nicht sofort, aber im Lauf der Jahre, würde ich als wünschenswerte Ergebnisse der orientalischen Krisis für uns ansehen:
1. Gravitierung der russischen und der österreichischen Interessen und gegenseitigen Rivalitäten nach Osten hin, 2. der Anlass für Russland, eine starke Defensivstellung im Orient und an seinen Küsten zu nehmen, und unseres Bündnisses zu bedürfen, 3. für England und Russland eine befriedigender Status quo, der ihnen dasselbe Interesse an Erhaltung des Bestehenden gibt, welches wir haben, 4. Loslösung Englands von dem uns feindlich bleibenden Frankreich wegen Ägyptens und des Mittelmeeres, 5. Beziehungen zwischen Russland und Österreich, welche es beiden schwierig machen, die antideutsche Konspiration gegen uns gemeinsam herzustellen, zu welcher zentralistische oder klerikale Elemente in Österreich etwas geneigt sein möchten.
Wenn ich arbeitsfähig wäre, könnte ich das Bild vervollständigen und feiner ausarbeiten, welches mir vorschwebt: nicht das irgendeines Ländererwerbs, sondern das einer politischen Gesamtsituation, in welcher alle Mächte außer Frankreich unser bedürfen, und von Koalitionen gegen uns durch unsere Beziehungen zueinander nach Möglichkeit abgehalten werden. […]

Aus: Michael Stürmer (Hrsg.), Bismarck und die preußisch-deutsche Außenpolitik, München 1970. S. 100 f.

1. Erläutern und beurteilen Sie anhand des Kissinger Diktats die Konzeption der Bismarck'schen Außenpolitik. Welcher Friedensbegriff liegt ihr zugrunde?

1.4 An Platz an der Sonne?

1891 schrieb ein Student über ein Gespräch mit dem entlassenen Bismarck: „Uns, uns Jungen hatte er offenbar nichts mehr zu sagen. [...] Er bot uns jungen Deutschen als Lebenszweck ein politisches Rentnerdasein, die Verteidigung und den Genuss des Erworbenen; unser Schaffensdrang ging leer aus." Solche Stimmen mehrten sich seit Bismarcks letzten Regierungsjahren; immer mehr Deutsche waren unzufrieden mit der Politik der Bewahrung und Friedenssicherung. Die Furcht bei der Verteidigung der Welt zu spät zu kommen und zu einer Macht geringen Ranges zu werden, beherrschte sie.

Bismarcks Kolonialpolitik

Die imperialistische Politik des Deutschen Reiches begann mit einem Rückstand gegenüber den Westmächten. Obwohl Bismarck grundsätzlich gegen Kolonialpolitik war, fielen die ersten Erwerbungen noch in seine Amtszeit (1884). Sie waren aber offiziell nur staatlicher Schutz privater Kolonialunternehmungen; außerdem blieben sie in das außenpolitische Konzept Bismarcks eingebunden. Mitte der achtziger Jahre förderte Bismarck französische Kolonialansprüche, um auf diese Weise Druck auf England ausüben zu können; auch der Erwerb deutscher Kolonien in Südwest- und Ostafrika, also in englischem Interessengebiet, diente diesem Zweck.

Neuer Kurs Kaiser Wilhelms II.

Auch Bismarcks Nachfolger Caprivi (1890 – 1894) verzichtete auf koloniale Abenteuer. Anstelle von Kolonialerwerb suchte er Deutschlands Stellung durch bilaterale Handelsverträge mit europäischen Staaten zu verbessern; langfristig sollte eine mitteleuropäische Zollunion auch die politische Vorherrschaft Deutschlands begründen. Da seine Politik einseitig die Industrie begünstigte, wurde Caprivi auf Betreiben der ostelbischen Agrarier gestürzt. Erst danach kam der „Neue Kurs", den Kaiser Wilhelm II. 1890 verkündet hatte, zum Durchbruch. 1897 verkündete der Staatssekretär des Äußeren und spätere Reichskanzler Bülow anlässlich der Annexion von Kiautschou im Reichstag: „Wir wollen niemand in den Schatten stellen, aber wir verlangen auch unseren Platz an der Sonne." Verbände wie die Deutsche Kolonialgesellschaft propagierten den Kolonialgedanken; der 1891 gegründete Alldeutsche Verband kritisierte gar die offizielle Reichspolitik als zu zurückhaltend.

Alldeutscher Verband

Flottenrüstung

Eine Lieblingsidee des Kaisers förderte der Deutsche Flottenverband, den Aufbau einer deutschen Schlachtflotte. Unter Leitung des Staatssekretärs im Marineamt, Admiral Tirpitz, entstand ab 1898 die deutsche „Risikoflotte"; sie sollte so stark sein, dass sie auch für die englische Flotte eine Gefahr darstellte. Doch die Flotte wurde zum politischen Desaster: Ihr weiterer Ausbau, der von England als Bedrohung empfunden wurde, führte in wenigen Jahren dazu, dass sich England Frankreich annäherte (Entente cordiale, 1904) und sich mit Russland über die Einflusssphären im Mittleren Osten einigte (1907). Russland hatte sich seit der Nichtverlängerung des Rückversicherungsvertrages (1890) wirtschaftlich und militärisch Frankreich angeschlossen. Das Deutsche Reich hatte sich isoliert: Als Partner blieb ihm unter den Großmächten nur die wirtschaftlich und militärisch schwächste übrig: Österreich-Ungarn, das aufgrund seiner Strukturprobleme eher eine Belastung als eine Hilfe war.

Entente cordiale

Krisen

Mit der Verfestigung der beiden Lager überstürzten sich die Krisen; an denen das Deutsche Reich direkt oder indirekt beteiligt war. So führte Deutschlands Rivalität mit

Frankreich um die Vorherrschaft in Marokko zu den beiden Marokkokrisen (1905/6 und 1911); diese festigten die Entente cordiale zwischen England und Frankreich. Wirkte die imperialistische Politik in Übersee oder auf dem Balkan anfangs noch spannungsmindernd – Bismarcks Konzept beruhte auf dieser Annahme – so schlugen die außereuropäischen Konflikte bald auf Europa zurück.

MATERIAL

8 Kolonien als Mittel langfristiger Zukunftssicherung

a) Aus einer Reichstagsrede des Sozialdemokraten Wilhelm Liebknecht zur Kolonialpolitik (1895):

Was wird mit der so genannten Kolonialpolitik denn eigentlich bezweckt? Wenn wir auf den Grund gehen, so wird als der Zweck hingestellt: der Überproduktion und der Überbevölkerung zu steuern. Aber was ist denn Überproduktion, und was ist Überbevölkerung? Das sind doch sehr relative Begriffe. Ist Deutschland etwa übervölkert? Gerade die dichtest bevölkerten Gegenden in Deutschland liefern für die Auswanderung das geringste Kontingent, die dünnest bevölkerten liefern das stärkste. [...] Deutschland ist noch lange nicht übervölkert; bei vernünftiger sozialer Organisation, bei zweckmäßiger Organisation der Industriearbeit und bei wissenschaftlichem Betriebe des Ackerbaus könnte Deutschland eine weit größere Bevölkerung ernähren, als dies heut zu Tage der Fall ist. Die „Übervölkerung" liegt eben darin, dass wir mangelhafte soziale und wirtschaftliche Einrichtungen haben.
Und gerade so ist es mit der Überproduktion. Da klagen unsere Fabrikanten, dass ihre Produkte keinen Absatz finden. Ja, meine Herren, warum haben sie keinen Absatz? Weil das Volk nicht kaufen kann, – abermals eine Folge unserer mangelhaften sozialen Verhältnisse [...]. Und wird etwa durch die Kolonialpolitik etwas nach dieser Richtung erreicht? Nein, meine Herren. [...]

b) Eine Stellungnahme des früheren Reichskommissars für Deutsch-Südwestafrika, Paul Rohrbach (1914):

Jeder vaterlandsliebende Deutsche musste es schmerzlich empfinden, dass alljährlich Hunderttausende die Heimat verließen, um in Amerika ein besseres Dasein zu suchen, als die Verhältnisse in Deutschland es ermöglichten. Man malte sich aus, welch einen Zuwachs für das Deutschtum in der Welt es geben würde, sobald die deutsche Auswanderung nach deutschen Kolonien gelenkt werden könnte. Andere Stimmen wiesen mit demselben Eifer darauf hin, was für Verluste am deutschen Volksvermögen dadurch entständen, dass jährlich Hunderte von Millionen für Kolonialwaren an andere Völker gezahlt würden. [...]
Was der vorigen Generation so viel Sorge machte, der Verbrauch an kolonialen Genussartikeln, der uns den fremden Kolonialvölkern tributpflichtig machte, ist in der Gegenwart noch viel größer geworden als vor dreißig oder vierzig Jahren. Aber in unserem nationalen Gesamthaushalt spielt er eine geringe Rolle gegenüber der immensen Steigerung des Bedarfs an ausländischen Rohstoffen für unsere Industrie und an ausländischen Nahrungsmitteln zur Deckung unseres Defizits an Brot, Fleisch, Eiern, Gemüse, Obst usw.
Am notwendigsten ist es für uns, dass wir im Bezug gewerblicher Rohstoffe vom [europäischen und amerikanischen] Auslande unabhängig werden. Es wird schwerlich daran zu denken sein, dass jemals auf deutschem Kolonialboden alle Wolle und Baumwolle, alles Holz und Erz gewonnen wird, das die deutsche Industrie von auswärts beziehen muss.
Aber [...] es ist schon viel erreicht, wenn unsere koloniale Produktion so bedeutend wird, dass sie imstande ist, eine preisregulierende Wirkung auf dem Weltmarkt auszuüben. Das gilt vor allem für Dinge, in denen bestimmte Völker bisher eine Art von Monopol haben, wie die Amerikaner in Baumwolle.
Auch die Frage der Auswanderung nach den Kolonien ist wichtig, trotzdem wir keinen Bevölkerungsüberschuss mehr haben. Der Zahl nach können die Weißen im eigentlichen Afrika immer nur

eine Minderheit bilden. Wirtschaftlich würde ihnen natürlich die Leitung der Produktion gehören, und vor allen Dingen sehen wir es schon jetzt in unseren afrikanischen Kolonien mit Augen, wie sich ein neuer wertvoller Typus des deutschen Charakters bildet: der deutsche Afrikaner. [...] In diesem Sinne ist auch der nationale Wert der Kolonialpolitik sehr groß.

a) Zit. n:. Weltgeschichte im Aufriß Bd. 2, Frankfurt/Main (Diesterweg) 1978, S. 342 f. b) Aus: P. Rohrbach: Die deutschen Kolonien, Dachau (Der Gelbe Verlag Mundt & Blumtritt) 1914, S. 3.

MATERIAL

Wie wirtschaftlich waren die deutschen Kolonien? 9

a) Bilanz der deutschen Schutzgebiete Kamerun, Togo und Ostafrika zwischen 1901 und 1911 (in Mio. Reichsmark):

	Kamerun		Togo		Ostafrika	
Jahr	Eigene Einnahmen	Reichszuschuss	Eigene Einnahmen	Reichszuschuss	Eigene Einnahmen	Reichszuschuss
1901	1,2	1,9	1,0	0,5	3,0	5,2
1902	1,8	2,3	1,1	0,3	3,2	4,9
1903	2,0	2,0	1,1	1,1	3,6	5,6
1904	2,4	1,8	1,6	–	5,9	6,5
1905	2,8	2,7	1,1	–	6,9	8,0
1906	3,5	2,9	1,6	–	7,2	6,9
1907	4,6	3,2	1,8	–	7,9	6,9
1908	4,4	3,1	2,1	–	7,6	5,0
1909	5,7	2,4	2,6	–	9,6	3,6
1910	4,8	2,4	2,5	–	8,9	3,6
1911	5,2	2,3	2,9	–	9,9	3,5

b) Aufwändungen für den Eisenbahnbau im außerordentlichen Etat (in Mio. Reichsmark):

	Kamerun	Togo	Ostafrika
1904	–	2,7	–
1905	–	3,8	–
1906	–	0,9	–
1907	–	0,1	–

	Kamerun	Togo	Ostafrika
1908	4,0	2,2	30,3
1909	5,0	4,3	19,4
1910	3,2	3,3	17,6
1911	12,4	0,1	17,6

a) und b) P. Rohrbach, Das deutsche Kolonialwesen, Leipzig (Verlag von G. A. Gloeckner) 1911, S. 152.

1. Wie begründen Zeitgenossen die Notwendigkeit deutscher Kolonialpolitik? (M 8 a und b)
2. Vergleichen Sie die Erträge aus den Kolonien mit den Ausgaben (Reichszuschuss). Bedenken Sie dabei, dass in den Ausgaben die Kosten für den Eisenbahnbau und die Militäreinsätze nicht enthalten sind. (M 9)

2. Der Erste Weltkrieg – die „Urkatastrophe" des 20. Jahrhunderts

2.1 Der Kriegsausbruch 1914

Als am 28. Juni 1914 in Sarajewo ein Attentat auf den österreichischen Thronfolger Franz-Ferdinand und seine Frau Sophie durch den bosnischen Student Gavrilo Princip verübt wurde, richtete sich der österreichische Verdacht sofort auf Serbien. Die Erklärung der serbischen Regierung, sie habe mit diesem Doppelmord nichts zu tun, fand in Österreich allgemein keinen Glauben. Die österreichisch-ungarische Regierung sah in dem Anschlag einen günstigen Anlass, endlich massiv gegen Serbien vorgehen zu können.

Julikrise

In den nächsten Wochen, in der so genannten Julikrise, kam es zu hektischen diplomatischen Aktivitäten zwischen den europäischen Hauptstädten Berlin, Wien, Belgrad, Paris, London und Sankt Petersburg. Trotz der verwirrenden Diplomatie waren allerdings die Fronten seit langem klar: Russland würde Serbien unterstützen und Russland war mit England und Frankreich gegen Deutschland und Österreich-Ungarn verbündet. Aber wie konnte man unter den gegebenen Umständen erreichen, dass die andere Seite als Kriegstreiber dastand? Denn jede Seite war mittlerweile darauf angewiesen, die gegnerische Partei vor der eigenen Öffentlichkeit als Schuldigen präsentieren zu können.

Kriegsschuldfrage

Im Friedensvertrag von Versailles legten die Siegermächte fest, dass Deutschland die alleinige Kriegsschuld trage. Damit wollten sie die harten Friedensbedingungen, die sie Deutschland auferlegten, rechtfertigen. Seit 1919 wird unter Politikern, Publizisten und Historikern ein lebhafter Streit geführt, ob und wie man die Kriegsschuldfrage beantworten kann. Ist man mehr oder minder „blind" in den Krieg „hineingeschlittert", wurde Deutschland von feindlichen Mächten „eingekreist" oder gar „überfallen", wie Kaiser Wilhelm II. behauptete, um 1914 den Krieg vor der deutschen Öffentlichkeit zu rechtfertigen? Gab es vielleicht Chancen, den Weltkrieg zu verhindern?

Blankovollmacht

Die deutsche Regierung garantierte Österreich-Ungarn bereits wenige Tage nach dem Attentat bedingungslose Unterstützung. Mit der Rückendeckung dieser Blankovollmacht konnte Österreich-Ungarn massiv und aggressiv gegen Serbien und seinen Verbündeten Russland auftreten. Teile der österreichischen und der deutschen Regierung hofften, dass Russland das Kriegsrisiko scheuen würde. Sicher ist aber auch, dass vielen politisch und militärisch Verantwortlichen in Deutschland ein Krieg unvermeidlich, wenn nicht gar wünschenswert schien, und sie ihn angesichts der allgemeinen Aufrüstung in den anderen europäischen Staaten möglichst bald führen wollten. Die deutsche Militärführung riet wie der deutsche Kaiser Wilhelm II. zu einem Präventivkrieg, da sie davon ausgingen, dass Russland mit seinen Rüstungsvorbereitungen noch nicht fertig sei. Auch in Österreich gab es einflussreiche Stimmen, endlich mit den verhassten Serben „aufzuräumen".

Flottenmanöver. Neben Kaiser Wilhelm II. steht Admiral von Tirpitz, der als Leiter des Reichsmarineamtes durch sein Flottenbauprogramm die damals größte Seemacht, Großbritannien herausforderte. Gemälde von Willy Stöver, 1912.

Kriegserklärungen

Die durch zahlreiche Kolonialkonflikte und Krisen aufgestauten Spannungen zwischen den Mittelmächten Deutschland und Österreich-Ungarn auf der einen sowie den Mächten der „Triple-Entente" Frankreich, Großbritannien und Russland auf der anderen Seite setzten eine Maschinerie der Bündnisse und Mobilmachungen in Gang, die Europa in die Katastrophe führte. Als Russland am 28. Juli 1914 auf die österreichische Kriegserklärung an Serbien mit einer Mobilmachung seiner Truppen reagierte, war die Zeit für diplomatische Vermittlungen abgelaufen. Jetzt folgten Schlag auf Schlag gegenseitige Kriegserklärungen: Deutschland erklärte am 1. August Russland den Krieg, am 3. August Frankreich. Bereits an diesem Tag rückten deutsche Truppen durch das neutrale Belgien gegen Frankreich vor. Am Tag danach erklärte England Deutschland den Krieg, weitere gegenseitige Kriegserklärungen folgten: Der österreichisch-serbische Krieg weitete sich rasch zu dem gewaltigen Flächenbrand eines Weltkriegs aus.

Stimmung im Deutschen Reich

Die warnenden Stimmen vor allem der französischen und deutschen Sozialisten verhallten ungehört. Viele Menschen, auch Künstler und Intellektuelle, empfanden den Krieg zunächst als Erlösung von der langen Zeit quälender internationaler Spannungen. Dabei spielten illusionäre Hoffnungen auf einen raschen und kurzen Schlagabtausch eine große Rolle: „Ihr werdet wieder zu Hause sein", erklärte Wilhelm II. gegenüber den ausrückenden Truppen, „ehe noch das Laub von den Bäumen fällt".

Die einzige Partei im Reichstag, die sich dem Kriegstreiben bis dahin entzogen hatte, waren die Sozialdemokraten. Auch während der Julikrise veranstalteten sie Demonstrationen gegen den Krieg und versuchten, über ihre internationalen Beziehungen, vor allem zu den französischen Sozialisten, das Schlimmste zu verhüten. Am 31. Juli 1914 verhängte die Reichsleitung jedoch den Ausnahmezustand, der jede Friedensinitiative zur Illegalität verdammte. Vor allem die Tatsache, dass der Krieg gegen Russland geführt werden sollte, das für alle Sozialisten als der Inbegriff der Reaktion galt, führte in der SPD zu einem Richtungswechsel. Da der Reichstag der Kriegsfinanzierung zustimmen musste, war dies von Bedeutung. In einer internen Abstimmung entschied sich die SPD-Fraktion mit 78:14 Stimmen zur Zustimmung. Damit war der „Burgfriede", ein innenpolitisches Stillhalteabkommen für die Dauer des Krieges, geschlossen. Kaiser Wilhelm II. kleidete es pathetisch in die versöhnlichen Worte: „Ich kenne keine Parteien mehr, ich kenne nur noch Deutsche."

Der Verlauf des Ersten Weltkrieges

- Nach dem sog. Schlieffenplan von 1905 sollten im Falle eines Zweifrontenkriegs starke deutsche Truppenteile über Luxemburg und Belgien nach Norden her nach Frankreich vorstoßen und in Richtung Süden das französische Heer vernichten. „Scheinangriffe" auf die stark befestigten Festungen Verdun u. a. sollten die französischen Truppen dort binden. Dann sollte der Angriff auf Russland beginnen.
- Doch sofort bei Kriegsbeginn brachen unerwartet die Russen in Ostpreußen ein, wo sie nach anfänglichen Erfolgen von den deutschen Armeen unter General von Hindenburg und von Ludendorff bei Tannenberg besiegt wurden.
- Im Westen misslang die rasche Entscheidung. Die Heere verschanzten sich in Schützengräben und rangen unter riesigem Material- und Menscheneinsatz jahrelang um wenige Quadratkilometer Erde (Stellungskrieg).
- Die deutschen Kolonien gingen fast alle bereits 1914 verloren. Die deutsche Hochseeflotte wurde erst 1916 vor dem Skagerrak eingesetzt, ohne eine Entscheidung herbeiführen zu können.
- Der uneingeschränkte U-Boot-Krieg führte 1917 zum (kriegsentscheidenden) Kriegseintritt der USA. Nach der Oktober-Revolution 1917 schloss Russland mit den Mittelmächten den Frieden von Brest-Litowsk (März 1918). Allerdings mussten deutsche Truppen entgegen den Erwartungen der Heeresführung an der Ostfront bleiben.
- Nach einer letzten Offensive der Deutschen im Westen musste die Front vor den Alliierten zurückgenommen werden. Die übrigen Mittelmächte brachen seit September 1918 zusammen, sodass die Reichsregierung auf Druck der OHL um Waffenstillstand bitten musste (11. Nov. 1918). Am 9. November 1918 brach in Deutschland die Revolution aus, der Kaiser musste seinen Rücktritt erklären. Allerdings verbreitete sich in Deutschland sehr rasch die Legende, das Heer sei „im Felde unbesiegt" gewesen, erst die Arbeiterrevolution 1918 hätte dem Heer einen „Dolchstoß" von hinten versetzt und die „siegreichen" Truppen zum Rückzug gezwungen (Dolchstoßlegende).

MATERIAL

1 Gespräch des Außenministers Jagow mit Generalstabschef Moltke

Am 20. Mai und 3. Juni 1914 [...] entwickelte mir Moltke seine Auffassung unserer militärischen Lage. Die Aussichten in die Zukunft bedrückten ihn schwer. In 2–3 Jahren würde Russland seine Rüstungen beendet haben. Die militärische Übermacht unserer Feinde wäre dann so groß, dass er nicht wüsste, wie wir ihrer Herr werden könnten. Jetzt wären wir ihnen noch einigermaßen gewachsen. Es bliebe seiner Ansicht nach nichts übrig, als einen Präventivkrieg zu führen, um den Gegner zu schlagen, so lange wir den Kampf noch einigermaßen bestehen könnten. Der General-

stabschef stellte mir demgemäß anheim, unsere Politik auf die baldige Herbeiführung eines Krieges einzustellen.
Moltke war nicht der Mann, den nach Kriegslorbeeren gelüstet hätte. Bei unserem ersten Gespräch, zu Beginn des Jahres 1913, hatte ich wahrnehmen können, dass er der Eventualität eines Krieges mit großem Ernst, aber abwehrend entgegen sah. Seine jetzige Auffassung musste mir um so mehr Anlass zum Denken geben. [...]
Ich entgegnete ihm, dass ich mich nicht dazu verstehen könnte, einen Präventivkrieg heraufzuschwören und erinnerte an das Bismarcksche Wort, man könne der Vorsehung nicht in die Karten sehen. Doch den Ernst unserer Lage verhehlte ich mir nicht. Ich habe auch nie den Gedanken eines Präventivkrieges prinzipiell verurteilt. Ein solcher kann unter Umständen als Defensivkrieg zur unvermeidlichen Aufgabe einer vorausschauenden Politik werden.
Erscheint ein Krieg unvermeidlich, so soll man sich den Moment nicht von dem Feind diktieren lassen, sondern ihn selbst bestimmen. Auch der fanatischste Friedensfreund wird, wenn er nicht ein ganz hirnverbrannter Doktrinär ist, diese Regel anerkennen. Selbst Bismarcks Kriege gegen Österreich und Frankreich waren im Grunde Präventivkriege gewesen.
Aber abgesehen davon, dass der geeignete Moment vielleicht schon verpasst war (bei dem Zusammenschluss der Triple-Entente und 1908/09, wo Russland bekanntlich noch nicht wieder kampffähig war), hoffte ich noch, unser Verhältnis zu England würde sich so weit bessern lassen, dass ein allgemeiner Krieg ziemlich ausgeschlossen oder doch weniger gefährlich sein würde. Denn wenn mit Englands Teilnahme nicht mehr zu rechnen war, würden die Russen und Franzosen ohne diese Rückendeckung kaum versucht sein, einen Waffengang mit uns zu provozieren. Deutschland aber würde bei friedlicher Weiterentwicklung seiner wirtschaftlichen Stellung automatisch immer stärker und schwerer besiegbar.

E. Zechlin, Motive und Taktik der Reichsleitung 1914, in: Der Monat 209, 1966, S. 92 f.

MATERIAL 2

Der deutsche Botschafte in Wien Tschirschky, an den Reichskanzler Bethmann-Hollweg am 30. 6. 1914 (mit Randnotizen Wilhelms II.)

Wien, den 3. Juni 1914:
Graf Berchtold (*österreich-ungarischer Außenminister*) sagte mir heute, alles deute darauf hin, dass die Fäden der Verschwörung, der der Erzherzog zum Opfer gefallen sei, in Belgrad zusammenliefen. Die Sache sei so wohl durchdacht worden, dass man absichtlich ganz jugendliche Leute zur Ausführung des Verbrechens ausgesucht habe, gegen die nur mildere Strafe verhängt werden könne (*Randbemerkung: hoffentlich nicht*).
Der Minister sprach sich sehr bitter über die serbischen Anzettelungen aus.Hier höre ich, auch bei ernsten Leuten, vielfach den Wunsch, es müsse einmal gründlich mit den Serben abgerechnet werden (*Randbemerkung: jetzt oder nie*). Man müsse den Serben zunächst eine Reihe von Forderungen stellen und falls sie diese nicht akzeptierten, energisch vorgehen.
Ich benutze jeden solchen Anlass, um ruhig, aber sehr nachdrücklich und ernst vor übereilten Schritten zu warnen. (*Randbemerkung: Wer hat ihn dazu ermächtigt? Das ist sehr dumm! geht ihn gar nichts an, da es lediglich Österreichs Sache ist, was es hierauf zu tun gedenkt! Nachher heißt es dann, wenn es schief geht, Deutschland hat nicht gewollt! Tschirschky soll den Unsinn gefälligst lassen! Mit den Serben muss aufgeräumt werden, und zwar bald. versteht sich alles von selbst, und sind Binsenwahrheiten.*). Vor allem müsse man sich erst klar darüber werden, was man wolle, denn ich hörte bisher nur ganz unklare Gefühlsäußerungen. Dann solle man die Chancen irgendeiner Aktion sorgfältig erwägen und sich vor Augen halten, dass Österreich-Ungarn nicht allein in der Welt stehe, dass es Pflicht sei, neben der Rücksicht auf seine Bundesgenossen die europäische Gesamtlage in Rechnung zu ziehen und speziell sich die Haltung Italiens und Rumäniens in allen Serbien betreffenden Fragen vor Augen zu halten.

Aus: I. Geiss, Juli 1914, dtv-Dokumente, München 1965, S. 39 f.

Auszug von Truppen, Berlin – Anfang August 1914. Fotografie.

MATERIAL

3 Kriegspredigt des Wiesbadener Pfarrer Hofmann

Kopf hoch und hinein mit Gott! Wir haben eine gerechte Sache! Wir haben ein gutes Gewissen! Wer soll Europa beherrschen? Russische Mörderpolitik mit Lug und Ränken oder die Politik der Gerechtigkeit und Ehrlichkeit? Freunde, lasst es einmal herauskommen bei euch: So einig war unser ganzes Volk noch nie in seiner Auffassung von der Notwendigkeit und Heiligkeit eines Krieges! [...] Unser geliebter Kaiser ist die leibhaftige Verkörperung des Friedens nun schon 26 Jahre. Er ist in der Nachgiebigkeit bis zum Äußersten gegangen. Aber nun erheischt es die Ehre und die Existenz unseres Volkes, dass wir das Schwert ziehen. Wir handeln in Notwehr. [...]

Dreiundvierzig Friedensjahre sind ins Land gegangen; haben wir sie dankbar genutzt? Ist nicht mancher hier, der sich anklagen muss: ich habe Gott vergessen?

Gestehen wir es nur: es ist viel faules Holz am Baum unseres deutschen Volkes. Wenn der Sturm durch die Bäume fegt, knistert's und bricht ab, was morsch ist. Deutsche, es soll auch abbrechen! [...]

Ihr Männer, seid getrost! Ihr Frauen, haltet euch tapfer! Kommt, wir machen einander Mut. Wir beugen uns in Demut vor Gott. Wir opfern. Wir beten. Und – hinein in den Krieg! Hinein in die Schlacht! Ein feste Burg ist unser Gott!

Aus Wiesbadener Kriegspredigten. Ein Gedenkbuch für die evangelische Gemeinde, Bd. 1 Wiesbaden 1914, S. 9 f und 15.

MATERIAL

4 Diskussion der Kriegsschuldfrage

a) Der Historiker Karl Dietrich Erdmann:

Das Problem der Kriegsschuld gewinnt eine andere Dimension, wenn man – angenommen, keine der Regierungen habe es auf einen allgemeinen Krieg angelegt – die Frage umgekehrt stellt, ob sie denn den Frieden gewollt haben. Auch auf diese Frage muss die Antwort für alle Beteiligten Nein lauten. Denn wie deutlich auch bei einigen Staaten der Wunsch und die Bereitschaft sichtbar wurden, den Frieden zu vermitteln, keiner hat es zuwege gebracht, das Entscheidende zu tun, nämlich sich aus den bestehenden Bündnissen und Verpflichtungen herauszureißen und auf die Verfolgung bestimmter politischer Ziele zu verzichten. Diese Ziele waren keine willkürlichen Setzungen, sondern tief in der Geschichte und der besonderen politischen Lage der Staaten begründet. [...]

Keiner der verantwortlichen Staatsmänner wollte eigentlich den Weltkrieg. Alle sahen im Verlauf der Krise früher oder später das Risiko eines allgemeinen Krieges. Einige unternahmen Schritte, die einen mehr oder weniger starken Wunsch nach Vermeidung eines allgemeinen Krieges erkennen lassen: so Wilhelms II. und Bethmanns Versuche, Österreich zurückzuhalten, Greys (*britischer Außenminister von* 1905–1916) Vermittlungen, Poincarès (*französischer Staatspräsident von* 1913–1920) Warnung an Russland, Deutschland nicht zu provozieren. Aber niemand wollte den Preis für den Frieden bezahlen. Wenn man den Frieden auch wünschte, so hat ihn doch niemand ernsthaft gewollt.

b) Der Historiker Imanuel Geiss:

Die Motive für die deutsche Reichspolitik lassen sich in der kritischen Distanz aus einem halben Jahrhundert sehr wohl verstehen: Der Mord von Sarajewo schien die Chance zu bieten, den langersehnten Durchbruch zur deutschen Weltmachtsteilung zu erzwingen, sei es durch Androhung des Kriegs, sei es durch den Krieg selbst.

Wichtiger aber waren vielleicht noch die ideologischen Motive, die zu universalhistorischen Perspektiven führen: Das Deutsche Reich fühlte sich als Vorkämpfer des konservativen, monarchischen Prinzips, als Fels in der steigenden Flut der Demokratie. Ähnlich wie Österreich-Ungarn lehnte es das nationale Selbstbestimmungsrecht der Völker als mit der eigenen Reichsidee unvereinbar ab. Daher erkannte die führende Schicht des Reichs deutlich, dass die nationalrevolutionäre und nationaldemokratische Bewegung der Südslawen Teil der demokratischen Kräfte waren, dass selbst ihr friedlicher Sieg der Auflösung der konservativen, dynastischen Donaumonarchie gleichgekommen wäre. Das Deutsche Reich hätte somit seinen letzten Verbündeten verloren, ohne den es niemals hoffen konnte, den Status als Weltmacht zu erreichen. Zugleich wäre die Grundlage des anti-demokratischen Reichs durch den Sieg der Nationalitäten auf dem Balkan, später im Reich selbst (Polen, Dänen, Wallonen, Franzosen), unhaltbar geworden.

Die gesamte gesellschaftliche Basis des Reichs wäre durch die drohende Demokratisierung ins Wanken geraten, erst recht, nachdem 1912 die SPD zur stärksten Partei des Reichstags geworden war. Die demokratische Flut stieg also von außen und innen an und die rasche Niederwerfung Serbiens, die Demütigung oder militärische Niederlage Russlands und Frankreichs schienen, zusammen mit der damit erreichten Hegemonialsteilung in Europa, auch die konservativen Grundlagen des Deutschen Reichs und seiner feudal-bürgerlichen Gesellschaft noch einmal sicherzustellen. Die Angst vor der Demokratie war es letzten Endes, die das Reich und seine Führer 1914 in den großen Krieg trieb, mit dem sie – ungewollt – der Demokratie und der Revolution erst recht neuen Auftrieb gaben.

Aus: a) K. D. Erdmann, Der Erste Weltkrieg: Gebhardt, Handbuch der deutschen Geschichte, Bd. 18, München 1980, S. 92 f.
b) I. Geiss, Juli 1914, München 1980, S. 377 f.

1. Stellen Sie thesenförmig dar, wie Moltke die militärische und außenpolitische Situation beurteilt und welche Folgerungen er daraus ableitet (M 1).
2. Vergleichen Sie die Folgerungen, die der deutsche Botschafter in Österreich und der deutsche Kaiser aus dem Attentat von Sarajewo ziehen (M 2).
3. Wie deutet die deutsche Kriegspredigt die Kriegsschuldproblematik? Formulieren Sie eine pazifistische Gegenposition (M 3).
4. Fassen Sie die Meinungen der beiden Historiker in M 4 zusammen und nehmen Sie dazu Stellung.

2.2 Der Erste Weltkrieg als moderner Krieg

Kriegs-propaganda

Die Stimmung des Kriegsbeginns wurde von Anfang an ideologisch überhöht. Obwohl die Begeisterung keineswegs so allgemein war, wie die offizielle Propaganda behauptete, steigerten sich viele in einen emotionalen Nationalismus hinein, der von Geistlichen beider Konfessionen, Professoren und Intellektuellen publizistisch angefeuert wurde. Die „Ideen von 1914" stellte man plakativ dem Feindbild der „Ideen von 1789" gegenüber: Volksgemeinschaft gegen Klassenkampf und Parteienstreit, Gehorsam und Pflichtgefühl gegen Individualismus und Menschenrechte. Die spätere Rechtsopposition der Weimarer Republik und die nationalsozialistische Propaganda sollten auf dieser Grundlage aufbauen können.

Moderner Krieg

Der moderne Krieg mit seinen Massenvernichtungswaffen brachte unermessliches Leid über die Bevölkerung der Krieg führenden Staaten: Ungefähr 8 Millionen Männer fielen, 15 Millionen wurden verwundet, 7 Millionen blieben kriegsversehrt. Millionen von Zivilisten starben durch kriegsbedingte Ursachen wie Hunger oder Krankheit. Die materielle Kosten des Krieges waren ebenso beispiellos. Weite Landschaften vor allem in Nordfrankreich, Belgien, Polen und Serbien waren zerstört, die Infrastruktur (Eisenbahnlinien, Telegrafenleitungen oder Brücken) vernichtet. Der Krieg forderte auch den totalen Einsatz der ganzen Bevölkerung. 1916 verabschiedete der Reichstag das Vaterländische Hilfsdienstgesetz, das alle Männer von 17 bis 60 Jahren, die nicht an der Front kämpften, dienstverpflichtete. Aber auch die Gewerkschaften wurden durch dieses Gesetz in eine stärkere Position gebracht: In allen Betrieben mit über 50 Arbeitnehmern mussten paritätische Ausschüsse von Arbeitgebern und Arbeitnehmern eingerichtet werden. Dies verhinderte allerdings nicht, dass im April 1917 und im Januar 1918 Massenstreiks von Rüstungsarbeitern ausbrachen. Die prekäre Rohstofflage des Deutschen Reichs, das zur See von der britischen Flotte blockiert wurde, führte zur Einrichtung einer staatlichen Kriegsrohstoffabteilung, an deren Spitze der Inhaber der AEG, Walther Rathenau, trat. Sie sollte die Wirtschaft zentral lenken; viele, auch sozialistische Theoretiker, sahen hierin ein Muster für eine künftige Wirtschaftsordnung.

Kriegsanleihen

Als folgenschwer erwies sich die Entscheidung vom August 1914, den Krieg nicht durch Erhöhung der Steuern, sondern durch Anleihen zu finanzieren, was vor allem im Interesse der Oberschichten lag. Die Staatsverschuldung erreichte bis 1917 die Höhe von 156 Milliarden Mark, eine damals unvorstellbare Summe. Während die Rüstungsindustrie ein durch die Anleihen finanziertes ungeheures Wachstum erfuhr, blieb die Lebensmittelversorgung der Bevölkerung zurück. Schon 1915 mussten Brot und andere Grundnahrungsmittel rationiert werden. Der „Steckrübenwinter" 1916/17 hatte verheerende Folgen und löschte die letzten Reste von Kriegsbegeisterung endgültig aus. Historiker bezeichnen den Ersten Weltkrieg als einen gigantischen Umverteilungsprozess zugunsten der Rüstungsindustriellen und Spekulanten – ihre Gewinne nahmen bis 1917 um 800 % zu – und zu Lasten der Arbeiterschaft, deren Reallöhne in der Kriegsindustrie um 21,6 %, in der Zivilgüterindustrie um 42,1 % sanken. Damit war ihre Lage so schlecht wie zu Beginn der Industrialisierung. Ähnliche Einkommensverluste hatten Angestellte und Beamte. Fast ein Drittel der Arbeitsplätze wurden jetzt von Frauen eingenommen, doch wurde dies nicht als Schritt zu mehr Freiheit,

Gassed, Gemälde von J. S. Sargent, 1918/19. Der Maler erlebte den Krieg 1918 in Frankreich. Durch den Einsatz von Giftgas verloren viele Soldaten das Augenlicht, erlitten Lungenschäden oder starben.

sondern als bittere Notwendigkeit zum Überleben empfunden, zumal ihre Löhne meist unter denen der Männer lagen. Der Krieg milderte die sozialen Gegensätze also nicht, wie es die Verfechter des „Geistes von 1914" behauptet hatten, sondern verschärfte sie noch.

Friedensresolution

Die Zustimmungsfront innerhalb der SPD bröckelte, je länger der Krieg dauerte. Hatte 1914 allein Karl Liebknecht im Reichstag gegen die Kriegskredite gestimmt, so waren es 1915 bereits 20 Abgeordnete. Aus diesem Bruch der Fraktionsdisziplin ging im April 1917, vor dem Hintergrund der russischen Revolution (→ S. 184), die Unabhängige Sozialdemokratische Partei (USPD) hervor. Aber auch die Mehrheitssozialdemokraten (MSPD) kündigten den Burgfrieden schrittweise auf. Im Sommer 1917 begannen sie ihre weitere Zustimmung zu den Kriegskrediten davon abhängig zu machen, dass die Rechte des Reichstags entscheidend erweitert würden. Dieses Ziel verfolgte die (M)SPD gemeinsam mit dem Zentrum und der Fortschrittspartei. Gleichzeitig formulierten die drei Fraktionen eine Friedensresolution, in der den Gegnern ein Friede der „Verständigung und der dauernden Versöhnung der Völker" angeboten wurde. Die Resolution wurde am 19. 7. 1917 mit 212 gegen 126 Stimmen angenommen. Dagegen formierte sich eine konservative Gegenbewegung, die „Vaterlandspartei". Die politischen Fronten der Nachkriegszeit waren damit abgesteckt.

OHL

Kurioserweise stimmten diese Parteien in der Ablehnung der Reichsregierung mit der Obersten Heeresleitung (OHL) unter Feldmarschall Hindenburg und Generalquartiermeister Ludendorff überein. Die OHL nahm in der zweiten Hälfte des Krieges eine fast diktatorische Stellung ein, sie betrieb den Sturz des Kanzlers, weil sie gegen jede Verständigung mit den Gegnern war. Ohne Mehrheit im Reichstag und ohne Unterstützung des Kaisers, der auf der Seite der OHL stand, trat Bethmann Hollweg am 12. Juli 1917 zurück. Die auf ihn folgenden Reichskanzler beriefen erstmals Parlamentarier in Regierungsämter. Damit waren die Mehrheitsparteien ihrem Ziel der Parlamentarisierung des Reiches einen großen Schritt näher gekommen.

Parlamentarisierung Der endgültige Durchbruch zur parlamentarischen Monarchie erfolgte im Oktober 1918 unter dem Druck der bevorstehenden militärischen Niederlage. Man wollte mit diesem Schritt den Vorstellungen des amerikanischen Präsidenten Wilson entgegenkommen. Die letzte kaiserliche Regierung unter Prinz Max von Baden verkündete am 28. Oktober 1918 die Reichsreform: Der Reichskanzler war künftig vom Vertrauen des Reichstags abhängig und trug die Verantwortung für alle Handlungen des Kaisers von politischer Bedeutung.

MATERIAL

5 Die Klassengesellschaft unter Kriegsbedingungen

a) Deutsche Agrarproduktion 1914 und 1918 (1913 = 100)

	1914	1918
Roggen	85	55
Weizen	85	50
Kartoffeln	89	46
Zucker	91	52
Hafer 93	45	

b) Versorgung mit Grundnahrungsmitteln 1916 und 1918 (1913 = 100)

	1. 7. 1916	1. 7. 1918
Fleisch	31	12
Fisch	51	5
Schmalz	14	7
Pflanzenfett	39	17
Eier	18	13

c) Monatliches Realeinkommen der Beamten 1913–1939 (in Mark)

	Höhere Beamte	Mittlere Beamte	Untere Beamte
1913	608	342	157
1914	531	332	153
1915	470	264	121
1916	358	202	93
1917	261	166	84
1918	284	188	109
1919	245	188	140

H.-U. Wehler, Deutsche Gesellschaftsgeschichte. Vierter Band: Vom Beginn des Ersten Weltkriegs bis zur Gründung der beiden deutschen Staaten 1914–1949, München 2003, S. 58, 71 und 77.

MATERIAL

6 Kriegsfinanzierung

Der Historiker Hans-Ulrich Wehler über die Illusionen bei der Kriegsfinanzierung:

Auch die Finanzpolitik ging nach der Julikrise 1914 von der illusionären Prämisse aus, dass nur ein kurzer Krieg mit begrenzten, jedenfalls überschaubaren Kosten bevorstehe. Im Spandauer Juliusturm war ein altertümlicher Kriegsschatz in Höhe von [...] 225 Millionen Mark thesauriert worden. Diese damals vielbewunderte Summe sollte, wie sich herausstellte, für die Kosten von genau zwei Kriegstagen ausreichen. Nach einem Jahr lagen die Kriegskosten bei 24, im Frühjahr 1916 bereits bei 36 Milliarden Mark. Seit dem Oktober 1916 stiegen sie monatlich auf drei, seit dem Oktober 1917 auf vier Milliarden Mark, ehe sie im Oktober 1918 4,8 Milliarden Mark erreichten. Das deutsche Volkseinkommen von 1913 hatte rund 40 Milliarden Mark betragen – gut ein Zehntel dieser Geldmenge wurde also in der zweiten Kriegshälfte monatlich, rund 98 bis 100 Millionen Mark wurden täglich verbraucht. [...] Die Reichsschuld, die vor dem Kriegsausbruch 5,4 Milliarden Mark betragen hatte, verdreißigfachte sich. Am Ende hat der Krieg das Kaiserreich 156 bis 160 Milliarden Mark gekostet.

Für die Kriegsfinanzierung gab es im Prinzip nur drei Möglichkeiten: die Kostendeckung durch Steuern, durch Anleihen und durch Auslandsanleihen. Vor dem Krieg stimmten alle Ökonomen und finanzpolitischen Fachleute darin überein, dass der Rückgriff auf erhöhte Steuern die optimale Lösung der Kriegskostenfrage bedeute. Eben diesen Weg einzuschlagen haben aber alle Reichsregierungen strikt abgelehnt. [...]

Am 4. August 1914 ließ sich die Regierung [...] grünes Licht für ihre künftige Politik des prinzipiell grenzenlosen Geldanleihens geben. Daher begann an diesem Tag die deutsche Inflation, denn innerhalb der folgenden vier Jahre pumpte die Reichsleitung 140 Milliarden Mark durch Kreditaufnahme in die Kriegsanstrengungen, ohne für diese immense Summe mehr zu tun, als die Anleihenzertifikate und Reichsschatzanweisungen auszugeben, vor allem aber die Notenpresse laufen zu lassen. [...] Der Geldnotenumlauf verfünffachte sich von 2,9 Milliarden Mark im August 1914 auf 18,6 Milliarden Mark im November 1918, ohne dass die Konsumgüterproduktion, die währenddessen scharf gedrosselt abfiel, wenigstens einen Teil dieses Geldes hätte auf sich ziehen können.

Plakat der deutschen Reichsregierung, 1917/1918.

Aus H.-U. Wehler, Deutsche Gesellschaftsgeschichte. Vierter Band: Vom Beginn des Ersten Weltkriegs bis zur Gründung der beiden deutschen Staaten 1914–1949, München 2003, S. 64 und 66 f.

1. Formulieren Sie die statistischen Daten im M 5 zur Agrarproduktion, zur Versorgung mit Grundnahrungsmitteln und zur Entwicklung der Realeinkommen thesenförmig um. Verfassen Sie einen Leserbrief zu den Veränderungen der sozialen Situation der verschiedenen sozialen Schichten im Deutschen Reich.
2. Vor welchem Problem stand die Kriegsfinanzierung? Überlegen Sie, warum die Reichsleitung nicht die Steuern zur Kriegsfinanzierung drastisch erhöhte. Welche Folgen hatte die Inflationspolitik für die unterschiedlichen sozialen Gruppen im Deutschen Reich? (M 6)
3. Analysieren Sie die Bildsprache und die politischen Zielsetzungen des Plakats.

2.3 Kriegswende 1917 und die Niederlage

Um sich nicht der überlegenen englischen Flotte auszusetzen, blieb die deutsche Schlachtflotte im Wesentlichen in ihren Häfen. Gegen die englische Seeblockade, die empfindliche Engpässe mit Lebensmitteln und kriegswichtigen Gütern zur Folge hatte, setzte Deutschland verstärkt Unterseeboote ein, die auch gegen Handelsschiffe vorgingen. Im Mai 1915 wurde dabei der britische Passagierdampfer „Lusitania" versenkt. Fast 1200 Menschen riss das Schiff – neben einer Ladung Munition – in die Tiefe, unter den Opfern waren auch 128 amerikanische Passagiere.

Kriegseintritt der USA

Bei Kriegsausbruch hatten die amerikanische Regierung beschlossen, neutral zu bleiben und mit allen Krieg führenden Nationen Handel zu treiben. Dies nützte der Entente mehr als den Mittelmächten; die britische Seeblockade unterband deren Handel mit den USA wirkungsvoll. Ab September 1915 gewährten die USA Frankreich und Großbritannien auch Anleihen. Auch die öffentliche Meinung unterstützte zunehmend die Ententemächte. Die Entscheidung zum Kriegseintritt fiel 1917: 1916 hatte das Reich, um nicht den Kriegseintritt der USA zu riskieren, den Einsatz der U-Boote reduziert. Am 1. Februar 1917 aber setzte die Oberste Heeresleitung (OHL) unter Hindenburg und Ludendorff den uneingeschränkten U-Boot-Krieg fort. Dies und die Furcht vor einem Bündnis Deutschlands mit Mexiko und Japan führten im April 1917 zum Kriegseintritt der USA (6. April). Die USA erklärten nach Wilsons Worten Deutschland den Krieg, um für den endgültigen Frieden auf der Welt und die Befreiung der Völker zu kämpfen. In seiner Botschaft an den Kongress formulierte er im April 1917 sein Ziel: „The world must be made safe for democracy."

Russische Revolution

Frieden von Brest-Litowsk

Auch im Osten gab es nur eine beschränkte Entlastung durch die Russische Revolution im Herbst 1917: Als am 4. November 1917 (nach gregorianischem Kalender am 22.10.) der Petrograder Sowjet die Macht in der russischen Hauptstadt übernahm und Lenin bereit war, Friedensverhandlungen mit Deutschland aufzunehmen, um seine Macht innenpolitisch zu sichern, hoffte die Reichsleitung, Truppen aus dem Osten in den Westen verlegt werden könnten. Im Frieden von Brest-Litowsk setzte die OHL jedoch gegen das Auswärtige Amt ihre Vorstellungen von einem Siegfrieden mit beträchtlichen Gebietsabtretungen (Ostanatolien, Georgien, Ukraine, Polen, Finnland und die baltischen Staaten) durch, in diesen Regionen errichtete man Vasallenregime. Die nationalistischen Kräfte in Deutschland jubelten – doch um den Frieden zu sichern mussten starke Truppenteile im Osten stationiert bleiben.

Seit 1917 unterstützten nun beträchtliche amerikanische Kontingente und Waffenlieferungen die Entente. Gegen deren Tanks waren die deutschen Truppen fast wehrlos. Gegenoffensiven waren äußerst verlustreich, allein am 8. August 1918 verlor die Reichswehr sieben Divisionen. Daher verlangte die OHL vom neu ernannten Reichskanzler Prinz Max von Baden, an die Alliierten ein Waffenstillstandsgesuch auf der Basis der „14 Punkte" von Wilson zu richten. Ludendorff telegrafierte aus dem Großen Hauptquartier am 1. Oktober 1918: „Heute hält die Truppe, was morgen geschieht, ist nicht vorauszusehen." Und zwei Tage später: „Der Gegner führt ständig neue, frische Reserven in die Schlacht … Unter diesen Umständen ist es geboten, den Kampf abzubrechen, um nutzlose Opfer zu ersparen."

Die Hoffnungen, die die Reichsführung auf die Vermittlung Wilsons gesetzt hatte, erwiesen sich bald als Illusionen. Der Notenwechsel mit dem amerikanischen Präsidenten zeigte, dass auch die USA nur um den Preis der militärischen Selbstaufgabe Deutschlands und radikaler innenpolitischer Veränderungen im Reich zum Waffenstillstand bereit waren. Immer häufiger wurde jetzt die Forderung nach dem Rücktritt Wilhelms II. erhoben, der als das Haupthindernis für eine Verständigung mit Wilson galt. Der Kaiser floh vor dieser Bewegung ins Große Hauptquartier nach Spa.

„Nehmen Sie, Mrs. Germania, meine Besen sind die besten von der Welt." – Danke, Herr Wilson, in meinem Haus kehre ich schon lieber mit meinem eigenen."

Eine Revolution „von unten", eine Massenbewegung der Marinesoldaten, versetzte der Monarchie den endgültigen Todesstoß. Die kaiserliche Marine, deren Aufbau vor dem Krieg eine deutsch-englische Annäherung verhindert hatte, die jedoch im Krieg aus Furcht vor kostspieligen Verlusten nur zweimal zum Einsatz gekommen war, erhielt am 29. Oktober 1918 den Befehl, zum Angriff gegen die englische Flotte auszulaufen. Dies war eine eigenmächtige Entscheidung der Marineführung, die nach der Reichsreform im Oktober 1918 (→ S. 182) dazu eigentlich nicht mehr befugt war. Der Befehl führte zur offenen Meuterei der Matrosen in Kiel und Wilhelmshaven; sie befürchteten, dass durch diesen Vorstoß die Waffenstillstandsverhandlungen durchkreuzt werden sollten und dass man sie als Opfer eines „heroischen Untergangs" missbrauchen wollte.

Matrosenaufstand

Bis zum 8. November hatte die Aufstandsbewegung München erreicht. Überall bildeten sich Soldatenräte, denen sich die Arbeiter anschlossen. Die Bildung der Arbeiter- und Soldatenräte war nicht zentral gesteuert, sondern geschah spontan. Trotzdem waren die Vertreter der MSPD und des gemäßigten Flügels der USPD in den meisten Räten in der Mehrheit.

Arbeiter- und Soldatenräte

Am 7. November verlangten die sozialdemokratischen Minister ultimativ den Rücktritt des Kaisers, den der Reichskanzler Prinz Max von Baden am 9.11. 1918 eigenmächtig verkündete. Ohne verfassungsrechtliche Grundlage übergab er sein Amt dem Parteivorsitzenden der MSPD, Friedrich Ebert. Eberts Parteifreund Philipp Scheidemann ging bereits einen Schritt weiter. Ohne Absprache mit der Partei proklamierte er gegen 14 Uhr von einem Fenster des Reichstages aus die deutsche Republik. Er wollte mit diesem Schritt Karl Liebknecht, dem Führer des linksradikalen Spartakus-Bundes, zuvorkommen. Dieser rief um 16 Uhr vor dem kaiserlichen Schloss die sozialistische Republik aus.

Ausrufung der Republik

Die politische Ordnung des Kaiserreichs war ohne großen Widerstand zusammengebrochen. Auch die übrigen deutschen Monarchen traten, in der Regel ohne Blutvergießen, ab. Am 10. November ging Wilhelm II. in die Niederlande ins Exil. Seinen endgültigen Thronverzicht erklärte er erst am 28. November.

Revolution in Berlin 1918: Straßenszenen am Brandenburger Tor in Berlin am 9. 11. 1918, Foto.

Waffenstillstand

Der Zentrumsabgeordnete Matthias Erzberger unterzeichnete am 11. November 1918 im Wald von Compiègne den Waffenstillstand. In der Öffentlichkeit wurde dadurch er – nicht die OHL – für die Annahme der ungewöhnlich harten Bedingungen verantwortlich gemacht:

- Räumung aller besetzten Gebiete und Elsass-Lothringens binnen zweier Wochen, des linken Rheinufers binnen eines Monats,
- Besetzung strategischer Brückenköpfe auf dem rechten Rheinufer durch die Alliierten (Köln, Koblenz, Mainz),
- Ablieferung aller schweren Waffen,

Militärischer Widerstand war dem Deutschen Reich nach Erfüllung dieser Bedingungen nicht mehr möglich.

MATERIAL

7 Aus Präsident Wilsons Rede an den Kongress am 8. Januar 1918 (14 Punkte)

I. Öffentliche Friedensverträge, öffentlich beschlossen, nach denen es keine geheimen internationalen Abmachungen irgendwelcher Art geben darf. Vielmehr soll sich die Diplomatie stets frei und vor aller Öffentlichkeit abspielen.

II. Absolute Freiheit der Schifffahrt auf der See außerhalb der territorialen Gewässer sowohl im Frieden wie im Kriege, außer wenn die See auf Grund internationalen Vorgehens zur Erzwingung internationaler Verträge gesperrt wird.

III. Soweit als möglich die Aufhebung sämtlicher wirtschaftlicher Schranken und die Fortsetzung gleicher Handelsbeziehungen zwischen allen Nationen die dem Frieden zustimmen.

IV. Angemessene gegenseitige Garantien dafür, dass die nationalen Rüstungen auf den niedrigsten Grad, der mit der inneren Sicher vereinbar ist, herabgesetzt werden.

V. Eine freie, unvoreingenommene und absolut unparteiische Ordnung aller kolonialen Ansprüche, gegründet auf strenge Beachtung des Prinzips, dass bei Entscheidungen über Fragen der Souveränität das Interesse der betroffenen Bevölkerung gleiches Gewicht haben muss wie die billigen Ansprüche der Regierung, deren Rechtstitel festgelegt werden soll.

XIV. Eine allgemeine Vereinigung der Nationen muss auf Grund eines besonderen Bundesvertrages gebildet werden zum Zweck der Gewährung gegenseitiger Garantien für politische Unabhängigkeit und territoriale Integrität in gleicher Weise für die großen und kleinen Staaten. In Bezug auf diese notwendige Berichtigung von Unrecht und Sicherung des Rechtes betrachten wir uns als intime Genossen sämtlicher Regierungen und Völker, die sich gegen die Imperialisten zusammengeschlossen haben. Es gibt für uns keine Sonderinteressen oder andersartige Ziele. Bis zum Ende stehen wir zusammen.

Nach: Johannes Hohlfeld (Hrsg.), Dokumente der Deutschen Politik und Geschichte, Bd. 2, Berlin o. J., S. 393 ff.

Amerikanische Soldaten auf dem Weg zur Front in Frankreich. Foto, 1917.

MATERIAL 8

Tagebuchnotizen des Obersten von Thaer am 1. Oktober 1918

Furchtbar und entsetzlich! Es ist so! In der Tat! Als wir versammelt waren, trat Ludendorff in unsere Mitte, sein Gesicht von tiefstem Kummer erfüllt, bleich, aber mit hoch erhobenem Haupt. Eine wahrhaft schöne germanische Heldengestalt! Ich musste an Siegfried denken mit der tödlichen Wunde im Rücken von Hagens Speer.
Er sagte ungefähr Folgendes: [...] Zum ersten Mal sei der OHL von Sr. M. bzw. vom Reichskanzler die Frage vorgelegt worden, was sie und das Heer noch zu leisten imstande seien. Der habe im Einvernehmen mit dem Generalfeldmarschall geantwortet: „Die OHL und das deutsche Heer seien am Ende; der Krieg sei nicht nur nicht mehr zu gewinnen, vielmehr stehe die endgültige Niederlage wohl unvermeidlich bevor. Bulgarien sei abgefallen. Österreich und die Türkei, am Ende ihrer Kräfte, würden wohl bald folgen. Unsere eigene Armee sei leider schon schwer verseucht durch das Gift spartakistisch-sozialistischer Ideen. Auf die Truppen sei kein Verlass mehr. [...] Deshalb habe die OHL von Sr. M. und dem Kanzler gefordert, dass *ohne jeden Verzug* der Antrag auf Herbeiführung eines Waffenstillstandes gestellt würde bei dem Präsidenten Wilson von Amerika zwecks Herbeiführung eines Friedens auf der Grundlage seiner 14 Punkte.
[...] *Ich habe aber Sr. M. gebeten, jetzt diejenigen Kreise an die Regierung zu bringen, denen wir es in der Hauptsache zu danken haben*, dass wir so weit gekommen sind. Wir werden also diese Herren jetzt in die Ministerien einziehen sehen. Die sollen nun den Frieden schließen, der jetzt geschlossen werden muss. Sie sollen die Suppe jetzt essen, die sie uns eingebrockt haben."
Die Wirkung dieser Worte auf die Hörer war *unbeschreiblich*. Während L. sprach, hörte man leises Stöhnen und Schluchzen, vielen, wohl den meisten, liefen unwillkürlich die Tränen über die Backen. [...]

Aus: G. A. Ritter/S. Miller (Hrsg.), Die deutsche Revolution 1918–1919, Frankfurt/Main 1968, S. 22–24.

1. **Wilson wollte mit dem Kriegseintritt der USA die Voraussetzungen für eine neue Weltfriedensordnung schaffen. Erläutern Sie, auf welche Prinzipien sie aufgebaut werden sollte.**
2. **Zeigen Sie, worin das OHL die Ursachen für die deutsche Niederlage erblickt. Beurteilen Sie ihr politisches Kalkül in dieser Situation (M 8).**

2.4 Werden aus Kriegszielen Friedensziele?

Das Ringen um einen dauerhaften Frieden

Friedensvertrag mit Deutschland

Am 18. Januar 1919, dem Gedenktag der deutschen Kaiserproklamation von 1871, traten die Siegermächte des Ersten Weltkrieges im Spiegelsaal des Schlosses von Versailles zur Friedenskonferenz zusammen. Die Delegationsführer der 27 Staaten hatten sich zwei gewaltige Aufgaben gestellt: Mit der Ausarbeitung von Friedensverträgen sollte ein endgültiger Schlussstrich unter den Weltkrieg gezogen werden. Vordringlich war dabei die friedensvertragliche Regelung mit dem Deutschen Reich, doch hatte sich die Pariser Konferenz nach dem Zerfall des östereich-ungarischen Vielvölkerstaates und des Osmanischen Reiches auch mit der Neuordnung Südosteuropas zu befassen (→ S. 197). Zugleich sollten die internationalen Beziehungen für die Zukunft grundsätzlich neu geregelt werden. Unter der Parole „Nie mehr Krieg!" sollte eine dauerhafte Weltfriedensordnung geschaffen werden; ein Völkerbund sollte die Austragung von Konflikten und Interessengegensätzen auf friedliche Weise ermöglichen.

Weltfriedensordnung

14 Punkte Wilsons

Solche hoch gespannten Erwartungen knüpften sich insbesondere an die Person und das Programm des amerikanischen Präsidenten Wilson. In einer Botschaft an den amerikanischen Kongress hatte Wilson am 8. Januar 1918 „Vierzehn Punkte" als Kriegsziele seiner Regierung verkündet, die zugleich die Grundlage für die künftige Friedensordnung bilden sollten. In den folgenden Wochen fasste Wilson die „Vierzehn Punkte" wirkungsvoll in der Formulierung zusammen: „Was wir suchen, ist die Herrschaft des Rechts (Völkerrecht), gegründet auf Zustimmung der Regierten (Demokratie und Selbstbestimmungsrecht der Völker) und gestützt durch die organisierte Meinung der Menschheit (Völkerbund).

Völkerbund

Ziele und Handlungsspielräume

Vor allem in Deutschland war die Auffassung weit verbreitet, dass die USA als Hauptgläubigerland der europäischen Siegerstaaten ihr ganzes politisches und wirtschaftliches Gewicht in die Waagschale werfen und ihre politischen Vorstellungen und Interessen gegenüber den europäischen Alliierten durchsetzen würden. Diese Auffassung ging jedoch von falschen Annahmen aus; sie verkannte die Tatsache, dass die verhandelnden Staatsmänner in hohem Maße auf eine durch die Kriegsereignisse aufgewühlte Öffentlichkeit in ihren Ländern Rücksicht nehmen mussten und so in ihrem Handlungsspielraum erheblich eingeschränkt waren. Ganz besonders traf dies auf die „Großen Drei" zu: auf Präsident Woodrow Wilson, den britischen Premierminister David Lloyd George und den französischen Ministerpräsidenten Georges Clemenceau. Auch untereinander waren sie z. T. grundlegend unterschiedlicher Meinung über die Gestaltung des Friedens.

USA: Völkerrecht und Demokratie

Präsident Wilson machte sich für das Prinzip einer kollektiven und universalen Friedenssicherung mithilfe des Völkerbundes, den „Schlüssel" des ganzen Friedenswerkes, stark; auf regionale, bi- oder multilaterale Bündnisse sollte verzichtet werden. Der Abbau von Handelshindernissen sollte den freien Welthandel und zugleich die internationale Zusammenarbeit fördern. Doch Wilsons Politik fand in den USA nicht die notwendige Zustimmung. Die Mehrheit des Kongresses lehnte schließlich den Eintritt der USA in den Völkerbund ebenso ab wie den Versailler Vertrag, dessen erster Teil die Völkerbundsatzung enthielt. Da auch das Deutsche Reich und das sowjetische Russland dem neu gegründeten Völkerbund nicht angehörten, wurde aus dem Wilson'schen Modell einer Weltfriedensordnung ein Instrument der europäischen Großmächte.

Frankreich: Sicherheit und Hegemonie

Ganz im Gegensatz zu den USA zogen in Frankreich Öffentlichkeit und Regierung an einem Strang, waren die französischen Konferenzteilnehmer entschlossen, das Deutsche Reich möglichst auf Dauer zu schwächen. Im Westen zielten die französischen Absichten in erster Linie auf den Erwerb des Saargebietes und die militärische Kontrolle des Rheins: „Wenn wir nicht am Rhein stehen, ist alles verloren", meinte Marschall Foch, der Oberkommandierende der alliierten Truppen in Frankreich. Die weitestgehende Forderung war die Loslösung der Rheinlande vom Deutschen Reich. In Mittelosteuropa sollte ein Sicherheitsgürtel („cordon sanitaire") sowohl vor Deutschland als auch vor Russland Schutz bieten. Hier war dem wieder entstandenen Polen eine Schlüsselrolle zugedacht. Es konnte dieser Rolle aber nur gerecht werden, wenn es territorial vergrößert, militärisch aufgerüstet und vor allem wirtschaftlich konsolidiert werden würde. Wilson und Lloyd George versuchten mit Kompromissvorschlägen Frankreich insbesondere von Bestimmungen abzubringen, die eindeutig dem Selbstbestimmungsrecht der Völker widersprochen hätten; so z. B. in der Frage der Abtretung von mehrheitlich mit Deutschen besiedelten Gebieten. Nur in einem wesentlichen Punkt schwenkte Wilson auf die französische Position ein: Er widersetzte sich im Interesse eines europäischen Mächtegleichgewichts entschieden dem Anschluss Österreichs an das Deutsche Reich.

cordon sanitaire

Großbritannien: europäisches Gleichgewicht

Die britische Verhandlungsdelegation setzte sich im Gegensatz zu Frankreich für maßvolle Gebietsabtretungen Deutschlands ein. Sie ließ sich dabei von folgenden Gedanken leiten: Ein übermächtiges Frankreich würde die traditionelle britische Gleichgewichtspolitik auf dem europäischen Kontinent („balance of power") gefährden. Auch wollte Großbritannien das Deutsche Reich nicht vollständig in die Isolation treiben. Denn Lloyd George befürchtete, dass die bolschewistische Revolution in Russland sonst auf Deutschland übergreifen könnte – eine Gefährdung auch Großbritanniens wäre dann nicht mehr ausgeschlossen. Andererseits nahm Lloyd George in der Frage der Reparationen unter dem Druck der britischen Öffentlichkeit eine unnachgiebige Haltung ein. Er stieß dabei auf den Widerstand Wilsons, der die Zahlungsfähigkeit Deutschlands sicherstellen wollte. Denn nur wenn die deutschen Entschädigungszahlungen an die europäischen Siegermächte gewährleistet waren, konnten die Amerikaner ihrerseits die Rückzahlung der alliierten Kriegsschulden erwarten. England und Frankreich drückten jedoch gegen Wilson eine Regelung durch, die auf die vollständige Rückerstattung aller Kriegskosten hinauslief: Immerhin gelang es den Amerikanern, die endgültige Höhe und den Zahlungsmodus zunächst offen zu halten.

Französische Zeitschrift, 25. Mai 1919.

MATERIAL

9 Aus der Besprechung der „Großen Drei" in Versailles am 27. und 28. März 1919

Der französische Chefdolmetscher Mantoux machte sich während der Besprechung Notizen, die nach dem Zweiten Weltkrieg veröffentlicht wurden.

Wilson (an Clemenceau gewandt):
Ich hoffe, Sie sind mit Herrn Lloyd George grundsätzlich darin einig, dass es notwendig ist, sich Deutschland gegenüber maßvoll zu verhalten. Wir wollen es nicht vernichten und wir könnten es auch nicht. Es wäre unser größter Fehler, ihm triftige Gründe zu geben, eines Tages Rache nehmen zu wollen. [...] Wir müssen es vermeiden, unseren Feinden auch nur den Anschein der Ungerechtigkeit zu geben. Ich fürchte für die Zukunft nicht die Kriege, die durch geheime Verschwörungen der Regierungen vorbereitet werden, sondern vielmehr die Konflikte, die aus der Unzufriedenheit der breiten Masse erwachsen. [...]

Clemenceau:
Ich komme zu Präsident Wilsons Vorschlag, den ich anerkenne, den ich aber nur mit einem gewissen Vorbehalt auf die Deutschen anwenden möchte. Man darf den Deutschen, sagt Präsident Wilson, nicht das Gefühl geben, ungerecht behandelt zu werden. Einverstanden! Aber das, was wir hier in diesem Zimmer für gerecht erachten, wird nicht notwendigerweise von den Deutschen als gerecht hingenommen werden.
Man ist erstaunt, dass Frankreich sich der sofortigen Zulassung der Deutschen in den Völkerbund widersetzt. Gestern erst bekam ich einen neuen Aktenstoß über die Grausamkeiten, die die Deutschen in Frankreich begangen haben. [...] Die Deutschen sind ein Volk mit einer Sklavenseele, demgegenüber die Gewalt als Argument dienen muss. [...] Ich glaube, wir können es fertig bringen, die Welt vor einem deutschen Angriff für lange Zeit zu schützen, aber der deutsche Geist wird sich nicht so schnell ändern. Sehen Sie doch die deutschen Sozialdemokraten an, die sich immer als Brüder unserer und Ihrer Sozialisten bezeichneten: Wir sahen sie im Dienst der kaiserlichen Regierung – und heute dienen sie Herrn Scheidemann, der die alte Beamtenschaft des Kaiserreichs um sich hat.
Beachten sie, dass in Deutschland niemand zwischen gerechten und ungerechten Forderungen der Alliierten einen Unterschied macht. Es gibt keinen heftigeren Widerstand als den gegen die Zuteilung Danzigs an Polen. Um jedoch das historische Verbrechen, das am polnischen Volk begangen wurde, wieder gutzumachen, sind wir verpflichtet, diesem Volk, wenn wir es wieder zum Leben erwecken, auch die Mittel zu seiner Existenz zu geben.
Ein Beispiel quält mich: Österreich. Man spricht davon, wir sollten alle abrüsten. Ich möchte es gern. Glauben Sie mir, der Eroberungsgeist, der einst dem französischen Volke eigen war, ist für immer tot. Aber wenn wir unsere Rüstungen verringern, und wenn Österreich im gleichen Augenblick seine sieben Millionen Einwohner zur Bevölkerung Deutschlands hinzugibt, dann wächst die Macht unserer deutschen Nachbarn in einer für uns bedrohlichen Weise. Ist es ein Verstoß gegen das Völkerrecht, wenn wir den Österreichern sagen: „Wir fordern von Euch nur, dass Ihr unabhängig bleibt. Macht mit dieser Unabhängigkeit, was Ihr wollt, doch Ihr dürft nicht in einen deutschen Block eintreten und Euch nicht an einem deutschen Racheplan beteiligen."?
Nach den größten Anstrengungen und den gewaltigsten Blutopfern, die die Geschichte je gesehen hat, dürfen wir das Ergebnis unseres Sieges nicht infrage stellen. Der Völkerbund wird uns als ein Mittel angeboten, uns die Sicherheit zu geben, die wir brauchen: Ich ergreife dieses Mittel. Aber wenn der Völkerbund seine Beschlüsse nicht mit militärischer Gewalt durchsetzen kann, dann dürfte es nötig sein, diese Macht anderswo zu suchen. Ich möchte bemerken, dass diese Garantie zur See vorhanden ist: Deutschland hat keine Flotte mehr. Wir brauchen die gleiche Sicherheit zu Lande. Ich rechte nicht über das „Wie". Verstehen Sie bitte meine Haltung, wie ich mich bemühe, die Ihrige zu verstehen. Amerika ist fern, geschützt durch den Ozean. England konnte nicht einmal von Napoleon getroffen werden. Sie sind alle beide geschützt: Wir sind es nicht.
Ein letztes Wort: Wir haben guten Grund, den Bolschewismus beim Feinde zu fürchten und jede Förderung seiner Ausbreitung zu vermeiden. Aber

man darf ihn auch nicht bei uns verbreiten. Es gibt ein Gefühl für Gerechtigkeit unter Alliierten, dem man Genüge tun muss. Würde dieses Gefühl in Frankreich oder England schwer verletzt, dann könnte daraus eine große Gefahr entstehen. Es ist gut, den Besiegten zu schonen, aber man darf auch nicht die Interessen der Sieger aus dem Auge verlieren.

Lloyd George:
Was die Friedensbedingungen anbetrifft, so könnte in England nicht der Vorwurf, dem Feinde zu wenig abgefordert zu haben, ein Aufflammen des Bolschewismus hervorrufen, sondern vielmehr der, von ihm zu viel verlangt zu haben. Der englische Arbeiter will das deutsche Volk nicht durch maßlose Forderungen erdrücken. [...] Im Übrigen hat sich in dieser Hinsicht eine deutliche Meinungsänderung vollzogen, seitdem Deutschland auf sein altes politisches System verzichtet hat.
Ich gestehe meine schweren Bedenken in der Danziger Frage. Wir sind dabei, an Polen zwei Millionen Deutsche zu geben. Die Polen werden schlecht regieren und lange Zeit brauchen, um ihr Land nach westlicher Art verwalten zu lernen. Es wird Unruhen geben. Die Deutschen in Polen werden geschlagen werden, falls sie sich erheben. Werden Sie dann, wenn Deutschland eingreifen will, Truppen schicken, um die Deutschen unter polnischem Joch zu halten? Freilich – die Polen werden sagen: Wozu habt Ihr uns diese Gebiete gegeben, wenn Ihr uns nicht helft, sie zu behalten? Ich bin fest davon überzeugt, dass die öffentliche Meinung, weder in Amerika noch in England, uns unterstützen würde, wenn wir unter derartigen Umständen intervenieren.
Jedenfalls sind wir dabei, Deutschland einen sehr harten Frieden aufzuerlegen: Es wird keine Kolonien mehr haben, keine Flotte; es wird 6 oder 7 Millionen Einwohner verlieren, einen großen Teil seiner Kohle. Militärisch führen wir es zurück auf den Stand Griechenlands und zur See auf den von Argentinien. Und über alle diese Punkte sind wir uns vollkommen einig. Darüber hinaus wird es nach den Schätzungen 5 oder 10 Milliarden Pfund Sterling bezahlen. Wenn wir unsere Bedingungen so niedrig wie nur möglich halten – sie werden auf alle Fälle so sein, wie sie noch niemals eine Kulturnation annehmen musste.

Lloyd George, Clemenceau und Wilson (von links nach rechts) in Versailles 1919.

Clemenceau:
Die Prüfungen, die wir zu bestehen hatten, haben in unserem Land ein tief empfundenes Bedürfnis nach Wiedergutmachung enstehen lassen. [...] Eine großzügige Geste einem Volk gegenüber, das so viel gelitten hat, wäre nicht umsonst. Es ist ein Irrtum zu glauben, die Welt ließe sich nach abstrakten Prinzipien leiten.

Wilson:
In der ganzen Welt lebt heute der Wunsch nach Gerechtigkeit. [...] Es ist mein Bemühen, von dieser großen Zeitströmung zur Gerechtigkeit hin nicht abzuweichen. Ich will nichts tun, was irgendjemandem erlauben könnte, von uns zu sagen: „Sie bekennen sich zu den großen Prinzipien, aber sie haben überall Ausnahmen von der Regel zugelassen, wo immer das Gefühl ihrer Völker oder ihr Nationalinteresse es ihnen angezeigt erscheinen ließ." Ich bitte Sie um Verzeihung, wenn ich das ausspreche. Es ist mir schmerzlich, mich ihren Wünschen widersetzen zu müssen: Ich kann nicht anders handeln, ohne meine Pflicht zu verletzen. [...]

Aus: G. Schönbrunn (Hrsg.), Geschichte in Quellen, Weltkriege und Revolutionen 1914–1945, München 1975, S. 119 ff.

MATERIAL
10 Aus den Bestimmungen des Versailler Vertrages

Gebietsabtretungen

– Elsass-Lothringen an Frankreich (ohne Abstimmung)

– Nordschleswig an Dänemark (mit Abstimmung)

– Eupen und Malmedy an Belgien (mit – umstrittener – Abstimmung)

– Posen und Westpreußen, Teile von Ostpreußen und Hinterpommern als „polnischer Korridor" an Polen (ohne Abstimmung)

– Ostoberschlesien an Polen (mit Abstimmung)

– Saargebiet für 15 Jahre unter Völkerbundkontrolle, Ausbeutung der Kohlengruben durch Frankreich (danach Abstimmung)

– Danzig „Freie Stadt" unter Kontrolle des Völkerbundes und mit Sonderrechten für Polen

– Hultschiner Ländchen an Tschechoslowakei (ohne Abstimmung)

– Sämtliche Kolonien als Mandatsgebiete verschiedener alliierter Staaten

– Verbot der Vereinigung mit Österreich entgegen dem Beschluss der Nationalversammlung der Republik Deutsch-Österreich.

Abrüstung

– Beschränkung des Heeres auf 100 000 Mann lang dienender Berufssoldaten; Verbot der allgemeinen Wehrpflicht; Verbot schwerer Waffen, Panzer, Flugzeuge, U-Boote, Schlachtschiffe

– Überwachung durch eine alliierte Kommission

– Besetzung des linken Rheinufers und rechtsrheinischer Brückenköpfe auf 15 Jahre; Verbot der Truppenstationierung und des Unterhalts von Verteidigungsanlagen in einer Zone von 50 km rechts des Rheins.

Reparationen

– Neben einer noch festzusetzenden Zahlung in Goldmark Sachlieferungen von Kohle, Verkehrs- und Transportmitteln, Maschinen, Farbstoffen und Chemikalien, Vieh, alle Handelsschiffe über 1600 Tonnen.

Schuldfrage

– Alleinschuld Deutschlands am Ausbruch des Krieges (Art. 231).

Die Wiege ist gut gewählt für ein tot geborenes Kind. Karikatur auf die Gründung des Völkerbundes aus dem Simplicissimus, 1919. (Vorne: Präsident Wilson, im Hintergrund: Lloyd George und Clemenceau)

1. Versuchen Sie, die Diskussion der drei Staatsmänner (M 9) in einem Rollenspiel wiederzugeben. Berücksichtigen Sie dabei die folgenden Verhandlungspunkte: Behandlung des besiegten Deutschland, zukünftige Sicherung des Friedens, Abwehr des Bolschewismus. Überlegen Sie, in welchen Punkten die Verhandlungsführer kompromissfähig sein konnten und in welchen nicht.
2. Charakterisieren und beurteilen Sie die friedenspolitischen Vorstellungen der drei Staatsmänner.
3. Vergleichen Sie die Ergebnisse des Versailler Vertrages (→ M 10 und Karte S. 193) mit den Ausgangspositionen der drei alliierten Verhandlungsführer.
4. Erläutern Sie die Aussage der Karikatur links.

2.5 Der Versailler Vertrag aus deutscher Sicht: anerkennen oder ablehnen?

Das Deutsche Reich nach dem Frieden von Versailles.

Traumland der Waffenstillstandsperiode

Groß war der Schock für die im „Traumland der Waffenstillstandsperiode“ sich wiegende deutsche Öffentlichkeit, als am 7. Mai 1919 in Versailles dem deutschen Außenminister Graf Brockdorff-Rantzau der vollständige Entwurf des Friedensvertrages überreicht wurde. Alle Parteien lehnten diesen Vertrag ab. Ministerpräsident Scheidemann (SPD), der sich als Reichstagsabgeordneter während des Krieges für einen Frieden der Verständigung und ohne Annexionen ausgesprochen hatte, rief vor dem Friedensausschuss der Nationalversammlung am 12. Mai 1919 unter frenetischem Beifall der Mitglieder empört aus: „Welche Hand müsste nicht verdorren, die sich und uns in diese Fesseln legt?“

Kampf im Kabinett

Kein deutscher Politiker war insbesondere bereit, die deutsche Alleinschuld am Weltkrieg durch Unterschrift unter den Versailler Vertrag vor aller Welt anzuerkennen. Da Forderungen nach Änderung des Artikels 231 aber kategorisch und ultimativ abgelehnt wurden, ja sogar eine militärische Intervention der Alliierten im Falle der Nichtunterzeichnung drohte, spitzte sich die Diskussion im Reichskabinett und in der Nationalversammlung auf die Frage zu: Soll Deutschland unter der gegebenen machtpolitischen Konstellation den Friedensvertrag in der vorliegenden Form annehmen oder ihn ablehnen und damit in militärisch schwieriger Lage das Risiko einer Wiederaufnahme der Kämpfe auf sich nehmen?

In der entscheidenden Sitzung des Reichskabinetts in der Nacht vom 18./19. Juni 1919 stimmten sieben Minister für, sieben Minister gegen die Vertragsunterzeichnung. Die zur Beratung hinzugezogenen Generäle Hindenburg und Groener erklärten jedoch einen militärischen Widerstand im Falle eines Vormarsches der Alliierten für aussichtslos und Groener fügte hinzu: „Nur wenn wir das Deutsche Reich leidlich intakt erhalten, ist eine Wiedergeburt Deutschlands möglich." Die Regierung Scheidemann (SPD) trat darauf am 20. Juni zurück; ein neues, unterzeichnungsbereites Kabinett unter Führung von Gustav Bauer (SPD) übernahm die Amtsgeschäfte. Zur politisch entscheidenden Figur avancierte dabei der Zentrumsabgeordnete und Finanzminister Matthias Erzberger, der für eine bedingte Annahme des Friedensvertrages eintrat.

Regierungswechsel

Kampf in der Nationalversammlung

Als die Nationalversammlung am 23. Juni 1919 zur entscheidenden Abstimmung schritt, votierte eine Mehrheit von 237 gegen 138 bei 5 Enthaltungen für die Annahme des alliierten Friedensvertrages. Gegen die Unterzeichnung stimmten die Deutschnationalen, die Deutsche Volkspartei, der größte Teil der Demokraten und einige Abgeordnete des Zentrums. Die ablehnenden Fraktionen gaben allerdings Ehrenerklärungen für diejenigen ab, die anders als sie entschieden hatten und respektierten auf diese Weise die Ehrenhaftigkeit der Motive der Zustimmenden. Der Wille, die nationale Einheit um jeden Preis zu wahren, war für viele Abgeordnete ausschlaggebend, der Unterzeichnung zuzustimmen. Am 28. Juni 1919 setzten Außenminister Hermann Müller (SPD) und Verkehrsminister Johannes Bell (Zentrum) im Spiegelsaal von Versailles ihre Unterschrift unter den Friedensvertrag. Drei Fragen stellen sich nach der Unterzeichnung:

- Welche Inhalte des Versailler Vertrages führten in der deutschen Öffentlichkeit zu besonders heftigen Reaktionen?
- Warum fühlten sich vor allem die ostdeutsche Bevölkerung und die an der Ostgrenze stehenden Freikorps von den Politikern in Berlin verraten?
- Welche Auswirkungen hatte der Vertrag auf die junge Republik?

Kriegsschuldartikel

Der „Kriegsschuldartikel" 231 des Friedensvertrages, der in der nationalistischen Propaganda als „Schmachparagraph" bezeichnet wurde, löste in Deutschland die größte Empörung aus. Er stand an der Spitze der Wiedergutmachungsbestimmungen und hatte den Zweck, Deutschland als „Urheber" des Weltkrieges für alle Schäden und Verluste allein verantwortlich zu machen. Die Frage nach den Anteilen an der Schuld am Ausbruch des Ersten Weltkrieges war in der Vergangenheit umstritten. Lange wurde von Historikern allgemein die Auffassung vertreten, die europäischen Mächte seien in den Ersten Weltkrieg „hineingeschlittert". Die heutige Forschung stimmt weitgehend der Bewertung des Historikers Fritz Fischer zu: Er wies dem Deutschen

Reich den „entscheidenden Teil der historischen Verantwortung" für den Kriegsausbruch zu. Er sprach jedoch nicht von einer deutschen Alleinschuld.

Reparationen

Während die „Schuldfrage" vor allem in den Anfangsjahren der Weimarer Republik die nationalen Leidenschaften aufwühlte, war die Reparationsfrage durchgehend eines der beherrschenden Themen der Weimarer Republik. In der häufig mit verblendetem Hass geführten Auseinandersetzung um die Reparationen können zwei sich überschneidende Argumentationen unterschieden werden: Die gemäßigten Parteien und Gruppen waren grundsätzlich zur Leistung von Reparationen an die Sieger bereit; ihnen ging es vor allem darum, die tatsächlichen wirtschaftlichen Belastungen möglichst gering und erträglich zu halten. Sie kämpften um Höhe, Dauer und Zahlungsmodus der Reparationen. Die radikalen Gruppierungen dagegen lehnten die Entschädigungen grundsätzlich ab. Sie benutzten die Reparationsfrage, um an nationale Instinkte zu appellieren und um Stimmen zu gewinnen. Im innenpolitischen Meinungsstreit sollte die Reparationsfrage häufig von wirtschafts- oder finanzpolitischen Fehlentscheidungen ablenken. In Wirklichkeit waren die tatsächlich erbrachten Reparationsleistungen nämlich keine existenzbedrohliche wirtschaftliche Belastung für die Republik. Einen Höhepunkt erreichten die innenpolitischen Auseinandersetzungen um die Reparationsfragen im Jahr 1929 mit der Kampagne der nationalistischen Rechten gegen den „Young-Plan". Die Angriffe waren auch deshalb so heftig, weil die Reparationen generell einen Eingriff in die deutsche Souveränität bedeuteten.

Reparationsfrage als Agitationspotential

Wehrfrage

Ebenso schränkte die Reduzierung der Reichswehr auf 100 000 Mann die deutsche Souveränität ein. Die Chance, die „Wehrfrage" durch eine allgemeine Abrüstung im europäischen Rahmen zu lösen, scheiterte vor allem am französischen Widerstand. Aber auch die Reichswehr widersetzte sich entschieden solchen Plänen; sie forderte vielmehr eine möglichst rasche Wiedergewinnung der „Wehrhoheit" durch Wiederaufrüstung und wurde darin von der nationalen Rechten kräftig unterstützt.

Territoriale Probleme

Friedensbedrohende Gefahren bargen – zumindest auf lange Sicht – die territorialen Regelungen des Vertrages. Dies galt beispielsweise in der Frage des polnischen Korridors oder des völkerrechtlichen Status der Freien Stadt Danzig, die wesentliche Souveränitätsrechte an Polen abtreten musste und unter Kontrolle des Völkerbundes stand. Ein besonderes Problem war Oberschlesien. Dort votierten in einer Volksabstimmung, die gemäß dem Versailler Vertrag 1921 stattfand, 60 % der Bevölkerung für den Verbleib beim Deutschen Reich. Dennoch entschieden sich die Alliierten dafür, Oberschlesien zu teilen: Das oberschlesische Industriegebiet – rund 56 % der Bevölkerung hatten in diesem Teilgebiet Oberschlesiens für Polen gestimmt – sollte fast ganz an Polen fallen, während der größere, aber industriell weniger wertvolle Teil bei Deutschland blieb.

Belastung

Eine schwere Hypothek lastete so von Anfang an auf der Weimarer Republik. Der Versailler Vertrag erschwerte den verständigungswilligen Politikern eine Versöhnungspolitik nach innen und nach außen. Diese Politiker waren ungewollt in eine Situation gebracht worden, in der sie für die Irrtümer und Fehler des kaiserlichen Deutschlands geradezustehen hatten. Die junge Demokratie verlor bei der eigenen Bevölkerung an Ansehen. Die demokratischen Siegerstaaten leisteten somit unbeabsichtigt der Verbitterung und der Ablehnung der deutschen Bevölkerung gegenüber dem demokratischen Staat Vorschub.

MATERIAL

11 Friedrich Ebert in der Nationalversammlung am 6. Februar 1919: Deutsche Erwartungen an den Friedensvertrag,

Friedrich Ebert, der Vorsitzende des Rats der Volksbeauftragten, eröffnete die Nationalversammlung in Weimar am 6. Februar 1919 mit einer Rede, die einen Eindruck von der politischen Situation im Deutschen Reich zwischen der Unterzeichnung des Waffenstillstands (11. 11. 1918) und des Friedensvertrages (28. 6. 1919) vermittelt. Wenige Tage später wurde er von der Nationalversammlung zum ersten Reichspräsidenten gewählt:

Wir haben den Krieg verloren. Diese Tatsache ist keine Folge der Revolution. (*Sehr wahr! links. – Lebhafter Widerspruch rechts.*) [...] Die Revolution lehnt die Verantwortung ab für das Elend, in das die verfehlte Politik der alten Gewalten und der leichtfertige Übermut der Militaristen das deutsche Volk gestürzt haben. (*Sehr wahr! links*) Sie ist auch nicht verantwortlich für unsere schwere Lebensmittelnot. (*Widerspruch rechts.*)

[...] Niederlage und Lebensmittelnot haben uns den gegnerischen Mächten ausgeliefert. Aber nicht nur uns, auch unsere Gegner hat der Krieg ungeheuer erschöpft. Aus dem Gefühl der Erschöpfung bei unseren Gegnern entspringt ihr Bestreben, sich schadlos zu halten am deutschen Volke, wird der Ausbeutungsgedanke in das Friedenswerk hineingetragen.

Diese Rache- und Vergewaltigungspläne forden den schärfsten Protest heraus. (*Bravo!*) Das deutsche Volk kann nicht auf 20, 40 oder 60 Jahre zum Lohnsklaven anderer Länder gemacht werden. Das furchtbare Unglück des Krieges für ganz Europa kann nur wiedergutgemacht werden durch Handinhandgehen der Völker.

Angesichts des Massenleids auf allen Seiten erscheint die Schuld beinahe klein. Gleichwohl ist das deutsche Volk entschlossen, selbst alle zur Verantwortung zu ziehen, denen ein absichtliches Verschulden oder eine absichtliche Niedertracht nachgewiesen werden kann. Aber man soll nicht diejenigen strafen, die selbst Opfer waren. Opfer des Krieges, Opfer unserer früheren Unfreiheit.

Weshalb haben nach ihren eigenen Zeugnissen unsere Gegner gekämpft? Um den Kaiserismus zu vernichten. Es gibt ihn nicht mehr, er ist für immer erledigt. Die Tatsache dieser Nationalversammlung selbst zeigt es. Sie haben gekämpft, um den Militarismus zu zerstören. Er ist in Trümmer gestürzt und wird nicht wieder erstehen. (*Zurufe von den Unabhängigen Sozialdemokraten.*) Für Gerechtigkeit, Freiheit und einen Dauerfrieden haben unsere Gegner nach ihren feierlichen Proklamationen kämpfen wollen. Die Waffenstillstandsbedingungen aber sind bisher unerhört hart und schonungslos durchgeführt worden. Aus diesen Akten alter Gewaltpolitik spricht kein Geist der Versöhnlichkeit. [...]

Wir warnen die Gegner, uns nicht zum Äußersten zu treiben. (*Sehr richtig!*) [...] Im Vertrauen auf die Grundsätze des Präsidenten Wilson hat Deutschland die Waffen niedergelegt. Jetzt gebe man uns den Wilson-Frieden, auf den wir Anspruch haben. (*Bravo!*) Unsere freie Volksrepublik, das ganze deutsche Volk erstrebt nichts anderes, als gleichberechtigt in den Bund der Völker einzutreten und sich dort durch Fleiß und Tüchtigkeit eine geachtete Stellung zu erwerben. (*Bravo!*)

Aus: Funkkolleg Geschichte, Studienbegleitbrief 10, Weinheim 1980, S. 67 ff.

1. Vergleichen Sie die politischen Vorstellungen Friedrich Eberts mit denjenigen der „Großen Drei" in Paris unter folgenden Gesichtspunkten: Kriegsschuld, Prinzipien der Friedensgestaltung.
2. „Wir haben einen Anspruch auf den Wilson-Frieden." Erörtern Sie, ob diese These Eberts berechtigt und durchsetzbar war.

MATERIAL 12

Die weiteren Friedensschlüsse von 1919/1920 – die „Pariser Vorortverträge"

Die Friedenskonferenz im Schloss von Versailles, an der Delegationen aus 27 Staaten teilnahmen, hatte nicht nur die Aufgabe, einen Friedensvertrag mit Deutschland zu entwerfen. Nach dem Zerfall des österreichisch-ungarischen Vielvölkerstaates und des Osmanischen Reiches musste sie sich auch mit der Neuordnung von Südosteuropa befassen. Hier versuchten die Delegationen, sich auf das Wilsonsche Selbstbestimmungsprinzip zu berufen – was angesichts der nationalen Vielfalt und der Kleinräumigkeit einzelner nationaler Gruppen jedoch immer wieder zu Konflikten führte. Einige der neu entstandenen Staaten (so Polen, die Tschechoslowakei oder das erweiterte Rumänien) hatten starke nationale Minderheiten, deren Rechte der Völkerbund garantieren und kontrollieren sollte – womit er nur teilweise Erfolg hatte.
Die Friedensverträge wurden in Lustschlössern im Park von Versailles (Trianon) und in Vororten von Paris unterzeichnet.

Friedensvertrag von Saint-Germain-en-Laye (10. 9. 1919):

Österreich und Ungarn wurden von den Siegermächten als Rechtsnachfolger des Habsburgerreiches und damit als Anstifter des Krieges angesehen, die Tschechen, die Jugoslawen und die Rumänen in Siebenbürgen dagegen zu den Siegern gerechnet. Die Hauptbedingungen des Vertrages:

1. Trennung von Österreich und Ungarn.
2. Südtirol bis zum Brenner mit ca. 250 000 deutschsprachigen Einwohnern fällt an Italien, das auch noch Teile von Istrien, Kärnten und Dalmatien erhält.
3. Anerkennung der selbstständigen Staaten Tschechoslowakei, Polen, Ungarn und Jugoslawien mit den damit verbundenen Gebietsabtretungen durch Österreich.
4. Verbot des Anschlusses Österreichs an das Deutsche Reich, obwohl die Wiener Nationalversammlung 1918 dafür gestimmt hatte. Ebenso wird dem neuen Staat die Führung des gewählten Namens Deutsch-Österreich untersagt.
5. Abrüstung Österreichs.

Friedensvertrag von Neuilly (27. 11. 1919):

Bulgarien tritt thrakische Gebiete und die Küstengebiete an der Ägäis an Griechenland, mazedonische Gebiete an Jugoslawien ab. Bulgarien behält allerdings das Zugangsrecht zum Mittelmeerhafen Alexandroupolis (Dedeagatsch).

Friedensvertrag von Trianon (4. 6. 1920):

Ungarn tritt die Slowakei an die Tschechoslowakei, das Burgenland an Österreich, Kroatien-Slawonien und Teile des Banats an Jugoslawien, den Rest des Banats und Siebenbürgen an Rumänien ab. In all diesen Regionen leben teilweise starke ungarische Minderheiten, insgesamt 3 Millionen Ungarn.

Friedensvertrag von Sèvres (10. 8. 1920):

1. Griechenland hatte im Sommer 1919 im Einvernehmen mit den Siegermächten Smyrna (Izmir) besetzt. Die Türkei muss nun Thrakien, die Ägäischen Inseln und das in Kleinasien gelegene Smyrna mit seinem Hinterland an Griechenland abtreten. Der Hafen von Smyrna wird internationalisiert. In Smyrna soll 1925 eine Volksabstimmung stattfinden.
2. An Frankreich müssen Syrien und Kilikien, an Großbritannien Irak und Palästina sowie die Schutzherrschaft über Arabien abgetreten werden. Italien erhält Rhodos und die Dodekanes (12 Inseln in der Ägäis). Die Dodekanes wird noch 1920 an Griechenland abgetreten.
3. Türkisch-Armenien wird ein selbständiger Staat
4. Internationale Verwaltung und Kontrolle der Meerengen und Häfen (darunter die Hauptstadt Istanbul/Konstantinopel).
5. Abrüstung.

Der von der türkischen Regierung unterzeichnete Friedensvertrag wird von Mustafa Kemal (Atatürk), dem Führer der türkischen Nationalisten, die eine Gegenregierung in Ankara errichtet haben, nicht anerkannt.

ZEITTAFEL

1875: Großbritannien erwirbt Suezkanalaktien um den Seeweg durch das Mittelmeer nach Indien abzusichern. Der Wettlauf der europäischen Mächte um die noch nicht kolonialisierten Gebiete in Afrika und Asien verstärkt sich.

1876: Königin Victoria nimmt den Titel „Kaiserin von Indien" an.

1879: Zweibund Deutschlands mit Österreich gegen Russland. Erweiterung 1882 zum Dreibund mit Italien, gegen Frankreich.

1884: Beginn offizieller deutscher Kolonialpolitik: Erwerb Deutsch-Südwestafrikas, Togos und Kameruns, 1885: Deutsch-Ostafrika.

1885: Kongokonferenz in Berlin: Die Okkupationen der europäischen Mächte in Afrika werden abgegrenzt und festgelegt.

1887: Der „Rückversicherungs-Vertrag" Deutschlands mit Russland sichert beiderseitig wohlwollende Neutralität. Bismarck erreicht sein Hauptziel, die internationale Isolierung Frankreichs.

1890: Entlassung Bismarcks. Der „Rückversicherungs-Vertrag" mit Russland wird nicht verlängert.

1894: Französisch-russischer Zweibund. Damit bricht Bismarcks Bündnissystem zusammen. Gleichzeitig lässt die expansiv betriebene Flottenpolitik ein Streben nach Weltgeltung erkennen, das England zunehmend als bedrohlich empfindet.

1898: Faschoda-Krise: Am Weißen Nil treffen französische und britische Truppen aufeinander. Durch den Sieg im spanisch-amerikanischen Krieg erwerben die USA Puerto Rico, Guam und die Philippinen.

1900: Niederschlagung des Boxeraufstandes in China durch eine gemeinsame Intervention Großbritanniens, Japans, Russlands, Deutschlands und der USA.

1904: Der Abschluss der französisch-englischen Entente cordiale führt die noch bis 1898 offen verfeindeten beiden größten Kolonialmächte zusammen. Baubeginn des Panamakanals unter US-amerikanischer Kontrolle.

August 1914: Die internationalen Spannungen führen zum Ersten Weltkrieg, in dem das Deutsche Reich mit Österreich-Ungarn Großbritannien, Frankreich und Russland gegenübersteht.

1917: Kriegseintritt der USA. Der amerikanische Präsident Wilson stellt in „14 Punkten" eine künftige Weltfriedensordnung.
Die Revolution in Russland führt zum Sturz der Zarenherrschaft und im November zur Regierungsübernahme durch die Bolschewiken.

Seit 29.10.1918: Der Aufstand der Matrosen in Kiel am greift im Nu auf andere Städte über und führt im ganzen Reich zur Novemberrevolution.

9.11.1918: Mit der Abdankung des Kaisers endet in Deutschland die Monarchie. Am selben Tag wird mittags in Berlin von Philipp Scheidemann (SPD) die deutsche Republik ausgerufen. Zwei Stunden später proklamiert Karl Liebknecht (linker Flügel der USPD) die sozialistische Republik.

11.11. 1918: Kapitulation; den Waffenstillstand unterzeichnet in Compiègne Matthias Erzberger (Zentrum) als Leiter der deutschen Delegation.

18.1.1919: Die Pariser Friedenskonferenz wird eröffnet. Sie soll den Weltkrieg endgültig abschließen und eine Weltfriedensordnung schaffen.

28.6.1919: Im Spiegelsaal des Schlosses von Versailles muss das Deutsche Reich den Friedensvertrag mit den Alliierten unterzeichnen. 1919 und 1920 werden in den Pariser Vororten weitere Friedensverträge geschlossen, die sich mit der Neuordnung Südost- und Mitteleuropas nach dem Zerfall des österreichisch-ungarischen Vielvölkerstaates und des Osmanischen Reiches befassen.

GLOSSAR

Antisemitismus: Begriff, der gegen Juden gerichtete Haltungen und Taten kennzeichnet. Während die Judenfeindschaft früherer Jahrhunderte vorwiegend religiös geprägt war, geht der Antisemitismus von einer „rassisch" begründeten Überlegenheit gegenüber den Juden aus (➔ Rassismus). Antisemitische Bewegungen und Parteien gab es um 1900 vor allem in Deutschland, Österreich-Ungarn, Frankreich und Russland. ➔ Judenemanzipation

Arbeiterbewegung: Seit dem Beginn der ➔ Industrialisierung schlossen sich Arbeiter und Arbeiterinnen in Organisationen zusammen, die das Ziel hatten ihre Lebensverhältnisse zu verbessern. Solche Zusammenschlüsse waren z. B. Arbeiterbildungsvereine, ➔ Gewerkschaften oder politische ➔ Parteien wie die SPD und die KPD.

Bürger/Bürgertum: Im Mittelalter sind in der Regel alle freien, Grund besitzenden und damit vollberechtigten Bewohner einer Stadt ihre Bürger. Frauen hatten am Bürgerrecht ihrer Männer teil, konnten sich jedoch nicht politisch beteiligen. Diese Vorstellung des freien Bürgers dehnte sich in der Neuzeit auf alle Einwohner eines Staates aus: Die Staatsbürger verbinden ungeachtet ihrer sozialen Stellung und ihres Besitzes gleiche Rechte und Pflichten im Rechtswesen oder bei Wahlen. Frauen haben in Europa erst seit dem 20. Jahrhundert das Recht auf politische Beteiligung.

Dreiklassenwahlrecht: Nach Steuerleistung abgestufte Form des Wahlrechts, die in Preußen 1849 eingeführt wurde und bis 1918 gültig war: Die so genannten Urwähler eines Wahlbezirkes wurden nach ihrem jeweiligen Steueraufkommen in drei Gruppen eingeteilt, jede Gruppe wählte im Urwahlbezirk ihre Wahlmänner; die Gesamtheit der Wahlmänner aller drei Gruppen wählte die Abgeordneten. 1849 stimmten in der 1. Gruppe 4,7 % der Wähler, in der 2. Gruppe 12,6 %, in der 3. Gruppe 82,6 %. ➔ Zensus/Zensuswahlrecht.

Demokratie: Von griech. Volksherrschaft. Die politischen Theorien der Aufklärer sowie die Amerikanische und die Französische Revolution haben die moderne Vorstellung von Demokratie geprägt. Das Volk (die Staatsbürger) ist der eigentliche Träger der Staatsgewalt (➔ Volkssouveränität statt Fürstensouveränität). In Wahlen tut es in Mehrheitsentscheidungen seinen Willen kund, entweder unmittelbar, direkt (z. B. in Volksabstimmungen) oder mittelbar in der repräsentativen Demokratie durch die Wahl von Volksvertretern (Abgeordneten), die zu einem ➔ Parlament zusammenkommen. In einer Demokratie hat diese Volksvertretung das Recht Gesetze zu beschließen und die Regierung zu kontrollieren. Die Ausübung der Staatsgewalt wird durch die ➔ Verfassung geregelt.

Emanzipation: Von lateinisch emancipare = einen Sklaven in die Freiheit entlassen. Seit der Aufklärung wird dieser Begriff für die Befreiung aus einem Zustand der Abhängigkeit, der Benachteiligung, Rechtlosigkeit oder Unterdrückung verwendet. Ziel der Befreiung ist die rechtliche und gesellschaftliche Gleichstellung der bisher benachteiligten Gruppen. ➔ Frauenemanzipation, ➔ Judenemanzipation.

Föderalismus: Von lateinisch foedus = Bund. Sind in einem Staat mehrere Einzelstaaten (Länder) zu einem Bundesstaat, der Föderation, zusammengeschlossen, kann die Staatsgewalt zwischen den Organen der einzelnen Einzelstaaten und den gemeinsamen Organen des Bundesstaates aufgeteilt werden. Solch ein Bundesstaat mit verteilten Gewalten bildet anders als ein Zentralstaat ein föderales System; Föderalismus ist der Gegenbegriff zu Zentralismus. Die Verteilung der Staatsaufgaben auf den Bundesstaat und die Einzelstaaten kann verschieden gewichtet sein. Heutige Beispiele für föderale Staaten sind etwa die USA, die Schweiz oder die Bundesrepublik Deutschland.

Frauenemanzipation: In der Französischen Revolution wurde die Benachteiligung der Frau erstmals grundlegend problematisiert. Frauenklubs forderten politische und zivilrechtliche Gleichstellung mit den Männern. Insbesondere seit der Revolution von 1848 bildete sich eine Frauenbewegung mit zahlreichen Vereinen und Verbänden, die für politische, soziale, bildungsmäßige und wirtschaftliche Gleichstellung und Chancengleichheit in Beruf und Politik kämpften. Zu den zentralen Errungenschaften des beginnenden 20. Jahrhunderts gehört das Frauenwahlrecht.

Fruchtwechselwirtschaft: Im 18. und 19. Jahrhundert stellte die Landwirtschaft in Europa von der Dreifelderwirtschaft (abwechselnder Anbau von Winterfrucht, Sommerfrucht und Brache) auf die Fruchtwechselwirtschaft um. Statt der Brache wurden nun Hackfrüchte (vor allem die Kartoffel) und Futterpflanzen angebaut.

Gewerkschaften: Vereinigungen, in denen sich Arbeitnehmer zusammenschließen, um gemeinsam ihre Interessen gegenüber den Arbeitgebern zu vertreten. Ihre Ziele sind in der Regel die Durchsetzung von Lohnforderungen, die soziale Absicherung der Arbeitenden sowie die Verbesserung der Arbeitsbedingungen. Auch der Ausbau der Mitbestimmung der Arbeitnehmer in den Betrieben gehört zu den Zielen der gewerkschaftlichen Arbeit. Um diese Ziele zu erreichen, verhandeln die Gewerkschaften mit den Arbeitgebern. Die Arbeitsniederlegung, der Streik, ist das letzte Mittel. Neben sozialdemokratisch geprägten Gewerkschaften gibt es auch Gewerkschaften mit christlicher oder → liberaler Orientierung.

Hegemonie (griechisch = Führung): Vormachtstellung eines Staates gegenüber anderen. Sie gründet sich auf dessen politische, militärische oder wirtschaftliche Überlegenheit.

Imperialismus: Das Streben eines Staates, seinen Macht- und Herrschaftsbereich auf benachbarte oder entferntere Regionen oder Länder auszudehnen. Zugleich wird die Epoche zwischen 1880 und 1914 als „Zeitalter des Imperialismus" bezeichnet. Die europäischen Großmächte, die USA und Japan betrieben in dieser Zeit eine intensive Kolonialpolitik, bei der die betroffenen Kolonien im macht- und wirtschaftspolitischen Interesse der Kolonialmächte systematisch durchdrungen und ausgebeutet wurden.

Industrialisierung/Industrielle Revolution: Dieser Begriff beschreibt den Übergang von Gesellschaften, die vorwiegend Landwirtschaft betreiben, zu Gesellschaften, die von der industriellen Massenproduktion geprägt sind. Der Prozess der Industrialisierung ist verbunden mit dem Einsatz von Technik in Fabriken, mit der Spezialisierung von Arbeitern, erhöhtem Warenverkehr und Verstädterung (→ Urbanisierung). Die Industrialisierung führte zu großen sozialen Veränderungen in der Bevölkerung, eine große Arbeiterschaft entstand. Die Industrialisierung setzte gegen 1780 in England ein, in Deutschland um 1830. → Zweite industrielle Revolution

Judenemanzipation: Seit der Aufklärung kam die Forderung nach einer Aufhebung des rechtlichen Sonderstatus der Juden und ihrer Gleichstellung mit den Bürgern ihres Heimatstaates auf. Die Erklärung der „Menschen und Bürgerrechte" der USA nahm 1776 diesen Gedanken auf, 1791 folgte Frankreich, in Preußen begann die Judenemanzipation 1812 in der Reformära und wurde im Lauf des 19. Jahrhunderts mit der schrittweisen Beseitigung einzelner noch bestehender Benachteiligungen fortgeführt.

Kapitalismus/Kapitalisten: Der Begriff des Kapitalismus wurde vor allem durch Karl Marx geprägt. Er bezeichnete damit eine Wirtschaftsform, in der die Besitzer von Produktionsmitteln (Land, Maschinen, Rohstoffe, Geld) – die Kapitalisten – die Arbeiter gegen Lohn beschäftigen. Der Kapitalismus begann das Wirtschaftsleben seit dem 16. Jahrhundert zu prägen, der Hochkapitalismus begann mit der → Industrialisierung im 19. Jahrhundert. Nach der Lehre von Marx kommt es zwischen den Besitzern von Produktionsmitteln und den Proletariern, die an ihnen keinen Anteil haben, zwangsläufig zum Kampf.

Kommunismus / Kommunisten (von lateinisch communis = gemeinsam): Bezeichnung für eine Bewegung, die im 19. Jahrhundert entstand und deren Ziel es war, eine herrschaftsfreie und klassenlose Gesellschaft zu errichten. Allen sollten alle Produktionsmittel (Land, Maschinen, Rohstoffe, Geld) gemeinsam gehören. Karl Marx war der Ansicht, dass der Kommunismus die höchste und letzte Stufe des ➔ Sozialismus sei. Als Kommunismus wird auch das Herrschaftssystem bezeichnet, das 1917 in Russland auf der Grundlage der kommunistischen Lehre errichtet wurde

Konservative/Konservativismus (von lateinisch conservare = bewahren): Sammelbegriff für alle politischen Anschauungen, die vor allem auf die Erhaltung der bestehenden Ordnung und Werte gerichtet sind. Dies bedeutet aber nicht, dass Konservative ➔ Reformen grundsätzlich ablehnten, ihnen kam es aber darauf an, dabei auf jeden Fall die bestehenden Machtverhältnisse und die Gesellschaftsordnung zu bewahren.

Konstitutionelle Monarchie: Von lateinisch constitutio = Verfassung und griechisch monarchia = Einzelherrschaft. Staatsform, bei der die monarchische Gewalt des Fürsten durch eine Verfassung eingeschränkt ist, welche die Gewaltenteilung und die Rechte des Parlaments garantiert.

Liberale/Liberalismus (von lateinisch liber = frei): Politische und wirtschaftliche Bewegung, die das Recht des Einzelnen auf freie Entfaltung in den Mittelpunkt stellt. Der politische Liberalismus richtete sich im 19. Jahrhundert gegen den absolutistischen und gegen den konservativen Machtstaat, aber ebenso gegen radikaldemokratische Bewegungen, die die unmittelbare Herrschaft des Volkes befürworteten. Zu den Forderungen des Liberalismus gehören das Recht auf freie Meinungsäußerung, Schutz vor rechtlicher Willkür und politische Mitbestimmung.
Der wirtschaftliche Liberalismus wurde durch Adam Smith begründet, der davon ausgeht, dass das angeborene Streben eines jeden Menschen nach Wohlstand zum Nutzen des gesamten Staates führt. Gewerbefreiheit und Freihandel sind daher zentrale Forderungen des Wirtschaftsliberalismus. ➔ Protektionismus

Militarismus: Der Begriff wurde um 1860 in Frankreich von Kritikern Napoleons III. geprägt und bezeichnet die Vorherrschaft militärischen Denkens und Handelns in Staat und Gesellschaft. Kennzeichnend sind die Prinzipien von Disziplin und Unterordnung. Auch die deutsche Politik seit der Reichsgründung 1871 war von den militaristischen Traditionen Preußens geprägt. Die vorgeschriebene Wehrpflicht sah vor, dass jeder männliche Bürger einen mehrjährigen Militärdienst zu leisten hatte, bevor er sich seinem zivilen Leben widmen durfte. Im Ersten Weltkrieg war der Staatsapparat zeitweilig völlig von der Obersten Heeresleitung abhängig.

Monopol (von griechisch monos = allein und polein = handeln): Marktform, bei der nur ein Verkäufer (= Anbieter) auftritt.

Nation/Nationalismus/Nationalstaat: Nation nennt man eine soziale Großgruppe. Deren Zusammengehörigkeit durch gemeinsames Siedlungsgebiet, gemeinsame Sprache, Religion, Kultur und Geschichte bestimmt wird und die sich dessen bewusst ist. Im 19. Jahrhundert entstehen in den europäischen Völkern Bewegungen, die das Ziel einer Gründung von Nationalstaatenverfolgen. Italien 1861 und das Deutsche Reich 1871 sind die bedeutendsten Beispiele, auch Griechenland 1821 und Belgien 1831 sind solche Nationalstaatsgründungen. Weitere Nationalstaaten entstanden nach dem Ersten Weltkrieg.

Parlament (von französisch parler = reden): Ursprünglich Bezeichnung für die englische Ständevertretung, die sich aus Kronvasallen und Bürgern zusammensetzte. Das englische Parlament kontrollierte die Minister und den Staatshaushalt. Im 17. Jahrhundert führte dies zu Auseinandersetzungen mit dem Königtum, in denen das Parlament siegte. Entsprechend dem englischen Parlament wurden im 19. Jahrhundert zunehmend auch die Ständevertretungen in anderen Ländern als Parlament bezeichnet. In demokratischen Staaten ist das Parlament das oberste Staatsorgan, die Abgeordneten, die Vertreter des ganzen Volkes sind, werden gewählt. Ihre wichtigsten Aufgaben sind die Gesetzgebung sowie die Kontrolle des Haushalts und der Regierung. – In Frankreich wurden nicht die Ständevertretungen, sondern die Gerichte als „parlament" bezeichnet.

Partei (von lateinische pars = Teil): Dauerhafter Zusammenschluss von Bürgern mit gemeinsamen Vorstellungen darüber, wie der Staat politisch, gesellschaftlich und wirtschaftlich geordnet sein sollte. Ziel der Parteien ist es, die Regierung eines Staates zu übernehmen und ihre politischen Vorstellungen durchzusetzen.

Pauperismus (von lateinisch pauper = arm): Massenarmut und Verelendung, die entstand als in der Zeit der Vor- und Früh- ➔ Industrialisierung das alte Wirtschaftsgefüge zusammenbrach, das auf Grundherrschaft und Zünften beruht hatte.

Proletarier: Karl Marx bezeichnete die mit dem ➔ Kapitalismus entstandene Schicht der Lohnarbeiter und Lohnarbeiterinnen als Proletarier. Sie besitzen weder Land noch Maschinen, Rohstoffe oder Kapital (so genannte Produktionsmittel), sondern nur ihre Arbeitskraft, die sie verkaufen müssen, um zu überleben. Das Wort kommt aus dem Lateinischen, im antiken Rom bezeichnete es die Bürger, die als einzigen Besitz ihre Kinder (= lat. proles) hatten.

Protektionismus: Wirtschaftspolitik eines Staates, die darauf abzielt, die einheimische Landwirtschaft und Industrie vor der ausländischen Konkurrenz zu schützen, etwa durch Schutzzölle, Einfuhrbeschränkungen oder durch die Setzung von technischen Normen. Protektionistische Maßnahmen stehen damit in einem Gegensatz zur liberalen Freihandelspolitik. ➔ Liberalismus

Rassismus: Beim Rassismus dienen erbliche biologische Unterscheidungen von Menschengruppen etwa mit gleicher Hautfarbe zur Unterteilung der Menschen in verschiedene „Rassen". Diese Unterteilung geht zumeist mit der Vorstellung einher, dass bestimmte Rassen „höherwertig", andere „minderwertig" seien. Die imperialistische Politik bzw. der moderne Kolonialismus wurde in der Regel auch rassistisch gerechtfertigt. ➔ Antisemitismus, ➔ Imperialismus

Reform: Die Umgestaltung und Verbesserung bestehender sozialer, wirtschaftlicher oder politischer Verhältnisse. Bei einer Reform sollen allerdings anders als bei einer Revolution die grundsätzlichen Macht- und Eigentumsverhältnisse nicht angetastet werden.

Restauration (von spätlateinisch restaurare = wiederherstellen): Wiedereinrichtung der alten politischen und sozialen Ordnung nach einem Umsturz. In Europa werden vor allem die Jahre zwischen dem Wiener Kongress und den Revolutionen von 1830 und 1848/49 als Epoche der Restauration bezeichnet: Nach der Französischen Revolution und der Umgestaltung Europas in ihrer Folge sollte nun zu der vorrevolutionären Ordnung zurückgekehrt werden. Allerdings wurden nicht alle sozialen, rechtlichen und territorialen Veränderungen der letzten 16 Jahre rückgängig gemacht. Die Epoche war gleichzeitig durch den Protest der ➔ liberalen Bewegung gegen dieses Erstarken der alten Gewalten gekennzeichnet.

Soziale Frage: Die während der Phase der ➔ Industrialisierung entstandenen gesellschaftlichen und wirtschaftlichen Probleme der Arbeiter. Der Begriff wird auch für soziale Probleme in Gesellschaften der Gegenwart verwendet.

Sozialismus/Sozialisten: Sammelbezeichnung für eine Vielzahl von Lehren und politischen Bewegungen, die die bestehenden Eigentumsverhältnisse und die damit verbundene Gesellschafts- und Herrschaftsordnung verändern wollen, um eine gerechtere und sozialere Gesellschaft zu errichten. Die sozialistischen Lehren entstanden parallel zur Phase der ➔ Industrialisierung im 19. Jahrhundert. Die Sozialisten wollen ihre Ziele in unterschiedlicher Art und Weise durchsetzen. Wichtige Vertreter sozialistischer Ideen waren z. B. Karl Marx, Friedrich Engels, August Bebel, Wilhelm Liebknecht und Ferdinand Lassalle.

Sozialpolitik/Sozialstaat: Der Staat kann mit politischen Regelungen und Hilfeleistungen vielerlei Art auf die Ungleichheiten und Ungerechtigkeiten, die Folge des Wirtschaftslebens sind. Er richtet zum Beispiel gesetzliche Versicherungen für den Krankheitsfall, für Arbeitslose oder für die Altersvorsorge ein und erlässt Arbeitsschutzgesetze und Gesetze gegen die Kinderarbeit. Einen Staat, der seine Bürger umfassend wirtschaftlich schützt und unterstützt, nennt man Sozialstaat.

Urbanisierung: Der Prozess der Verstädterung, der Bevölkerungsverdichtung in den Städten, bei gleichzeitigem Rückgang des Bevölkerungsanteils in den ländlichen Gegenden. Die Urbanisierung war Folge der ➔ Industrialisierung und begünstigte sie gleichzeitig, indem sie dafür sorgte, dass in den Städten große Mengen an Arbeitskräften zur Verfügung standen.

Verfassung: Die Verfassung regelt in einem Verfassungsstaat die Ausübung der Staatsgewalt: Gesetzgebung (Legislative), Regierung (Exekutive) und Rechtsprechung (Judikative). Sie werden auf getrennte Organe (Parlament, Regierung, Gerichte) verteilt (Gewaltenteilung). Die Verfassung sollte zudem die Grundrechte der Bürger und das wahlrecht garantieren.

Volkssouveränität: Souveränität bezeichnet die höchste Gewalt im Staat. Der Souverän ist der Inhaber der Staatsgewalt. Souverän kann der Fürst sein, eine privilegierte Gruppe (z. B. der Adel) oder das Volk. Die Volkssouveränität ist die theoretische Grundlage der ➔ Demokratie.

Zensus/Zensuswahlrecht: Von lateinisch census = Steuer- und Vermögensschätzung. Ein Zensuswahlrecht macht das aktive und/oder passive Wahlrecht oft in komplizierten Abstufungen von einer bestimmten Steuerleistung oder von dem Besitz eines bestimmten Vermögens abhängig. ➔ Dreiklassenwahlrecht

Zweite industrielle Revolution: Mit diesem begriff wird die zweite Phase der ➔ Industrialisierung, die Zeit der Hochindustrialisierung seit den 1870er/1880er Jahren bezeichnet. In dieser Phase entwickelten sich insbesondere die Großchemie, die Elektrotechnik und der Maschinenbau. Die ➔ Urbanisierung gelangte in dieser Zeit auf ihren Höhepunkt. Die dritte Industrialisierungsphase setzte mit dem Siegeszug der Mikroelektronik und der Informationstechnologie in den 70er Jahren des 20. Jahrhunderts ein.

REGISTER

BILDQUELLENVERZEICHNIS

AKG: Umschlag, 5, 21, 23, 47, 50 r., 52 l., 63, 75, 97, 98, 103, 111 r. o., 138, 141, 151, 152, 183, 189
Archiv Gerstenberg: 33, 38, 128, 186
bpk: 34, 50 l., 52 r. (Foto Dietmar Katz), 66 l., 73 l., 73 r., 83, 107, 115, 117, 126, 132, 162, 169, 178
Bridgeman Art Library: 16, 17 (Walker Art Gallery, Liverpool. Board of Trustees. National Musum and Gallerys on Merseyside), 18
Bundesarchiv Koblenz: 66 r. (1/4/66)
Deutsche Bahn Museum, Nürnberg: 37
Deutsches Technikmuseum Berlin: 7
DHM: 58 l., 58 r., 108
dpa: 111 u. r. (Wieseler)
Dr. Herbert Kraume, Freiburg : 111 l. o.
Mary Evans Picture Library , London: 136
Museumsgesellschaft Schopfheim: 81
National Maritim Museume ET Archive: 161
Niedersächsische Staats und Universitätsbibliothek Göttingen: 185, 192
Staatsarchiv Detmold: 111 l. u. (Foto: W. Müller)
Städtische Kunstsammlungen Ludwigshafen: 88
SV Bilderdienst: 134
Ullstein Bild: 25 (Reuters AG), 191

Nicht in allen Fällen war es uns möglich, den Rechteinhaber der Abbildung ausfindig zu machen. Berechtigte Ansprüche werden im Rahmen der üblichen Vereinbarungen abgegolten.